utb 5688

Eine Arbeitsgemeinschaft der Verlage

Brill | Schöningh – Fink · Paderborn
Brill | Vandenhoeck & Ruprecht · Göttingen – Böhlau · Wien · Köln
Verlag Barbara Budrich · Opladen · Toronto
facultas · Wien
Haupt Verlag · Bern
Verlag Julius Klinkhardt · Bad Heilbrunn
Mohr Siebeck · Tübingen
Narr Francke Attempto Verlag – expert verlag · Tübingen
Psychiatrie Verlag · Köln
Ernst Reinhardt Verlag · München
transcript Verlag · Bielefeld
Verlag Eugen Ulmer · Stuttgart
UVK Verlag · München
Waxmann · Münster · New York
wbv Publikation · Bielefeld
Wochenschau Verlag · Frankfurt am Main

#fragdocheinfach

Bereits in dieser Reihe erschienen:
Agilität? Frag doch einfach! ISBN 978-3-8252-5790-3
Angst? Frag doch einfach! ISBN 978-3-8252-5687-6
Armut? Frag doch einfach! ISBN 978-3-8252-5554-1
Demokratie? Frag doch einfach! ISBN 978-3-8252-5446-9
Ein Start-up gründen? Frag doch einfach! ISBN 978-3-8252-5436-0
Homeoffice und mobiles Arbeiten? Frag doch einfach! ISBN 978-3-8252-5664-7
Mobilität im 21. Jahrhundert? Frag doch einfach! ISBN 978-3-8252-5662-3
Nachhaltigkeit für Deutschland? Frag doch einfach! ISBN 978-3-8252-5435-3
New Work oder New Normal? Frag doch einfach! ISBN 978-3-8252-5810-8
Scrum? Frag doch einfach! ISBN 978-3-8252-5974-7
Virtuelle Teams führen? Frag doch einfach! ISBN 978-3-8252-5780-4

Dr. Florian Spohr ist akademischer Mitarbeiter am Institut für Sozialwissenschaften der Universität Stuttgart, wo er in dem DFG-Forschungsprojekt „Lobbying Across Multiple Levels: German Federal Institutions, European Union, and the Länder“ arbeitet. Neben den Themen Lobbyismus und Interessenvermittlung ist sein weiteres Forschungsgebiet die Arbeitsmarktpolitik.

Florian Spohr

Lobbyismus? Frag doch einfach!

Klare Antworten aus erster Hand

UVK Verlag · München

Umschlagabbildung und Kapiteleinstiegsseiten: © bgblue – iStock
Icons im Innenteil: Figur, Lupe, Glühbirne: © Die Illustrationsagentur
Abbildung Berliner Reichstag (Infografik): © AlinArt – shutterstock
Abbildungen 3, 4 und 5: © Pauline Büsken
Autorenfoto: © Akofa Korfmann

Bibliografische Information der Deutschen Nationalbibliothek
Die Deutsche Nationalbibliothek verzeichnet diese Publikation in der Deutschen Nationalbibliografie; detaillierte bibliografische Daten sind im Internet über http://dnb.dnb.de abrufbar.

DOI: https://doi.org/10.36198/9783838556888

– ein Unternehmen der Narr Francke Attempto Verlag GmbH + Co. KG
Dischingerweg 5 · D-72070 Tübingen

Internet: www.narr.de
eMail: info@narr.de

Einbandgestaltung: Atelier Reichert, Stuttgart
CPI books GmbH, Leck

utb-Nr. 5688
ISBN 978-3-8252-5688-3 (Print)
ISBN 978-3-8385-5688-8 (ePDF)
ISBN 978-3-8463-5688-3 (ePub)

Inhalt

Vorwort und Einleitung

Als ich vor etwa zehn Jahren damit begonnen hatte, mich wissenschaftlich mit Lobbyismus auseinanderzusetzen, fiel mir schnell ein erstaunlicher Gegensatz auf. Auf der einen Seite kam in Gesprächen mit Bekannten über mein neues Forschungsfeld regelmäßig die Frage auf, warum Lobbyismus überhaupt erlaubt sei. Auch in Onlinekommentarspalten finden sich unter einschlägigen Artikeln viele Rufe nach Verboten. In dieser allgemeinen, sich aus medial viel beachteten (und vielen) Einzelfällen speisenden Sicht wird Lobbyismus assoziiert mit dunklen Machenschaften in Hinterzimmern und allgemein als illegitim und schädlich betrachtet.

Gleichzeitig wird in der politikwissenschaftlichen Interessengruppen- und Verbändeforschung, die sich diesem Thema widmet, Lobbyismus nicht nur als legitim, sondern als eine für eine demokratische und gute Politik notwendige Interessenvertretung betrachtet.

Dieser Widerspruch weckte mein bis heute anhaltendes Interesse an dem Thema und zeigt sehr gut dessen Spannweite und Komplexität auf. Aber worin liegt er begründet? Dass die Öffentlichkeit Lobbyismus kritisch gegenübersteht, ist zunächst sicherlich dem Nachrichtenwert von Skandalen geschuldet. Viele Menschen setzen daher Lobbyismus mit Korruption gleich (etwa Jan Böhmermann im ZDF Magazin Royale am 30.08.2022).

Daher möchte ich den Leser:innen dieses Buches auch die andere Seite nahebringen. Denn Lobbyismus kann viele Ziele haben und viele Formen annehmen. Letztlich vertritt ein Wirtschaftskonzern, der sich für Steuersenkungen einsetzt, genauso seine Interessen wie eine Bürgerinitiative, die eine Ampel auf dem Schulweg fordert. Lobbyismus ist ein „notwendiges Übel" für eine Demokratie. Eine Gesellschaft, in der sich Interessen nicht formieren und artikulieren können, ist nicht frei. Und eine Politik, die nicht auf dem Ausgleich der unterschiedlichen Interessen beruht, ist nicht gerecht. Gleichzeitig bedrohen aber die ungleichen Möglichkeiten die für eine funktionierende Demokratie notwendige Chancengleichheit.

Der Forschung über Lobbyismus wird gelegentlich vorgeworfen, betriebsblind für die Defizite und Gefahren von Lobbyismus zu sein und dem Klischee „der sinnvollen Kontrolle durch Lobbyisten und der tradierten Routine im Parlamentsbetrieb" (Leif 2018:35) zu folgen. Um dieser Gefahr zu entgehen, möchte ich aus dem akademischen Elfenturm hinaus auch über den Tellerrand schauen. Hierzu habe ich für dieses Buch neben dem aktuellen Stand der nationalen und internationalen politikwissenschaftlichen Forschung auch Quellen aus dem Journalismus, von Organisationen, die Lobbyismus kritisch beobachten, sowie von Lobbyist:innen selber einbezogen.

Dieses Buch legt einen Schwerpunkt auf den aktuellen Lobbyismus in Deutschland und der Europäischen Union, macht aber auch Exkurse in andere Zeiten und Länder. Es beginnt im ersten Kapitel mit dem spannungsreichen Verhältnis von Lobbyismus und Demokratie. Das zweite Kapitel stellt die vielschichtigen Akteure im Lobbyismus vor. In Deutschland gehören hierzu traditionell die großen Verbände wie Gewerkschaften, Arbeitgeber-, Industrie- und Wohlfahrtsverbände, aber auch Umweltschutzvereine und NGOs. Zudem sind Unternehmen direkt im Lobbying aktiv oder beauftragen Agenturen und Kanzleien hiermit, die als *hired guns* bzw. Söldner (Bernhagen 2019: 251) gutbezahlt die Interessen anderer vertreten. Diese verschiedenen Organisationen versuchen nun auf vielfältige Arten direkt und indirekt Einfluss auf Politik zu nehmen. Die unterschiedlichen Strategien des Lobbyismus stelle ich im dritten Kapitel im Detail vor.

Kapitel 4 und 5 geben einen Einblick in die aktuelle Interessenvermittlung in der Bundesrepublik und der Europäischen Union. Das sechste Kapitel behandelt die böse Schwester des Lobbyismus, die Korruption, und illustriert anhand einiger Fälle der jüngeren Vergangenheit den nicht immer eindeutig zu bestimmenden Graubereich zum Lobbyismus. Das siebte und abschließende Kapitel zeigt dann Möglichkeiten zur besseren Regulierung von Lobbyismus auf, stellt die jüngsten Reformen in Deutschland hierzu vor und legt dar, was auf dem Weg zu einem fairen und gemeinwohlfördernden Lobbyismus noch zu tun ist.

Zwei Personen gilt mein besonderer Dank. Zum einen Pauline Büsken von der Ruhr-Universität Bochum, die freundlicherweise einige ihrer Daten über Nebentätigkeiten von Abgeordneten für dieses Buch zur Verfügung gestellt hat. Zum anderen Nadja Hilbig vom UVK Verlag München, die mich stets professionell, freundlich und geduldig unterstützt hat.

Florian Spohr

Was die verwendeten Symbole bedeuten

Toni verrät dir spannende Literaturtipps, Videos und Blogs im World Wide Web.

Die Glühbirne zeigt eine Schlüsselfrage an. Das ist eine der Fragen zum Thema, deren Antwort du unbedingt lesen solltest.

Die Lupe weist dich auf eine Expert:innenfrage hin. Hier geht die Antwort ziemlich in die Tiefe. Sie richtet sich an alle, die es ganz genau wissen wollen.

→ Wichtige Begriffe sind mit einem Pfeil gekennzeichnet und werden im Glossar erklärt.

Zahlen und Fakten zum Lobbyismus

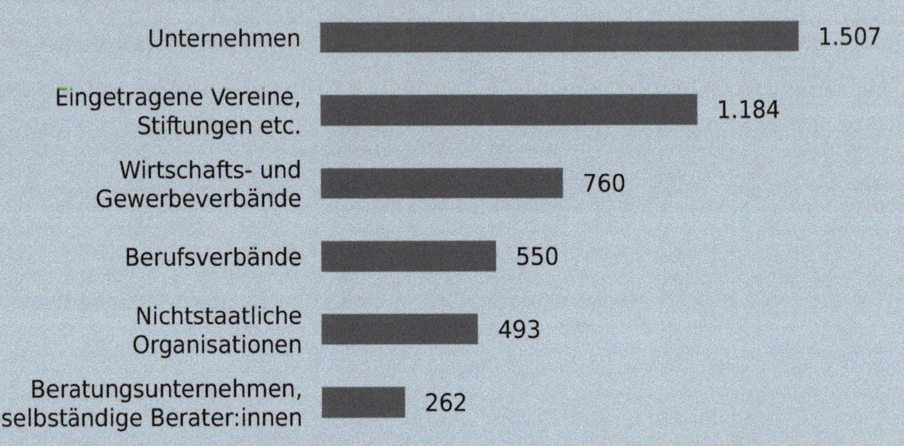

Registrierte Interessenvertreter:innen im Lobbyregister von Bundestag und Bundesregierung (Auszug)

Was man als Lobbyist macht, ist ja gerade der Kern der Demokratie, nämlich dass unterschiedliche gesellschaftliche Gruppen ihre Interessen artikulieren und in den politischen Prozess einbringen.

Volker Kitz, Ex-Lobbyist

Wir vergessen ja immer wieder, dass Interessenwahrnehmung oder Lobbyismus wie selbstverständlich zur Demokratie gehören.

Marco Buschmann, FDP

und versuchen über verschiedene Wege, → **Politiker:innen zu beeinflussen.**

 Parteispenden	Europäische Union
 Informationen	Bundesregierung
 Klagen	Bundestag
 Kampagnen	Bundesrat
	Bundesländer

Lobbyismus höhlt die Demokratie aus.
LobbyControl

Der eigentliche Skandal ist, dass wir uns auch in diesem Haus häufig auf einer Gratwanderung zwischen Profitlobbyismus und Abhängigkeit der Politik befinden.
Marco Bülow, fraktionslos

Quellen: Zahlen der Grafik: Lobbyregister für die Interessenvertretung gegenüber dem Deutschen Bundestag und der Bundesregierung; Zitate: 167. Sitzung des Deutschen Bundestages vom 19.6.2020 sowie www.wiwo.de/politik/deutschland/ex-lobbyist-volker-kitz-auf-sympathie-kommt-es-an/8413796-2.html und www.lobbycontrol.de/ueber-uns/lobbyismus-hoehlt-die-demokratie-aus-zehn-thesen/.

Lobbyismus und Demokratie

Mit Lobbyismus verbinden die meisten Menschen eine illegitime Beeinflussung der Politik durch Wirtschaftsinteressen. In diesem Kapitel wird geklärt, was an dieser negativen Konnotation des Begriffs dran ist. Auch die Bedeutung von Lobbyismus für das Allgemeinwohl und für die Demokratie kommt zur Sprache.

Woher kommt der Begriff „Lobbyismus" und was meint er?

Der Begriff „Lobbyismus", im Englischen *lobbyism*, leitet sich in seiner Wortherkunft von den Lobbys der Parlamentsgebäude, etwa des britischen *Palace of Westminister* und des US-amerikanischen Kongresses, ab. Lobby leitet sich wiederum vom lateinischen *Labium* (Wartehalle) ab. Da den Sitzungssaal nur gewählte Abgeordnete betreten durften, warteten alle, die Kontakt zu den Abgeordneten suchten, in der Lobby und versuchten dort diese in persönlichen Gesprächen davon zu überzeugen, ihre Probleme auf die Agenda zu setzen oder in ihrem Sinne zu entscheiden oder abzustimmen (Eckert 2005: 268).

So meint die Lobby als Teekesselchen neben einem Raum auch die Vertretung von → Interessen. Wir kennen etwa die Redewendung, „keine Lobby haben", was so viel bedeutet wie keine Unterstützung zu bekommen. Umgekehrt nehmen wir an, wenn etwa bestimmte Industrien „eine starke Lobby" haben, dass diese über Macht und → Einfluss verfügen. Eine Lobby haben bedeutet, einem „stehen innerhalb und außerhalb von Parlament und Regierung Personen zur Verfügung, die sich ihre Interessen zu eigen machen" (Kolbe et al. 2011: 9). Daher sprechen wir etwa von der Automobil- oder Waffenlobby. Auch wenn im alltäglichen Gebrauch und wohl auch vor dem inneren Auge eine Lobby oft mit der Wirtschaft verbunden wird, können auch Tiere, das Klima oder die Umwelt ihre Lobby haben.

Durch diesen alltäglichen Gebrauch und einen mit ihm einhergehenden Bild einer illegitimen Einflussnahme von organisierten Interessen auf die Politik ist der Begriff „Lobbyismus" im deutschen Zusammenhang bislang überwiegend negativ konnotiert. Daher nutzen hier etwa Lobbyist:innen selber zur Beschreibung ihrer Tätigkeit „bevorzugt alternative Anglizismen, wie *public affairs*, *government relations* und *public relations*, oder deutschsprachige Bezeichnungen wie Kommunikation, Strategieberatung und eben Politikberatung" (Bernhagen 2019: 250).

Wie definiert die Politikwissenschaft Lobbyismus?

Aus Sicht der Politikwissenschaft meint Lobbyismus den Austausch von Positionen und → Interessen zwischen staatlichen und gesellschaftlichen oder wirtschaftlichen Akteuren, in welchem letztere versuchen, politische Entscheidungen im Sinne bestimmter Interessen zu beeinflussen (Baruth/Schnapp 2015: 246).

> „Lobbying oder Lobbyismus bezeichnet die direkten und in der Regel informellen Versuche von Vertretern gesellschaftlicher Interessen, auf die Akteure des politischen Entscheidungsprozesses konkret einzuwirken, um Politikergebnisse in ihrem Sinne zu verändern." (Kleinfeld et al. 2007: 10)

Lobbyismus kann anhand mehrerer Aspekte identifiziert und definiert werden: Erstens ist er kommunikativ, denn Positionen, Bedürfnisse, Ablehnung, Bedenken und Wünsche werden argumentativ vermittelt. Hier sind wir wieder beim Bild der Wartehalle, in der die Abgeordneten von Bürger:innen abgepasst und in ein Gespräch verwickelt werden. Auch heute kommt Lobbyismus dem historischen Geschehen in der Wartehalle noch recht nahe, denn Lobbyist:innen vertreten Interessen in direkter, oftmals nichtöffentlicher und informeller Kommunikation – persönlich, telefonisch, per E-Mail, SMS, Fax oder postalisch – mit Mitgliedern und Angestellten der Regierung und des Parlamentes.

Ein zweites Merkmal von Lobbyismus ist, dass dieser das Ziel hat, politische Entscheidungen zu beeinflussen, welche die Adressaten des Lobbyismus, also in unserem Bild die Abgeordneten in der Wandelhalle, treffen oder zumindest beeinflussen können. Lobbyismus zielt hierbei nicht notwendigerweise auf politische (Gesetzes-)Änderungen, sondern kann auch zum Ziel haben, diese zu verhindern. In jedem Politikfeld haben sich Koalitionen von Interessen gebildet, die vom gegenwärtigen Status quo profitieren. So hat die Forschung gezeigt, dass vor allem wirtschaftliche Interessen diesen verteidigen, während nichtwirtschaftliche Interessen eher versuchen, neue Themen auf die politische Agenda zu bringen und sich für einen Politikwechsel einsetzen (Lindblom 1977; Dür et al. 2015).

Drittens geschieht diese Beeinflussung der politischen Beschlusslage zugunsten bestimmter Interessen, wobei diese Interessen sowohl von Organisationen und Unternehmen direkt vertreten werden können als auch von Dritten stellvertretend für diese.

> „Interessenvertretung bedeutet, dass bestimmte gesellschaftliche Gruppen und ihre Verbände politische Entscheidungen über Regelungen oder die Verteilung von Ressourcen zu ihren Gunsten beeinflussen wollen." (Loer/Töller 2019)

Wirtschaftliche Lobbygruppen versuchen durch die Beeinflussung staatlicher Entscheidungen die Erträge ihrer Mitglieder zu maximieren (Speth 2010: 20). Beispiele hierfür sind etwa gesetzlich festgelegte Sonderregelungen oder Ausnahmen, etwa bei Steuern oder arbeitsrechtlichen Regelungen, bis hin zu Subventionen für eine bestimmte Branche. Zusammengefasst ist Lobbying oder Lobbyismus, diese Begriffe können synonym verwendet werden, die Praxis, dass Personen → Informationen an Politiker:innen weitergeben, um so deren Entscheidungen in einer bestimmten Angelegenheit zu beeinflussen. Dieser engen Definition folgen etwa David Austen-Smith und John R. Wright:

> „We define lobbying very specifically, and somewhat narrowly, as the transmission of information directly to legislators in an effort to reinforce or change their policy positions." (Austen-Smith/Wright 1994: 36)

Kann Lobbyismus auch breiter definiert werden?

Der Begriff „Lobbyismus" hat im Laufe der Zeit eine Wandlung erlebt und wird mittlerweile breiter gefasst. Ursprünglich meinte Lobbyismus nur die zeitlich begrenzte Einflussnahme im Hinblick auf ein konkretes Vorhaben der Politik, etwa ein Gesetz, welches erlassen werden soll (Zimmer/Speth 2015: 12). Jedoch können zu Lobbyismus allgemeiner auch indirekte Versuche, auf Entscheidungen → Einfluss zu nehmen, oder generell Aufbau und Pflege von sozialen Kontakten zu relevanten Politiker:innen, gezählt werden (Austen-Smith/Wright 1994: 36). Lobbyismus als Interessenvertretung, die sich gezielt auf die konkrete Beeinflussung eines politischen Vorhabens richtet, ist also in eine umfassendere Strategie der Interessenvermittlung bzw. des *public affairs management* eingebettet (Kleinfeld et al. 2007: 10).

Einen weiteren Bedeutungswandel erfuhr der Begriff „Lobbyismus" in Bezug auf seinen Adressatenkreis. Ursprünglich wurde unter Lobbyismus die Interaktion mit einem vergleichsweise kleinen Kreis verstanden, nämlich denjenigen, die direkt in die Politikformulierung involviert sind, etwa Abgeordnete oder Mitarbeiter:innen der Ministerien. Diese Versuche der Einflussnahme über personelle Kontakte werden auch als → „Inside-Lobbying" bezeichnet. Mittlerweile jedoch wird Lobbyismus als Begriff häufig auch dann genutzt, wenn Informationen sich an die allgemeine Öffentlichkeit (oder Teile dieser) richten, mit dem Zweck, Aufmerksamkeit oder ein Bewusstsein für bestimmte Themen zu schaffen. Interessenvertretung ist auch deswegen heutzutage gemeinhin breit angelegt, weil der öffentlichen Meinung ein wichtiger Stellenwert zukommt. Lobbyismus ist insofern zu einem guten Teil heute auch immer „Meinungsmache“ (Zimmer/Speth 2015: 12).

Ein solch indirektes oder → Outside-Lobbying versucht, → Interessen über die Öffentlichkeit an die Politik heranzutragen. Politische Ziele sollen dabei über die mediale Bande erreicht werden, indem an ihrer Wiederwahl interessiere Politiker:innen sich der öffentlichen Meinung beugen, welche durch Kampagnen oder Medien beeinflusst werden kann. Hierzu nutzen Interessenorganisationen wie → Verbände und → NGOs, aber auch Stiftungen und Unternehmen, neben Kontakten zu den klassischen Medien auch vermehrt Kampagnen und PR-Arbeit, um sich so über soziale Medien Gehör zu verschaffen. Lobbyismus kann dabei für → Interessengruppen auch das indirekte Ziel haben, Mitglieder zu werben. Denn ein Verband, der gute Verbindungen zur Politik hat und somit offensichtlich Einfluss besitzt (oder zumindest diesen Anschein erweckt), ist für potenzielle Mitglieder attraktiver als die Konkurrenz (Berkhout 2013: 238). Insgesamt können mittlerweile alle Versuche von Vertreter:innen gesellschaftlicher Interessen, Politikergebnisse in ihrem Sinne zu verändern, als Interessenvertretung oder Lobbyismus bezeichnet werden (Zimmer/Speth 2015: 12).

Gehört Lobbyismus zur Demokratie dazu?

Die Vorstellung von Lobbyismus als illegitime, ja skandalöse Machenschaften in Hinterzimmern wird dessen tatsächlicher Bedeutung in und für eine Demokratie nicht gerecht. Im Gegenteil ist diese vielmehr darauf angewiesen, dass sich gesellschaftliche Interessen frei formieren und artikulieren können. Die pluralistische Vorstellung von Demokratie geht davon aus, dass in einer differenzierten Gesellschaft nach mehrheitlicher Ansicht gerechte Politik als Kompromiss der divergierenden Ideen und → Interessen der Gruppen und Parteien entsteht. Auf diesem Grundgedanken baut die neopluralistische Theorie auf, welche Interessenvermittlung aus einer demokratietheoretischen Perspektive betrachtet. Ein wesentlicher Mitbegründer des → Neopluralismus war der deutsch-amerikanische Rechtsanwalt und Politologe Ernst Fraenkel. Fraenkel nahm die normative Idee der amerikanischen Pluralismustheorie auf und argumentierte, dass der Wettbewerb unterschiedlicher und entgegengesetzter Interessen nicht nur legitim, sondern vielmehr wünschenswert ist (Fraenkel 2007[1964]).

Um diesen Gedanken zu verstehen, müssen wir uns vergegenwärtigen, dass Fraenkels Konzeption ein Gegenentwurf zu den totalitären Regimen des 20. Jahrhunderts darstellte. So bekämpfte die NSDAP unter Adolf Hitler den → Pluralismus, da sie diesen, ebenso wie den Parlamentarismus, als schädlich und als ein Hindernis für einen starken, dem Führerprinzip folgenden Staat betrachtete. Stattdessen installierten die Nazis ein staatliches System der Interessenvermittlung, in dem nur ein paar wenige → Verbände von der Regierung anerkannt, wenn nicht gar geschaffen wurden. Diese standen unter starker Kontrolle der Regierung, welche die wesentlichen Posten besetzte (Schmitter 1979: 13). So konnte die NSDAP die Interessenvermittlung im Dritten Reich auf ein „Gemeinwohl" der Volksgemeinschaft ausrichten, welches sie selbst definierte. Diese staatlich organisierten und gesteuerten Verhandlungen zwischen Kapital und Arbeit im „autoritären Staatskorporatismus" sollten so gleichermaßen den Kapitalismus bändigen und den Klassenkampf des Kommunismus verhindern. Der Staatskorporatismus, den auch andere Diktaturen wie etwa das faschistische Italien unter Mussolini oder auch die DDR (Heinze 2021: 408) verfolgten, ist nicht zu verwechseln mit der heutigen, als → Neokorporatismus bekannten Form der Interessenvermittlung, auch wenn es einige strukturelle Gemeinsamkeiten gibt.

Podcasttipp | In der Interviewreihe „Philosophie im 21. Jahrhundert" des Podcasts Narabo spricht der Politikwissenschaftler Patrick Bernhagen über Demokratie und Lobbyismus. Ein Auszug aus dem Gespräch ist bei YouTube zu finden: www.youtube.com/watch?v=64j6XXlXJxg. Dort ist auch das komplette Gespräch verlinkt.

Welchen Stellenwert hat Lobbyismus im Pluralismus?

Pluralismus als normativer Leitgedanke und → Neopluralismus als Demokratietheorie wenden sich somit gegen einen solchen Totalitätsanspruch des Staates. Neopluralisten wie Fraenkel betonen gerade die Notwendigkeit einer heterogenen Gesellschaftsstruktur und einer autonomen Willensbildung, die das Gemeinwohl erst definiert. Im Neopluralismus werden gesellschaftliche Interessenkonflikte als legitime politische Auseinandersetzungen angesehen, die der gesellschaftlichen Integration und Befriedung dienen. Dieser Gedanke beruht auf der Prämisse eines Kräftegleichgewichts zwischen den unterschiedlichen → Interessen (Speth 2010: 10). Beispielsweise wird der grundlegende Klassenkonflikt von Kapital und Arbeit aus Sicht der neopluralistischen Theorie so gelöst, dass sich als Reaktion auf das Interesse der Arbeitgeber:innen, den Gewinn durch niedrigere Löhne und ausbeuterische Arbeitsbedingungen zu maximieren, die Arbeitnehmer:innen organisieren und ihr Interesse an besseren Arbeitsbedingungen entgegensetzen. Oder Umweltschutzgruppen fordern staatliche Maßnahmen zur Reduktion von Schadstoffemissionen, während die Industrie diese ablehnen. Nach einem pluralistischen Verständnis befinden sich diese Interessen in einem vorpolitischen Raum; der Staat steht ihnen neutral gegenüber und Regierungen treffen nach Abwägung des Für und Wider politische Entscheidungen. Wenn die Politik der Regierung nachhaltig unausgeglichen ist, korrigieren die Wähler:innen dieses, indem sie eine neue Regierung wählen. So kommt es in der Theorie langfristig zu einem Gleichgewicht oder Ausgleich der unterschiedlichen Interessen. Lobbyismus ist so gesehen ein offener und fairer Wettbewerb der Interessen und Meinungen und Ausdruck einer demokratischen Gesellschaft.

Was sind pluralistische und neokorporatistische Systeme der Interessenvermittlung?

Pluralismus war lange Zeit nicht nur ein normatives Leitbild einer legitimen Organisation und Vermittlung von gesellschaftlichen Interessen, sondern auch die führende Erklärung des Zusammenspiels der → Interessengruppen mit dem politisch-administrativen System. Im pluralistischen Ideal nimmt der Staat keinen strukturierenden Einfluss auf das System der Interessenrepräsentation und privilegiert auch keine bestimmten Interessengruppen über andere. Als Folge besitzt auch keine Gruppe ein Monopol in der Repräsentation eines spezifischen Interesses (Schmitter 1979: 15).

Die pluralistische Vorstellung, dass Staat und Interessengruppen getrennte Sphären darstellen, trifft in der Realität in vielen politischen Systemen und Politikfeldern aber nicht zu. Stattdessen sind dort Interessengruppen in die Politikformulierung eingebunden; was als „Neokorporatismus" bezeichnet wird. Das Präfix „Neo", auf das auch oft verzichtet wird, grenzt den liberalen *Neo*korporatismus von dem in undemokratischen Regimen praktizierten, autoritären *Staats*korporatismus ab. Die Gemeinsamkeit ist, dass sich der seit den 1970er Jahren wieder genutzte Begriff des → Neokorporatismus ebenfalls auf ein System der Interessenvermittlung bezieht, in dem bestimmte Verbände eine intermediäre Stellung zwischen Bürger:innen und Staat einnehmen und ebenso vom Staat (gegenüber anderen Interessen) privilegiert einbezogen werden (Voelzkow 2021: 649).

Zudem ist die Anzahl der Gruppen im Neokorporatismus geringer als in einem pluralistischen System; denn diese sind funktional differenziert und konkurrieren nicht miteinander. Dieses bedeutet, dass jedes Interesse im Extremfall von nur einer Gruppe vertreten wird. Wir kennen dieses Prinzip vom Deutschen Gewerkschaftsbund (DGB), wo jede Branche eine Mitgliedsgewerkschaft und somit auch jede oder jeder Berufstätige eine spezifische Gewerkschaft hat.

Der Neokorporatismus ist im Prinzip ein institutionalisiertes Tauschverhältnis, bei dem Verbände, die der Politik notwendige → Informationen liefern können und denen es gelingt, einen Großteil ihrer potenziellen Mitglieder zu organisieren, bei der Implementation politischer Entscheidungen mitwirken können. Sie bekommen vom Staat privilegierten → Einfluss auf politische Entscheidungen und die Kompetenzen zur selbstständigen Regulierung in einigen Politikfeldern (Berkhout 2013: 231). Dadurch werden Verbände im Neokorporatismus zu „privaten Interessenregierungen“, die in Verhandlungen mit dem Staat oder mit anderen Verbänden verbindliche Regeln treffen und durchsetzen (Voelzkow 2021: 649).

Selbstregulierung und Selbstverwaltung sollen eine bessere, das Allgemeinwohl fördernde Politik ermöglichen. Zu seiner Hochzeit in den 1970er Jahren beruhte der Neokorporatismus auf der Annahme, dass Verhandlungen zwischen Organisationen mit teilweise gegensätzlichen → Interessen wie Gewerkschaften und Arbeitgeberverbänden oder den Verbänden der Krankenkassen und der Kassenärzte zu Ergebnissen führen, die auch dem öffentlichen Interesse dienen (Scharpf 1999: 25). Die Verfechter neokorporatistischer Strukturen versprechen sich hierdurch eine stabilere, ausbalanciertere und funktionsfähigere Wirtschaft. Die → Sozialpartner werden im Korporatismus aber nicht nur aus funktionalen, sondern auch aus legitimatorischen Gründen einbezogen. So soll das auch als Sozialpartnerschaft bezeichnete Zusammenspiel der Gewerkschaften und Arbeitgeberverbände den Konflikt zwischen Arbeit und Kapital befrieden, indem die unterschiedlichen Interessen auf einen gemeinsamen Nenner gebracht werden.

Wie kann Lobbyismus die Legitimation politischer Entscheidungen erhöhen?

Zur Beantwortung diese Frage müssen wir zunächst einmal betrachten, wie → Legitimation von Herrschaftsgewalt entsteht. Die Demokratietheorie unterscheidet zwei komplementäre Perspektiven der Legimitation: Die input-orientierte Perspektive betont die Herrschaft *durch das Volk,* während im Unterschied dazu die output-orientierte Perspektive den Aspekt der Herrschaft *für das Volk* in den Vordergrund stellt (Scharpf 1999: 16). Lobbyismus kann theoretisch beide Formen der Legitimation erhöhen.

Aus der Input Perspektive sind politische Entscheidungen dann legitim, „wenn und weil sie den ‚Willen des Volkes' widerspiegeln – das heißt, wenn sie von den authentischen Präferenzen der Mitglieder einer Gemeinschaft abgeleitet werden können" (Scharpf 1999: 16). Diese Idee ist auch als Legitimationskette bekannt, welche gewährleisten soll, dass jede politische Entscheidung auf die Zustimmung der (Mehrheit der) Bevölkerung zurückgeführt werden kann. In liberalen, repräsentativen Demokratien ist diese Zustimmung jedoch notorisch indirekt; denn hier sind Entscheidungen dadurch legitimiert, dass sie entweder durch vom Volk gewählte Abgeordnete in Parlamenten oder durch (in parlamentarischen Demokratien wiederum von den Abgeordneten) gewählte Regierungen getroffen werden. Während somit allgemeine, gleiche und freie Wahlen auf Länder- und Bundesebene generell das zentrale Instrument der Input-Legitimation sind, können sie in konkreten Sachfragen nur wenig Klarheit über die Zustimmung der Bevölkerung schaffen. Dieses gilt insbesondere in Systemen wie dem der Bundesrepublik, in denen direktdemokratische Elemente wie Volksinitiativen und -entscheidungen nur in sehr begrenztem Rahmen möglich sind.

Da somit die Partizipation der von der Politik Betroffenen im Entscheidungsprozess nur gering ausgeprägt und auch aus praktischen Gründen nur begrenzt möglich ist, können → organisierte Interessen diese Legitimationslücke ein Stück weit füllen. Denn Interessenvertretung im politischen Prozess kann insofern Legitimation stiften, als dass → Verbände die Meinungen ihrer Mitglieder aggregieren und in den politischen Prozess einfließen lassen. Die Kommunikation mit → Inter-

essengruppen dient so der Rückbindung der Politik an gesellschaftlichen Forderungen und Bedürfnisse und *kann* die Akzeptanz der Gesetzgebung erhöhen. Politische Interessenvertretung ist somit Teil des demokratischen Willensbildungsprozess und Interessengruppen können Repräsentationsmängel durch Parteien kompensieren (Richardson 1995), indem sie als „Transmissionsriemen" gesellschaftliche Präferenzen ins politische System einspeisen. Zusammen mit den Parteien bilden Vereine, Verbände und andere organisierte Interessen die intermediäre Struktur demokratischer Gesellschaften, die zwischen Bürger:innen und Politik vermittelt (Mai 2013: 397f.).
Eine Regierung muss sich aber immer auch über ihre Politik und deren Folgen legitimieren. Nach der Output-Legitimation sind politische Entscheidungen dann legitim, wenn und weil sie das Gemeinwohl fördern (Scharpf 1999: 16), also Probleme lösen oder zumindest mindern, Wohlstand mehren und Konflikte befrieden. Anders formuliert: Gesetze, Verordnungen und Entscheidungen müssen effektiv und effizient ihren Zweck erfüllen. Da Regierungen und Parlamente im konkreten Einzelfall oft recht wenig Kenntnisse haben über die Bereiche, die sie regulieren, benötigen sie für die Politikformulierung externe Informationen, etwa über zu lösende Probleme und die Effektivität und Auswirkungen bestimmter Maßnahmen. Lobbyismus stellt hierbei auch eine Unterstützung im Gesetzgebungsprozess dar (Hall/Deardorff 2006), denn organisierte Interessen können elementare → Informationen für eine effektive Gesetzgebung bereitstellen.

Was wird am Pluralismus kritisiert?

Die pluralistische Idee, dass eine effiziente und legitime Politik durch Wettstreit und Ausgleich zwischen wirtschaftlichen, sozialen und ökologischen Interessen entsteht, setzt eine Waffengleichheit der Interessen voraus. Auch der → Neopluralismus als demokratietheoretisches Ideal geht davon aus, dass alle gesellschaftlich vorhandenen Interessen organisierbar sind und vertreten werden. Theoretisch haben so alle Akteure die gleichen Chancen auf Gehör (Lowery et al. 2015: 1226).

Kritiker:innen des Pluralismusmodells weisen jedoch darauf hin, dass in der Realität die → Ressourcen der unterschiedlichen Interessen, etwa von Arbeit und Kapital oder zwischen den Erzeuger:innen von Umweltschäden und Umweltschützer:innen, strukturell ungleich verteilt sind (Loer/Töller 2019). Aufgrund dieser Blindstellen, und weil sie keine analytischen Instrumente für Macht- und Herrschaftsmomente liefern konnte, geriet die Pluralismustheorie zunehmend in die Kritik (Speth 2010: 10). Die unterschiedlichen Klassen oder Schichten der Gesellschaft verfügen eben nicht über die gleichen Möglichkeiten, sich zu organisieren und sich Verhör zu verschaffen. Einige Interessen können sich nicht oder nur schwer organisieren, während mächtige und konfliktfähige → Interessengruppen sich besser durchsetzen und den Staat durchaus in die Defensive drängen können. Hierbei ist sich die Forschung weitgehend einig, dass einkommensstärkere Teile der Bevölkerung sich besser politisch organisieren können (Olson 1965; Lindblom 1977; Offe/Wiesenthal 1980).

Die schärfste Kritik an dieser normativen Idee des → Pluralismus hat wohl der US-amerikanische Politologe Elmer E. Schattschneider in seinem im Jahr 1960 erschienenen Buch „The semisovereign people. A realist's view of democracy in America“ geäußert. Schattschneider stellte fest, dass das als pluralistisch geltende Interessengruppensystem der USA entgegen der Idee des Pluralismus de facto recht klein ist. Die Vorstellung, dass dieses System die gesamte Gesellschaft repräsentiert, entlarvte er als Mythos. Anstelle eines demokratischen Systems, in dem die vielfältigen, konkurrierenden → Interessen der Bürger:innen durch Interessengruppen umfassend repräsentiert werden, ist dieses System schief und unausgeglichen zugunsten einer Minderheit, und zwar den gebildetsten und bestverdienenden Mitgliedern der Gesellschaft. Die Klassenunterschiede zwischen denen, die in Interessengruppen organisiert und aktiv sind, und denen, die es nicht sind, sind noch größer als zwischen Wähler:innen und Nichtwähler:innen. Seine Kritik fasste er zu seiner vielzitierten Erkenntnis zusammen, dass „the flaw in the pluralist heaven is that the heavenly chorus sings with a strong upper-class accent“ (Schattschneider 1960: 35).

Wieso haben allgemeine und öffentliche Interessen größere Organisationsprobleme?

Eine andere Kritik an den Grundlagen, auf denen die pluralistische Idee fußt, verfasste der US-amerikanische Wirtschaftswissenschaftler Mancur Olson. In seinem 1965 erschienen Buch „Logik des kollektiven Handelns" argumentiert er, dass → Interessengruppen Probleme durch Trittbrettfahren *(free-riding)* bekommen, und zwar, weil der Nutzen mancher von Interessengruppen erkämpfter Kollektivgüter allen zur Verfügung steht, da niemand von deren Nutzen ausgeschlossen werden kann. So können alle die von der Deutschen Umwelthilfe durch Fahrverbote erklagte bessere Luft atmen.

Olson sieht die Vorstellung des → Pluralismus (und gleichzeitig auch des Marxismus), dass sich Menschen an der Bereitstellung dieser Kollektivgüter gleichermaßen beteiligen, als illusorisch an. Denn wenn diese durch eine Gruppe bereitgestellt werden, kann es für einzelne Menschen rationaler sein kann, nicht im Sinne der Gruppe zu handeln, sondern den eigenen Nutzen zu maximieren. Olson formuliert hier ein gruppentheoretisches Paradoxon, dass gerade individuell rationales Handeln einem kollektiven Interesse entgegensteht. Denn wenn die Mitglieder einer Gesellschaft rational ihren eigenen Vorteil suchen, werden sie sich nicht für etwas einsetzen, welches andere für sie erkämpfen (Olson 1965).

Das klassische Beispiel sind → Gewerkschaften. Wenn diese in Tarifverhandlungen Lohnerhöhung erstreiten, profitieren davon nicht nur Gewerkschaftsmitglieder, sondern alle Arbeitnehmer:innen in der jeweiligen Branche. Warum also sollten diese Gewerkschaften beitreten, wenn sie auch ohne Mitgliedsbeitrag die Vorteile genießen können? Auch wenn viele Menschen dennoch aus Sympathie und Solidarität Mitglied in Gewerkschaften sind, stellt dieses für sie ein reelles Problem dar.

Die verschiedenen Interessen sind nun in unterschiedlichem Ausmaß von diesem Trittbrettfahrerproblem betroffen. Bei großen Gruppen, bei denen die Beiträge eines Mitglieds kaum ins Gewicht fallen, ist das Problem des Trittbrettfahrens durch Menschen, die ohne eigenen Beitrag Nutzen aus dem Engagement der Gruppe ziehen können, besonders groß (Olson 1965). Daher sind Interessen, deren Nutzen sich auf Wenige konzentriert (und dieses sind vor allem wirtschaftliche Interessen) organisations- und ressourcenstärker als Interessen, deren Nutzen diffus ist, also nur mittelbar vom Einzelnen wahrgenommen werden, wie Umwelt- oder Verbraucherschutz.

Ist diese Repräsentativität durch Interessen in der Realität denn auch gewährleistet?

Zwei Studien von Heike Klüver weisen darauf hin, dass → Interessengruppen als Transmissionsriemen zwischen Bürger:innen und der Politik fungieren können. Klüver hat zunächst gezeigt, dass mehr Interessengruppen aktiv werden, wenn ein Thema bedeutsamer für die Öffentlichkeit ist. Interessengruppen nehmen also offensichtlich die Forderungen der Bürger:innen auf (Klüver 2015). In einer weiteren Untersuchung (Klüver 2020) hat sie dann nachgewiesen, dass Interessengruppen erfolgreicher als Wähler:innen die Agenden von Parteien beeinflussen können. Dieses spricht für die Fähigkeit von Interessengruppen, die Forderungen und Wünsche der Bevölkerung an die Politik herantragen zu können.

Damit dieses gewährleistet ist, müssen organisierte Interessen eine Themenkongruenz mit den Bürger:innen aufweisen. Denn wenn die Anliegen der Interessengruppen nicht mit denen der Bevölkerung übereinstimmen, ist die Repräsentativität des politischen Systems verzerrt. Eine Studie zu dieser Frage (Pakull et al. 2020a) zeigt, dass zumindest Interessengruppen, die Nichtunternehmerinteressen vertreten, zur Repräsentation von Themen der Bürger:innen beitragen. Die Organisationen der Unternehmerinteressen verfolgen hingegen ihre eigene Agenda.

Ein weiteres interessantes Ergebnis dieser Studie ist, dass organisierte Interessen die Themen von Bürger:innen mit radikaleren ideologischen Einstellungen besser repräsentieren als jene der ideologischen Mitte. Die Autoren sehen hier die Möglichkeit, dass organisierte Interessen eine Repräsentationslücke schließen können, welche Parteien, die sich an der Mitte der Gesellschaft oder zumindest breiteren Wählergruppen orientieren, offenlassen.

Fördern Interessengruppen das Gemeinwohl?

Interessen sind spezifisch, und Akteure, die diese vertreten, haben im Regelfall nicht das Ziel, das Gemeinwohl zu fördern. Besonders offensichtlich ist das bei wirtschaftlichen Interessen. Der Bundesverband der Deutschen Industrie (BDI) etwa möchte die Interessen der Großindustrie fördern und nicht die der Arbeitnehmer:innen oder der Umwelt. Aber auch Umweltorganisationen möchten die Natur schützen und nicht die Wirtschaft fördern. Daher kann auch bezweifelt werden, ob der Einbezug von → Interessengruppen zu einer besseren, wohlstandsfördernden Politik führt.

Besonders prägnant hat dieses der amerikanische Wirtschaftswissenschaftler Mancur Olson in seiner *Age-of-Democracy*-These ausformuliert. Olson hat in seinem Buch „Aufstieg und Niedergang der Nationen“ (1991) eine ökonomische Theorie entwickelt, die den Zusammenhang zwischen dem Ausmaß der Interessenverbände und dem Wirtschaftswachstum einer Volkswirtschaft herstellt. Dabei stellt er die pluralistische *laissez-faire*-Annahme in Frage, dass es am besten ist, wenn eine Regierung wenig in den Markt interveniert, da dieser Probleme am besten ohne störende staatliche Interventionen lösen könne.

In seiner Studie kam Olson zu dem Schluss, dass → Interessengruppen kein Interesse an der Steigerung des gesamtgesellschaftlichen Wohlstandes haben, sondern Einkommen und Vermögen ihrer Mitglieder mehren möchten. Dafür streben sie Regelungen an, die Gelder zu ihren Gunsten umverteilen und versuchen dabei, die Kosten der Gemeinschaft aufzubürden. Olson bezeichnet diese Sonderinteressen, als besonders wirkungsmächtiges Beispiel führt er hier die Gewerkschaften an, als „Verteilungskoalitionen“ und stellt fest, dass, wenn sich diese ungehindert organisieren könnten, mit zunehmendem Alter der Demokratie die Zahl der Verteilungskoalitionen wächst. Als Folge dessen sinkt das Wirtschaftswachstum, während staatliche Regulierungen zunehmen und die Staatsausgaben steigen (Olson 1991; Ostheim/Schmidt 2007).

Welche Gründe gibt es für ein Übergewicht wirtschaftlicher Interessen?

Sowohl im zeitlichen als auch im internationalen Vergleich zeigt sich (relativ stabil), dass etwa die Hälfte der Lobbygruppen Unternehmerinteressen vertreten (Bernhagen 2019: 251). Für dieses Übergewicht wirtschaftlicher → Interessen gibt es mehrere Gründe:

Zunächst können wirtschaftliche Interessen mehr Geld in die Lobbyarbeit investieren, und zwar nicht nur, weil sie mehr Geld besitzen, sondern weil diese für sie quasi Investitionen darstellen, von denen sie sich einen zukünftigen Gewinn durch für sie vorteilhafte politische Entscheidungen erhoffen. Nichtwirtschaftliche Interessen profitieren hingegen selber nicht materiell davon, wenn sie ihre Ziele erreichen (Crouch 2008: 28). Ihre großen finanziellen Mittel ermöglichen wirtschaftlichen Interessen auf vielfältige Art → Einfluss auf politische Entscheidung zu nehmen, etwa über hohe Parteispenden und die Beschäftigung von ehemaligen Spitzenpolitiker:innen mit einem sechs- bis siebenstelligen Jahresgehalt als Lobbyist:innen und Türöffner in die Politik. Über solche Möglichkeiten verfügen Gruppen, die Umweltschutz- oder Verbraucherinteressen vertreten, nicht.

Eine weitere Ungleichheit zwischen den Interessen entsteht dadurch, dass das *informational lobbying* zunehmend wichtiger wird. Verbände und andere interessierte Organisationen liefern → Informationen, die etwa die Ministerialbürokratie benötigt, um korrekte und effiziente Gesetzentwürfe zu schreiben (Simon 2015). Vor allem große und finanzstarke → Verbände können diesen Bedarf an Informationen schnell und für die Adressaten in Politik und Ministerium kostenlos befriedigen. Diese Verbände können einen großen Stab von Expert:innen finanzieren, externe wissenschaftliche Gutachten und Studien in Auftrag geben und Fachtagungen ausrichten (Simon 2015). Einige Organisationen haben sogar ihre eigenen Forschungsinstitute: So finanzieren die Verbände und Unternehmen der Wirtschaft das Institut der deutschen Wirtschaft (IW) und die gewerkschaftsnahe Hans-Böckler-Stiftung das Institut für Makroökonomie und Konjunkturforschung (IMK).

Der Bedarf der Politik an externen, praxisnahen Informationen besteht insbesondere in hochkomplexen Politikfeldern. Ein Beispiel hierfür ist das Gesundheitssystem, welches einzelne Politiker:innen und Ministerialbeamt:innen kaum in seiner gesamten Breite und Regelungstiefe überschauen können, weswegen sie dankbar auf die Informationen der Verbände zurückgreifen. Die Chancen der Beeinflussung gesundheitspolitischer Entscheidungen hängen von den finanziellen → Ressourcen der jeweiligen Interessengruppen ab; und die sind in der Gesundheitspolitik in starkem Maße ungleich. Während die Verbände der Pharmaindustrie, die Apothekerverbände und Dachorganisationen der Wohlfahrtsverbände ressourcenstark sind, verfügen die Verbände der Pflegeberufe, der mit Abstand größten Berufsgruppe im Gesundheitswesen, nur über geringe finanzielle Mittel und somit auch über relativ geringe Einflusschancen (Simon 2015). Als Folge vergrößert der Einbezug der Verbände weniger die → Legitimation der politischen Entscheidungen als die soziale Ungleichheit in dem Politikfeld, was sich jüngst während der Coronapandemie in dem Unmut der Pflegekräfte über ihre Berufssituation niederschlug.

Sind wirtschaftliche Interessen für die Regierung wichtiger als andere?

Für diese weit verbreitete Annahme spricht, dass die Wirtschaft Steuern zahlt und Menschen Arbeit gibt, weswegen eine funktionierende Wirtschaft Grundvoraussetzung für einen funktionierenden Wohlfahrtsstaat, aber auch für die Verfolgung vieler anderer Interessen ist. Ein funktionierender Markt trägt wesentlich zu gesamtgesellschaftlichem Wohlstand und somit zur politischen Stabilität bei (Lindblom 1977). Daher können selbst linke und grüne Regierungen es sich nicht leisten, die Bedürfnisse und Forderungen der Wirtschaft zu ignorieren. Hieraus ergibt sich jedoch ein Dilemma, da der Markt ebenfalls die Ungleichheiten zwischen den unterschiedlichen → Interessen verstärkt. Charles E. Lindblom, ein amerikanischer Wissenschaftler, der den → Pluralismus erst propagierte und dann kritisierte, zeigte in seinem 1977 veröffentlichten Buch „Politics and Markets" eindrucksvoll die Abhängigkeit der Politik von Wirtschaftsinteressen auf. Denn letztere können mit Arbeitsplatzabbau drohen, wenn politische Maßnahmen wie Steuererhöhungen, Umweltschutzauflagen oder Verbesserungen der Arbeitsbedingungen der Angestellten negative Folgen für ihre Branche haben. Und andersrum können sie Investitionen und Arbeitsplätze in Aussicht stellen, wenn ihren Forderungen (etwa nach Steuererleichterungen und Subventionen) nachgekommen wird. Durch diese Verfügbarkeit über das Kapital sind wirtschaftliche Interessen durchsetzungsstärker als andere; und zwar ungeachtet der programmatischen oder ideologischen Ausrichtung der Regierung (Lindblom 1977).

Die Relevanz der Unternehmen für die Politik und das Drohpotential der Arbeitgeber:innen erhöhte sich noch einmal seit den neoliberal geprägten 1980er Jahren. Zuvor, im keynesianischen Staat der 1970er Jahre, war es üblich, dass Regierungen durch staatliche Investitionen die Wirtschaft belebten. Dieses ließ genug vom Kuchen für alle übrig. Als dieses endete, wurde es für Firmen schwieriger, am Markt zu bestehen. Folglich wuchsen die Unterschiede zwischen erfolgreichen und erfolglosen Unternehmen, es kam zu Bankrotten und höheren Arbeitslosenzahlen – und durch diese Krisen fand die Lobby der Unternehmen mehr Gehör bei der Regierung (Crouch 2008: 64).

Welches Beispiel illustriert gut die Überlegenheit wirtschaftlicher Interessen?

Ein Beispiel ist die deutsche Automobilindustrie. Deren große politische und wirtschaftliche Relevanz ergibt sich schon aus den etwa 800.000 Menschen, die direkt bei Autobauern oder Zuliefererbetrieben beschäftigt sind. Zudem verfügt sie über immense finanzielle Mittel für ihr Lobbying. Automobilkonzerne zählen zu den größten Parteispendern. In den Jahren 2009 bis 2014 spendeten sie zusammen fast 5,8 Millionen Euro an CDU/CSU, SPD, FDP und Grüne. Darüber hinaus kann die Automobilindustrie es sich auch leisten, ehemalige Spitzenpolitiker:innen für ihr Lobbying zu verpflichten. An der Spitze des Verbandes der Automobilindustrie (VDA) steht seit 2007 der ehemalige CDU-Bundestagsabgeordnete und Verkehrsminister Matthias Wissmann (Schroeder/Greef 2019: 310) und Ende 2013 wechselte Eckhart von Klaeden (CDU) direkt von seinem Posten als Staatsminister im Bundeskanzleramt als Lobbyist zur Daimler AG.

In der Automobilpolitik ist die Vernetzung von Politik, Industrie und Gewerkschaften besonders eng; dieses Netzwerk trifft die relevanten Entscheidungen. Dass diese durchaus im Sinne der Allgemeinheit sein können, zeigt die von den Gewerkschaften ins Spiel gebrachte „Abwrackprämie“, der die Sicherung von mindestens 20.000 Arbeitsplätzen in der Weltwirtschaftskrise ab dem Jahr 2008 zugeschrieben wird. Um die Konjunktur zu beleben, bekam man beim Kauf eines Neu- oder Jahreswagen 2.500 Euro für die Verschrottung eines alten Autos (Spohr 2019a: 295).

Dass die Privilegierung wirtschaftlicher Interessen aber auch zulasten von Umwelt- oder Verbraucherschutz gehen kann, zeigte der Dieselgate-Skandal ab dem Jahr 2015. Dieser bestand darin, dass Volkswagen, Daimler, BMW, Audi und Porsche illegale Abschalteinrichtungen verwendeten, um Abgasnormen zu umgehen, und sich bei ihren Manipulationen über Jahre abgesprochen hatten. Damit stand der Vorwurf im Raum, dass die Automobilindustrie Kartellbildung betreibt und für Schadstoffemissionen verantwortlich ist, die nicht nur zu erheblicher gesundheitsschädlicher Luftverschmutzung führen, sondern auch international vereinbarte Stickoxidgrenzwerte gefährden (Schroeder/Greef 2019: 309).

Die Reaktionen der Bundesregierung auf den Dieselgate-Skandal konzentrierten sich nun aber nicht darauf, Umwelt- und Verbraucherschutz zu stärken, sondern den wirtschaftlichen Schaden für die deutsche Autoindustrie zu begrenzen, insbesondere Fahrverbote zu vermeiden (Töller 2019). Dass sich die Regierung im Zuge des Dieselgates „mit Haut und Haaren der Automobilindustrie ausgeliefert“ hatte (Amann et al. 2017: 11), zeigt sich darin, dass sie zwar die Konzerne und → Verbände der Automobilindustrie sowie IG Metall zu einem „Dieselgipfel“ einlud, um dort Maßnahmen zu besprechen, jedoch keine Umwelt- oder Verbraucherschutzverbände. Die Teilnehmer betonten dann auch, dass neben ökologischen Zielen auch gleichrangig wirtschaftliche und soziale Ziele verfolgt werden müssen (Schroeder/Greef 2019: 310). Hierbei waren die bedrohten Arbeitsplätze ein sehr konkretes Argument, während Umweltprobleme und Gesundheitsgefährdung schwer greifbar sind. „Wem ist schon klar, ob er zufällig einer der 1.000 Menschen ist, die in Deutschland jährlich vorzeitig sterben werden, wenn die NOx-Emissionen nicht auf die gesetzlichen Grenzwerte reduziert werden?“, fragt die Politikwissenschaftlerin Annette Töller rhetorisch (2019: 581f.).

Auch die personellen Verbindungen der Autoindustrie erwiesen sich als hilfreich, um den Dieselgate-Skandal möglichst glimpflich ausgehen zu lassen. So bat VDA-Präsident Wissmann schriftlich die „liebe Angela“, also die damalige Kanzlerin Merkel, darum, die Europäische Kommission an der Erreichung ihrer Kohlendioxidziele zu hindern (Biermann 2017). Und von Klaeden wandte sich bereits im März 2015 an das Kanzleramt, seinem vorherigen Arbeitsplatz, um ein von der EU-Kommission geplantes Testverfahren zur Emissionsmessung zu verhindern, welches drohte, die Softwaremanipulationen bei Dieselautos aufzudecken. Nachdem die EU-Kommission das Verfahren beschlossen hatte und der Dieselgate-Skandal publik wurde, setzte sich von Klaeden dann dafür ein, die Grenzwerte zu lockern. Und in der Tat sah die Bundesregierung die bekannt gewordenen Manipulationen der Abgaswerte nicht als Anlass, die Industrie zur Einhaltung der Grenzwerte zu bewegen, sondern bearbeitete gemeinsam mit der Industrie EU-Kommission und Europaparlament so lange, bis die Grenzwerte an Autos angepasst wurden (Biermann 2017).

Es ist jedoch nicht so, dass sich die Politik stets ökonomischen Interessen unterwirft. So zeigte die Bundesregierung während der Coronapandemie, dass sie die Automobilindustrie auch in ihre Schranken weisen kann, indem sie deren Forderungen, etwa nach einer neue Abwrackprämie, nicht in ihre Stabilisierungsmaßnahmen aufnahm. Dieses zeigt die Reputationsverluste der Automobilindustrie in Folge des Dieselgate-Skandals und der Debatten über Klimaschutzziele und deutet an, dass deren Rolle als ökonomische und politische Leitindustrie zu erodieren beginnt (Rehder 2021: 16f.).

Inwiefern hat die Europäisierung die Ungleichheiten vergrößert?

Dadurch, dass die Freihandelspolitik der Europäischen Union (EU) zwischenstaatliche Handelsschranken abgebaut hat, hat sie die Drohmittel der Wirtschaft gegenüber den nationalen Regierungen weiter erhöht. Denn im EU-Binnenmarkt können ohne Zölle und Handelsbeschränkungen Waren gehandelt, Kapital investiert und Dienstleistungen erbracht werden. Dies ermöglicht Unternehmen, ihren Standort innerhalb der EU frei zu wählen, ohne den Marktzugang zu verlieren. Sie können diesen so auch verlagern, wenn ihnen die politischen Rahmenbedingungen nicht mehr zusagen oder woanders günstiger erscheinen.

Bei dieser Marktschaffung agierte der Europäischen Gerichtshof (EuGH) als Motor einer „Liberalisierung durch internationale Integration“ (Streeck 2013: 150). Hervorzuheben sind hierbei zwei Urteile: Zunächst hatte der EuGH in seiner *Dassonville*-Entscheidung von 1974 (EuGH Rs 8/74) die ursprünglich auf die Liberalisierung des Außenhandels gerichteten Binnenmarktfreiheiten zu Wirtschaftsgrundrechten aufgewertet. Danach untersagt der Gerichtshof in dem *Cassis-de-Dijon*-Fall (EuGH Rs. 120/78) nicht notwendige nationale Regulierungen, die den freien Warenverkehr behindern, und legte den Mitgliedstaaten die Pflicht zur gegenseitigen Anerkennung der Regeln des jeweiligen

Herkunftslandes eines Produktes auf. Dieses bedeutet, dass in einem Mitgliedstaat ordnungsgemäß hergestellte Waren oder Dienstleistungen grundsätzlich in der gesamten EU auf den Markt gebracht werden dürfen. Die nationalen Regierungen können seitdem kaum noch reglementieren, welche Produkte in ihrem Land angeboten werden – und unter welchen Bedingungen diese hergestellt werden (Scharpf 1999: 58f.). Unternehmen wiederum können im EU-Binnenmarkt ihren Firmensitz und Produktionsstandort frei wählen, ohne Nachteile beim Marktzugang zu erleiden. Diese „Exit-Optionen" haben das Droh- oder Erpressungspotential der Wirtschaft, und somit den → Einfluss ihrer Lobbys, massiv gesteigert, wie es Colin Crouch auf den Punkt bringt:

> „Sie weisen eine Regierung einfach nur darauf hin, daß sie in diesem Land nicht investieren werden, wenn die nationalen Politiker beispielsweise darauf bestehen sollten, gewisse weitreichende Rechte der Arbeitnehmer beizubehalten. Die wichtigen Parteien des Landes werden sich hüten, diese Drohungen öffentlich zu machen, vielmehr erzählen sie ihren Wählern, antiquierte Regelungen des Arbeitsrechts müßten dringend reformiert werden." (Crouch 2008: 47)

Als Folge treten nationale Regierungen und Gewerkschaften mit anderen Staaten in einen Wettbewerb, in dem sie größere Konzessionen gegenüber Kapital und Unternehmen machen, als es ihren Interessen entspricht (Scharpf 1999: 45).

Bedroht diese ungleiche Machtverteilung die Demokratie?

Demokratie erfordert ein gewisses Maß an Gleichheit der Möglichkeiten der Bürger:innen, auf politische Entscheidungen einzuwirken (Crouch 2008: 26). Das strukturelle Ungleichgewicht zwischen Kapital und Arbeit, Beschäftigten und Nichtbeschäftigten, Ökonomie und Ökologie spiegelt sich jedoch in der Interessenvertretung wider (Strässer/Meerkamp 2015: 222); und eine solch unausgeglichene Interessenvertretung gefährdet die politische Gleichheit, auf der repräsentative Demokratie aufbaut.

Dass die → Ressourcen der unterschiedlichen → Interessen massiv zu Gunsten der Wirtschaft variieren, trägt zu einem Zustand bei, den der britische Sozialwissenschaftler Colin Crouch „Postdemokratie" nennt.

Crouch stellt die These auf, dass sich politische Institutionen, Verfahren und Regierungen zunehmend in eine Richtung zurückentwickeln, die typisch für vordemokratische Zeiten war. Zwar werden noch Wahlen abgehalten; diese sind aber zu einem inszenierten Spektakel verkommen, in deren Schatten die Politik von Regierungen und (Wirtschafts-)Eliten gemacht wird (Crouch 2008: 10).

> „In einer Postdemokratie, in der immer mehr Macht an die Lobbyisten der Wirtschaft übergeht, stehen die Chancen schlecht für egalitäre politische Projekte zur Umverteilung von Wohlstand und Macht sowie die Eindämmung des Einflusses mächtiger Interessengruppen." (Crouch 2008: 11)

Man muss nicht diese pessimistische Sicht teilen, um negative Effekte einer ungleichen gesellschaftlichen Machtverteilung auf die politische Gleichheit festzustellen. Eine Studie zur US-amerikanischen Politik (Gilens/Page 2014) zeigt, dass politische Entscheidungen viel häufiger die Forderungen wirtschaftsnaher → Interessengruppen und einkommensstarker Individuen widerspiegeln als die von mittleren und unteren Einkommensgruppen und Organisationen, die Arbeitnehmerinteressen vertreten. Zu einem ähnlichen Ergebnis kommt eine Untersuchung zur Responsivität des Bundestags (Elsässer et al. 2017). Diese zeigt, dass politische Entscheidungen mit höherer Wahrscheinlichkeit mit den Einstellungen höherer Einkommensgruppen übereinstimmen. Die Wünsche der Armen greift die Politik hingegen nicht auf. Aber warum ignoriert die Politik einen Teil der Bevölkerung? Neben der geringeren Beteiligung von Menschen mit niedrigem Einkommen an Wahlen und der Überrepräsentation der oberen Schichten in Parlamenten führen die Autor:innen als eine weitere mögliche Erklärung an, dass (wirtschaftsnahe) Interessengruppen starken → Einfluss auf politische Entscheidungen nehmen und die Politik im Sinne von Kapitalinteressen und der Bessergestellten verändern (Elsässer et al. 2017). Dagegen können Pakull et al. (2020a) keinen statistischen Zusammenhang zwischen dem Einkommen der Bürger:innen und der Repräsentation ihrer Themen durch → organisierte Interessen in Deutschland feststellen.

Literaturtipp | Für eine umfassende Einführung in die Lobbyismusforschung ist das von Andreas Polk und Karsten Mause herausgegebene „Handbuch Lobbyismus" zu empfehlen. Die über 40 Einzelbeiträge umfassen geschichtliche und theoretische Grundlagen sowie Fallbeispiele.

Akteure im Lobbyismus

Neben Verbänden und Unternehmen gibt es noch viele weitere Organisationen, die Lobbyismus betreiben. Wie diese arbeiten, wo man Lobbyleistungen „kaufen“ kann und was Astroturfing ist, wird auf den folgenden Seiten aufgezeigt.

Was ist Lobbyist:in für ein Beruf?

In Organisationen wie → Verbänden, Vereinen und → NGOs übernehmen bestimmte Personen das Lobbying, entweder als Teil ihrer Beschäftigung oder auch als deren alleinigen Zweck. Da der Begriff „Lobbyismus" weitgehend negativ belegt ist, bezeichnen diese sich jedoch in aller Regeln nicht als Lobbyist:innen, sondern etwa als „Verbandsmanager" (Koch 2011) oder Campaigner.

Während die Interessenvertretung von Verbänden früher in der Regel deren Funktionär:innen selber ausgeübt haben, übernehmen neuerdings häufig professionelle Lobbyist:innen diese Tätigkeit. Mittlerweile existiert ein eigener Arbeitsmarkt für Lobbyist:innen und auch spezielle Lehr- und Studiengänge, die diese ausbilden (Bernhagen 2019: 252; Plehwe 2019). Für fünfstellige Studiengebühren können an der privaten Quadriga Hochschule in Berlin berufsbegleitende Master-Programme in den Bereichen *Public Affairs, Communication* und *Leadership* absolviert werden. Aber auch staatliche Universitäten bilden für diesen Markt aus. So bietet der berufsbegleitende Weiterbildungsstudiengang „Master of Public Policy" der NRW School of Governance (Universität Duisburg-Essen) „eine wissenschaftlich fundierte Weiterbildung für Entscheidungsträger und Young Professionals in Parteien, Verwaltung, Verbänden, Gewerkschaften, Unternehmen und anderen Organisationen mit Schnittstellenbereich zur Politik" (NRW School of Governance 2022).

Die Professionalisierung des Lobbyismus spiegelt sich auch in der Gründung von Fachverbänden wider (Bernhagen 2019: 252). So ist die Deutsche Gesellschaft für Politikberatung der „Zusammenschluss der professionellen Interessenvertreterinnen und Interessenvertreter in Deutschland." Ihre Mitglieder sind in der politischen Kommunikation, Kampagnen- und Politikfeldberatung tätig und arbeiten etwa in Agenturen, Unternehmen, Verbänden, Parteien oder auch als Selbstständige (Deutsche Gesellschaft für Politikberatung 2022). Und die Deutsche Public Relations Gesellschaft vereint die Berufsgruppen der Public Relations und der Kommunikationsbranche, „von Pressesprecher*innen bis zu Leiter*innen Unternehmenskommunikation, von der Lobbyistin bis zu Consultants in Agenturen und Selbstständigen" (Deutsche Public Relations Gesellschaft 2022).

Welche Organisationen sind im Lobbyismus aktiv?

Die Akteure, die ihre → Interessen im Lobbyismus vertreten oder vertreten lassen, können unter dem Sammelbegriff „organisierte Interessen“ erfasst werden. Hierunter fällt eine Vielzahl unterschiedlicher Organisationen, die zumindest gelegentlich versuchen, Politik zu beeinflussen (Goldberg et al. 2021). Um einen Einblick in die Vielfalt und Zahl der Akteure im (deutschen) Lobbyismus zu bekommen, lohnt ein Blick in das → „Lobbyregister für die Interessenvertretung gegenüber dem Deutschen Bundestag und der Bundesregierung“, welches zum Jahresbeginn 2022 eingeführt wurde. Im Juli 2022 waren dort 4.893 Einträge zu finden. Die tatsächliche Zahl der organisierten Interessen wird jedoch noch größer sein, da nach einem halben Jahr viele Akteure noch nicht registriert waren und Gewerkschaften, Arbeitgeberverbände und Kirchen sich nicht registrieren müssen. Dennoch zeigt die folgende Tabelle einiges auf:

Tätigkeitskategorien	Anzahl
Anwaltskanzlei, Einzelanwältin oder Einzelanwalt	33
Arbeitgeberverband	60
Arbeitnehmerverband (Gewerkschaft)	14
Beratungsunternehmen, selbstständige Beraterin oder selbstständiger Berater	251
Berufsverband	512
Kirche und andere Religions- oder Weltanschauungsgemeinschaft	9
Nichtstaatliche Organisation (Nichtregierungsorganisation, Plattform oder Netzwerk)	465
Öffentlich-rechtliche Organisation (z. B. Körperschaften, Anstalten und Stiftungen des öffentlichen Rechts)	28
Privatperson	64
Privatrechtliche Organisation mit Gemeinwohlaufgaben (z. B. eingetragene Vereine, Stiftungen)	1114
Unternehmen	1386
Wirtschaftsverband oder Gewerbeverband/-verein	736
Wissenschaft, Denkfabrik, Forschungseinrichtung oder Hochschule	77

Sonstige Organisation	144
Gesamt	**4893**

Tab. 1 | Im Lobbyregister registrierte Akteure (Quelle: Lobbyregister für die Interessenvertretung gegenüber dem Deutschen Bundestag und der Bundesregierung, Stand: 08.07.2022)

Arbeitnehmer-, Wirtschafts- und Berufsverbände als Vertretungen wirtschaftlicher Interessen machen zusammen etwa ein Viertel der bisher registrierten Akteure aus. Die hohe Zahl der Unternehmen, die eigenständiges Lobbying betreiben, ist insofern bemerkenswert, weil Unternehmen meist auch Mitglied in Wirtschafts- oder Gewerbeverbänden sind. Sowohl → Verbände als auch Unternehmen beauftragen zudem auch Anwaltskanzleien oder Beratungsunternehmen mit der Vertretung ihrer Interessen. Aber auch allgemeine Interessen sind in großer Zahl vertreten, wie die fast 500 nichtstaatlichen Organisationen (→ NGOs) aufzeigen.

Ebenfalls im Lobbyregister erfasst werden Forschungseinrichtungen und Stiftungen, auch wenn diese Organisationen oft nicht oder nicht in erster Linie Lobbyismus betreiben. Daher besteht auch Missmut oder zumindest Verwunderung unter Forscher:innen, dass sie sich im Lobbyregister registrieren müssen, wenn sie etwa im Bundestag ihre Expertise der Politik zur Verfügung stellen, ohne damit bestimmte Interessen zu verfolgen. Dennoch ist es aus Gründen der → Transparenz zu begrüßen, dass sich auch diese Einrichtungen registrieren lassen müssen. Denn auch Denkfabriken und Stiftungen können (verschleierte) Lobbyorganisationen sein, die im Einzelfall nicht so einfach als solche zu erkennen sind. Zudem sehen wir in der Tabelle, dass auch Kirchen und sogar öffentlich-rechtliche Organisationen Lobbying betreiben. Letztere sind zwar selbst mit der Wahrnehmung bestimmter öffentlicher und hoheitlicher Aufgaben betraut, wollen aber auch auf politische Entscheidungen außerhalb ihres Zuständigkeitsbereiches → Einfluss nehmen (Bernhagen 2019: 251).

Linktipp | Das „Lobbyregister für die Interessenvertretung gegenüber dem Deutschen und der Bundregierung“ findet sich hier: www.lobbyregister.bundestag.de.

Was kennzeichnet Interessengruppen, Verbände und Vereine?

Interessengruppen werden auch als → Verbände oder Vereine bezeichnet, wobei meist ökonomische → Interessengruppen als Verband und im Freizeitbereich engagierte Organisationen als Verein bezeichnet werden (auch wenn viele Verbände die Organisationsform eines eingetragenen Vereines (e. V.) haben). Als Interessengruppen können alle Vereinigungen verstanden werden, deren Mitglieder ein gemeinsames Interesse eint, etwa dem am Fußballspielen (Heinze 2021: 406f.). Diese Vereine sind natürlich keine Lobbyorganisationen. Aber auch der örtliche Fußballclub kann mitunter politisch aktiv werden, etwa um die Stadt zur Finanzierung einer neuen Flutlichtanlage zu bewegen. Zudem sind Fußballvereine in der Regel im Deutschen Fußball-Bund (DFB) und in dessen Regional- und Landesverbänden organisiert, die dann ihre Interessen mitvertreten.

Im Folgenden soll es aber primär um im Lobbying aktive Interessengruppen gehen. Diese können (nach Beyers et al. 2008) anhand von drei Faktoren identifiziert werden:

Erstens verfolgen sie *politische* Interessen, was bedeutet, dass sie allgemeinverbindliche Entscheidungen zu ihren Gunsten beeinflussen wollen. Im Unterschied zu Parteien befassen sie sich dabei lediglich mit einem beschränkten Themenspektrum.

Zweitens sind sie *organisiert* und somit auf Dauer angelegt, was sie von (Protest-)Bewegungen unterscheidet, die unorganisiert und anlassbezogen politische Ziele verfolgen. Aus diesen Bewegungen können jedoch Interessenorganisationen entstehen, so haben etwa die Klimaschutzbewegung Fridays for Future und die islamfeindliche Pegida jeweils Fördervereine gegründet und somit ein Schritt in Richtung Institutionalisierung getan.

Drittens verfolgen → organisierte Interessen ihre Ziele auf *informellem* Weg. Und dieses unterscheidet sie ebenfalls von Parteien, da sie, im Gegensatz zu diesen, nicht an Wahlen teilnehmen und keine (Regierungs-)Ämter anstreben.

In Deutschland sind die Verbände traditionell die zentralen Akteure der Interessenvermittlung. Sie sind dadurch charakterisiert, dass sie mitgliederbasiert sind, wobei Mitglieder keine Einzelpersonen sein müssen, sondern auch Unternehmen oder andere Vereinigungen sein können. Das Spektrum der Verbände ist so vielfältig, wie die Arten der Interessen, die sie vertreten. So gibt es Interessen, deren Verfolgung lediglich einer bestimmten Gruppe nutzt. Dieses sind zum einen wirtschaftliche Interessen, die von Arbeitgeber-, Industrie und Berufsverbänden sowie Gewerkschaften vertreten werden. Zum anderen zählen hierzu aber auch nicht kommerzielle Interessen, etwa Selbsthilfeorganisationen benachteiligter Menschen, wie der Bundesverband Selbsthilfe Körperbehinderter oder migrantische Organisationen. Ebenfalls nicht zu den wirtschaftlichen Interessen zählen Gruppen, die allgemeine oder kollektive Interessen vertreten, wie etwa Umweltschutzgruppen oder humanitäre und Menschenrechtsorganisation wie Amnesty International und die Welthungerhilfe. In der „Lobbyliste“, in der von 1972 bis Ende 2021 die Verbände aufgeführt wurden, die Interessen gegenüber dem Deutschen Bundestag oder der Bundesregierung vertraten, waren zum Schluss 2.238 Interessengruppen registriert. Diese reichten von #AlarmstufeRot, einem Verein, der vor dem Hintergrund der Coronapandemie die Interessen der Veranstaltungswirtschaft als Ganzes vereint, bis zum Zweirad-Industrie-Verband, der Interessenvertretung der Fahrradindustrie (Bundestag 2021).

Das Verbändesystem ist in Deutschland stark durch den → Neokorporatismus geprägt. In diesem werden nicht alle Interessengruppen gleichermaßen berücksichtigt, sondern vorwiegend die Spitzenverbände in den jeweiligen Politikfeldern (Heinze 2021: 408). Daher sind viele Verbände funktional in Dach- und Mitgliedsverbände, und territorial in Bundes-, Länder- und Kommunalverbände untergliedert. Beispielsweise stellt die Bundesarbeitsgemeinschaft der Freien Wohlfahrtspflege (BAGFW) eine gemeinsame Arbeitsplattform von sechs Spitzenverbänden der Freien Wohlfahrtspflege dar, welche wiederum ein Dach für andere Organisationen bilden. So vertritt die BAGFW insgesamt nach eigenen Angaben über 90.000 Einrichtungen und Dienste mit über 1,3 Millionen Mitarbeiter:innen (Schroeder 2017).

Podcasttipp | In Folge 598 des YouTube-Formats Jung & Naiv stellt der Soziallobbyist und Hauptgeschäftsführer des Deutschen Paritätischen Wohlfahrtsverbandes, Ulrich Schneider, die Ziele, Struktur und Arbeit seiner Organisation vor. Der „Paritätische" ist Mitglied in der BAGFW und Dachverband von über 10.000 Organisationen und Einrichtungen im Sozial- und Gesundheitsbereich. www.youtube.com/watch?v=8fVae WImpSo

Welche Verbände vertreten wirtschaftliche Interessen?

Die Wirtschaft organisiert ihre gemeinsamen Interessen in Unternehmensverbänden. Diese können in drei Säulen aufgeteilt werden. Die erste Säule, die Wirtschaftsverbände, sind die im Lobbyismus aktivsten Unternehmensverbände. Sie vertreten die wirtschaftspolitischen → Interessen gegenüber dem politischen System. Als ihre Dachorganisation wirkt der 1949 gegründete Bundesverband der Deutschen Industrie (BDI), in dem 15 Landesverbände und 35 nationale Branchenverbände vereint sind. Im Zentrum der Arbeit des BDI steht Lobbyismus in allgemeinen Fragen der Steuer-, Außenhandels- und Wirtschaftspolitik. Wenn es direkt um die Belange einzelner Branchen geht, übernehmen dieses die dortigen Verbände, wie der Verband der Chemischen Industrie (VCI) oder der Verband der Automobilindustrie (VDS). Die Branchenverbände sind wiederrum in Fachverbände oder Fachgruppen untergliedert, was eine besonders effiziente Interessenpolitik ermöglicht (Schroeder 2021: 935f.).

Die zweite Säule sind die Arbeitgeberverbände. Diese sind vor allem in der → Sozialpartnerschaft aktiv. Sie schließen mit Gewerkschaften Tarifverträge ab und sind in die Selbstverwaltung der Sozialversicherungen eingebunden. Der Spitzenverband der Arbeitgebervertretungen, die Bundesvereinigung der Deutschen Arbeitgeberverbände (BDA), repräsentiert nicht nur die Industrie, sondern organisiert in ihren 14 Landesvereinigungen und 48 Bundesfachverbänden auch noch zahlreiche andere Wirtschaftszweige wie Handwerk und Landwirtschaft. Unter den Fachverbänden ist traditionell Gesamtmetall, der Dachverband der Metall- und Elektroindustrie, tonangebend und der wichtigste Finanzier. Da die Kompetenz der Tarifpolitik bei den regionalen Arbeitgeberverbänden liegt, haben die Dachverbände neben der Koordination der Lohn- und Tarifpolitik vor allem auch die Aufgaben, die Arbeits- und Sozialpolitik mitzugestalten und die unternehmerischen Interessen gegenüber dem politischen System, den Gewerkschaften und der Öffentlichkeit zu vertreten.

Die dritte Säule unternehmerischer Interessenvertretung sind die 79 Industrie- und Handelskammern. Mit Ausnahme der freien Berufe und der Handwerks- und landwirtschaftlichen Betriebe müssen alle inländischen Unternehmen Mitglied in den Kammern sein. Diese vertreten als öffentlich-rechtliche Körperschaften die Interessen der gewerbetreibenden Unternehmen gegenüber den Kommunen, Landesregierungen und den regionalen staatlichen Einrichtungen, während der Deutsche Industrie- und Handelskammertag (DIHK) als Spitzenvereinigung die Bundesebene und die Europäische Kommission lobbyiert (Schroeder 2021: 936). Hinzu kommen noch der Zentralverband des Deutschen Handwerks (ZDH), die öffentlichen Arbeitgeberverbände und eine Vielzahl von Branchen, die nicht in der BDA oder dem BDI vertreten sind (Schroeder 2021: 935).

Wer vertritt die Interessen der Arbeiter:innen und der Arbeitnehmer:innen?

Bei den Gewerkschaften stellt der DGB den Dachverband für die Branchengewerkschaften wie die IG Metall für die Arbeitnehmer:innen der Metall-, Elektro-, Textil- und Holzindustrie und die Gewerkschaft Erziehung und Wissenschaft (GEW) für die pädagogischen, sozialpädagogischen und wissenschaftlichen Berufe. Neben dem DGB gibt es mit dem Deutschen Beamtenbund (dbb) und dem Christlichen Gewerkschaftsbund (CGB) in Deutschland noch zwei weitere Dachverbände.

Das Gewerkschaftsmodell ist aktuell im Wandel. Dies liegt zum einen an der Erosion des Tariflohns: Die abnehmende Tarifdeckungsrate setzt die Gewerkschaften unter Druck, da sie ihr Versprechen einer fairen Entlohnung in einigen Branchen nicht länger garantieren können. Dieses wiederum bedeutet, dass die Menschen einen Grund weniger haben, in Gewerkschaften einzutreten; die Mitgliedszahlen nehmen seit Jahrzehnten ab. Zum anderen vergrößern sich die Interessengegensätze. Zum einen zwischen den verschiedenen Branchen; hochqualifizierte Facharbeiter:innen in der Industrie haben eine deutlich bessere Verhandlungsposition als leicht zu ersetzende, prekär Beschäftigte in der Gastronomie. Solche Gegensätze können aber auch in einer Branche bestehen, etwa zwischen Pilot:innen und Flugbegleiter:innen.

Als Folge bekommt das Industriegewerkschaftsmodell immer mehr Konkurrenz von kleinen, schlagkräftigen Berufsgewerkschaften (Speth 2010: 11). So existieren unabhängige Spartengewerkschaften, die einzelne Berufe oder Berufsgruppen vertreten, etwa der Marburger Bund für Ärzt:innen und die Vereinigung Cockpit für Pilot:innen. Mitunter kommt es dabei zwischen den verschiedenen Gewerkschaften zu einer Konkurrenzsituation. So zeigt sich bei den wiederkehrenden „Lokführerstreiks" oft auch der Machtkampf zwischen der zum dbb gehörenden Gewerkschaft Deutscher Lokomotivführer (GDL) und der dem DGB angehörenden Eisenbahn- und Verkehrsgewerkschaft (EVG).

Von den Gewerkschaften zu unterscheiden sind die Berufsverbände. Diese bündeln die → Interessen der Angehörigen eines bestimmten Berufs und vertreten diese gegenüber Arbeit- und Gesetzgebern. Im Gegensatz zu Gewerkschaften werden sie jedoch nicht in Tarifverhandlungen eingebunden. Ein Beispiel ist die Kassenärztliche Bundesvereinigung.

Was sind Public Interest Groups?

Public Interest Groups können durch drei Punkte charakterisiert und von wirtschaftlichen Gruppen abgegrenzt werden.

1. Public Interest Groups sind nicht gewinnorientiert, weswegen sie auch als Non-Profit-Organisationen bezeichnet werden. Sie sind gemeinnützige Zusammenschlüsse von Mitgliedern, die kein materielles Interesse an den Gruppenzielen haben. Public Interest Groups können daher in dem zivilgesellschaftlichen „Dritten Sektor" jenseits von Staat und Markt verortet werden. Hierbei übernehmen sie oft die Anwaltschaft für Interessen, die sich nicht oder nur schwer selber organisieren oder artikulieren (können), wie etwa Umwelt- und Tierschutz.
2. Damit vertreten Public Interest Groups öffentliche Güter von denen niemand ausgeschlossen werden kann. Denn von einem besseren Verbraucherschutz, ausgebauten Menschenrechten und einer sauberen Umwelt profitiert die gesamte Bevölkerung, unabhängig davon, ob der oder die Einzelne die entsprechenden Gruppen unterstützt oder auch nur deren Ziele als wichtig erachtet. Das erzeugt für → Public Interest

Groups die weiter oben erwähnte Trittbrettfahrerproblematik (Olson 1965).

3. Hieraus folgt das dritte Merkmal von Public Interest Groups, nämlich, dass die Mitgliedschaft in diesen Gruppen der gesamten Bevölkerung offensteht.

> „Selbst lokale Umweltschutzgruppen können durch ihre Aktivitäten gegen bestimmte Projekte (Flughäfen, Industrieansiedlungen) als ‚Public Interest Groups' gelten, da die Aktivitäten aus einem nicht eigennützigen Interesse erfolgen können. Ferner steht die Gruppe jedem, der in dem betroffenen Gebiet wohnt, offen bzw. jeder ist betroffen (sogar der Umweltverschmutzer hat Vorteile von einer reineren Luft, selbst wenn ihm bestimmte Maßnahmen Kosten verursachen)" (Brinkmann 1984: 37).

Einige Public Interest Groups wie das Deutsche Rote Kreuz und Caritas gab es schon vor Gründung der Bundesrepublik. Auch Amnesty International hatte sich bereits 1961 in London gegründet. Zu einer ersten großen Welle von Gründungen von Public Interest Groups kam es jedoch erst in den 1970er und 1980er Jahren im Nachklang der von der 68er-Bewegung geprägten Neuen Soziale Bewegungen. Das Adjektiv „neu" markiert hierbei eine Abgrenzung zur Arbeiterbewegung als „alte" soziale Bewegung. Die Neuen Sozialen Bewegungen griffen Themen auf, die die klassischen → Verbände offenließen, etwa Bürger- und Menschenrechte, Gleichstellung von Frauen und sexuellen Minderheiten, Antirassismus und Umweltschutz (Rucht 2021: 652). Die Bandbreite der Organisationen, die in der Folge entstanden, reicht von kleinen Basisgruppen bis hin zu überregionalen und auch internationalen Organisationen. Speziell aus der Ökologiebewegung entstanden einige wichtige Gruppen wie die 1971 in Kanada gegründete Organisation Greenpeace und vier Jahre später der Bund für Umwelt und Naturschutz Deutschland (BUND). Andere Organisationen entstanden aus der Bürgerrechts-, Frauen- oder Friedensbewegung.

Charakteristisch für Public Interest Groups ist ihre organisatorische Vielfalt und Dezentralität. So gibt es sowohl lockere, informelle Gruppen auf lokaler Ebene als auch hierarchisch gebildete bundesweite und transnationale Organisationen (Rucht 2021: 653). So zeigt sich insbesondere bei den großen Gruppen eine „Verbandlichung": Sie entwickelten Strukturen nach dem Vorbild der klassischen Verbände mit lokaler Verankerung und föderalem Aufbau und ihre Strategien rekurrieren ebenso wie bei Verbänden auf Mitgliedschaften und → Einfluss. Ein Beispiel ist der BUND mit etwa einer halben Million Mitgliedern, 16 Landesverbänden und über 2.000 Kreis- und Ortsgruppen (Thierse/Schiffers 2021).

Was sind Nichtregierungsorganisationen (NGOs)?

Neben den Neuen Sozialen Bewegungen und den → Public Interest Groups bildete sich seit den späten 1990er Jahren ein neuer Organisationstyp aus, welcher als Nichtregierungsorganisation bezeichnet wird und vor allem unter dem englischen Akronym NGO (für *Non-Governmental Organization)* bekannt ist. → NGOs entstanden zunächst vor allem als Gruppen, die Fragen der globalen Wirtschafts- und Finanzordnung sowie der → Transparenz und demokratischer Kontrolle internationaler Politik aufwarfen (Rucht 2021: 654). Prototypisch hierfür ist das globalisierungskritische Netzwerk Attac, welches 1998 in Frankreich gegründet wurde und inzwischen in 50 Ländern tätig ist. Aber auch zu anderen politischen und gesellschaftlichen Themen bildete sich eine Vielzahl von NGOs.

Für den Begriff „NGO" gibt es keine einheitliche Definition. Vor allem medial wird der Begriff „NGO" synonym mit Public Interest Groups verwendet, auch wenn ein Umweltverband, ein Wohlfahrtsverband oder ein Verbraucherschutzverband damit bezeichnet wird. NGOs im engeren Verständnis stellen eine Unterkategorie der Public Interest Groups dar. Ebenso wie diese sind NGOs formal organisierte, vom Staat unabhängige, auf Freiwilligkeit beruhende Non-Profit-Organisationen (Schiffers 2021a; Schiffers/Körner 2019).

Von den etablierten und mitgliedschaftsbasierten Umwelt- und Verbraucherschutzverbänden können NGOs auch weniger über das Interesse, welches sie vertreten, als durch ihre Strategie und Struktur abgegrenzt werden. Denn anders als diese verfügen sie oftmals über keine klassische Mitgliederstruktur mit basisdemokratischer Rückkopplung, sondern konzentrieren sich auf autonome und professionalisierte Organisationseinheiten, die häufig über eine hohe Kampagnenfähigkeit verfügen. Und statt über Mitgliedsbeiträge finanzieren sich NGOs oftmals primär über Spenden oder Projektmittel öffentlicher Geldgeber. Dieses kann aber auch auf Kosten einer dauerhaften, belastbaren Finanzierungsstruktur gehen und zur Abhängigkeit von Spenden- und Aufmerksamkeitszyklen führen (Thierse/Schiffers 2021).

Inwiefern professionalisieren und kommerzialisieren sich NGOs?

Auf der einen Seite ist auch bei NGOs eine Orientierung an den klassischen Verbänden zu erkennen. So verfügt etwa Attac mittlerweile über eine basisorientierte und föderale Organisationsstruktur aus Regionalgruppen. Auch das Handlungsrepertoire von → NGOs reicht mittlerweile über Protestaktionen und Kampagnen hinaus. Viele NGOs sind zu verlässlichen Partnerinnen von Staat und Unternehmen geworden und greifen daher auf das klassische Lobbying zurück. Lautstärke kann hier eine Zugangshürde darstellen und konfrontative Strategien bei Politik und Verwaltung für Irritationen sorgen (Thierse/Schiffers 2021).

Auf der anderen Seite übernehmen NGOs auch immer häufiger Praktiken und Strukturen von Wirtschaftsunternehmen. Wie auch diese haben sie mittlerweile oft eigene Abteilungen für Marketing, Public Relations (PR) und Fundraising, der Einwerbung von Geldern, sowie auf diese Tätigkeiten spezialisierte Mitarbeiter:innen. Und ähnlich wie Unternehmen greifen auch NGOs auf eine Beratungsindustrie zurück, die sich speziell um diese herum gebildet hat, und lassen sich zum Beispiel bei der Einwerbung von Fördermitteln oder ihrer Projektarbeit beraten (Joachim/Schneiker 2021: 176ff.).

Eine Kommerzialisierung von NGOs zeigt sich auch darin, dass sich einige von ihnen als Marke mit einem entsprechenden Image etablieren. Prototypisch hierfür ist die Organisation PETA (People for the Ethical Treatment of Animals), die regelmäßig mit Aktionen, die auf Style- und Sex-Appeal setzen, für Publicity sorgt. Weltweit bekannt wurde die Tierrechts-NGO mit der Kampagne „I'd rather go naked than wear fur" („Ich gehe lieber nackt, als dass ich Pelz trage"), in der sich von 1990 bis 2020 drei Jahrzehnte lang Supermodels wie Naomi Campbell oder internationale oder nationale Berühmtheiten wie Pamela Anderson und Daniela Katzenberger haben nackt ablichten lassen, um gegen das Tragen von Pelzen zu protestieren. Mediale Aufmerksamkeit erzeugen etwa auch die Vergabe eines veganen Fashion-Awards und die Krönung der *sexiest* oder *most beautiful vegan celebrities* (im Jahr 2021 waren dieses unter anderem die Sängerin und Songwriterin Billie Eilish sowie der NFL-Quarterback und Black-Lives-Matter-Aktivist Colin Kaepernick).

Ihr Markenimage nutzen NGOs auch, um Merchandise zu verkaufen. Viele NGOs haben auf ihrer Homepage eigene „Stores“, in denen sie etwa T-Shirts und Jutebeutel mit ihren Slogans und Logos verkaufen. Neben PETA dient hier auch die für ihre radikalen Aktionen wie dem Rammen und Versenken von Walfangschiffen bekannte Umweltschutzorganisation Sea Shepherd als Beispiel. Durch Kauf und Tragen dieser T-Shirts können Unterstützer:innen gleichzeitig Werbung für die NGO und sich selber machen:

> „Während eine Geldspende für die Organisation in der Regel nach außen nicht sichtbar ist, kann jede/r durch das Tragen eines T-Shirts mit dem Schriftzug einer NGO ihre/seine Unterstützung für diese Organisation und die Werte und Ziele, für die sie steht, nach außen kommunizieren, womit diejenigen, die ein solches T-Shirt erwerben, verschenken und/oder tragen, gleichzeitig eine Aufwertung ihres Selbstwertgefühls oder ihres Status gegenüber ihren gleichaltrigen Peers erfahren können. Dies gilt auch für das *sharen, liken* etc. von Inhalten und Produkten von NGOs auf sozialen Medien.“ (Joachim/Schneiker 2021: 180)

Als Folge davon, dass sich NGOs immer mehr etablieren und kommerzialisieren, werden Möglichkeiten zum politischen Engagement zunehmend von Akteuren außerhalb fester, verbindlicher Organisationsstrukturen angeboten. So scheinen etwa so genannte Hybrid-Organisationen wie Campact, die Online- und Offlineaktivitäten anbieten, oder auch Bewegungen wie Fridays for Future nun den Platz zu besetzen, den vormals NGOs eingenommen hatten (Joachim/Schneiker 2021: 185). Auch haben sich in Deutschland etwa im Feld der Flüchtlingshilfe neue „Communities“ abseits etablierter → Interessengruppen gebildet. Eine wachsende Rolle kommt hierbei digitalen, sozialen Netzwerken zu, vor allem auch bei der Mobilisierung und Organisierung von Protest, etwa beim „Arabischen Frühling“, bei Pegida oder den Protestwellen der „Gelbwesten“ in Frankreich (Heinze 2021: 411).

Welche Organisationen setzen sich für die Regulierung von Lobbyismus ein?

Auch in Reaktion auf eine Reihe von Skandalen um → Korruption und Lobbyismus haben sich in den letzten Jahren eine Vielzahl von → NGOs und (Internet-)Plattformen gegründet, die im Allgemeinen die Demokratie stärken und im Speziellen Lobbyismus sichtbar machen wollen (Loer/Töller 2019). Für Deutschland sind vor allem drei dieser Watchdog-Organisationen wichtig: Erstens widmet sich LobbyControl als „Initiative für Transparenz und Demokratie" seit 2005 der Aufklärung von verdeckter Einflussnahme, insbesondere auch durch die oben beschriebenen neuartigen Spielarten und Akteure im Lobbyismus. Der Verein setzt sich hierbei „für Transparenz, eine demokratische Kontrolle und klare Schranken der Einflussnahme auf Politik und Öffentlichkeit" ein (Schiffers 2018: 56).

Zweitens konzentriert sich abgeordnetenwatch.de, eine vom Verein Parlamentwatch getragene Internetplattform, auf den Deutschen Bundestag, das Europäische Parlament und die Parlamente der Bundesländer. Zum einen können hier User:innen Fragen an Abgeordnete stellen und Informationen, etwa zu deren Nebentätigkeiten und Abstimmungsverhalten, einsehen. Zum anderen recherchiert und publiziert abgeordnetenwatch.de auch selber zu Themen wie Parteispenden und der Hausausweisvergabe des Deutschen Bundestages.

Und drittens engagiert sich die von der Open Knowledge Foundation Deutschland betriebene Plattform FragDenStaat.de für mehr Transparenz von behördlichem Handeln. Mittels Anfragen nach → Informationsfreiheitsgesetzen von Bund und Ländern veröffentlicht die Initiative zentrale Informationen über deren Entscheidungsgrundlagen. Dieses ist wichtig, da angesichts gestiegener Handlungsspielräume der Exekutive „behördliche Entscheidungen überhaupt nur dann überprüft werden [können], wenn Informationen über die Entscheidungsgrundlagen vorliegen" (Hahn/von Fromberg 2021: 219f.).

Eher auf internationaler Ebene agieren Transparency International, ein Verein, der sich der Korruptionsbekämpfung verschrieben hat und die Organisation Finance Watch, die für die Regulierung von Finanzmärkten kämpft. Dem (aus ihrer Sicht) steigenden → Einfluss von Wirtschaftslobbyismus auf die Politik der Europäischen Union widmen sich etwa Corporate Europe Observatory und die Alliance for Lobbying Transparency and Ethics Regulation (ALTER-EU), ein Netzwerk von über 200 → Public Interest

Groups und Gewerkschaften, die mehr Lobby-Transparenz fordern (Plehwe 2019).

Diese Organisationen finanzieren sich überwiegend aus Spenden und Mitglieds- bzw. Förderbeiträgen. So setzten sich die Einnahmen von LobbyControl im Jahr 2021 zu jeweils etwa 42,5 Prozent aus Mitgliedsbeiträgen und Spenden zusammen (LobbyControl 2022: 12) und die von abgeordnetenwatch.de im Jahr zu zwei Drittel aus Fördermitgliedschaften und einem Drittel aus Spenden (abgeordnetenwatch.de 2022: 46). Aufgrund dieser Einnahmenstruktur sind diese Organisationen, wie andere → NGOs auch, stark davon abhängig, dass ihre Themen auf der Agenda bleiben. Sie müssen einerseits langfristig an ihren Zielen arbeiten (etwa der Regulierung von Lobbyismus), andererseits aber auch kurzfristig problematische Sachverhalte aufspüren und skandalisieren können. Folglich müssen *watchdogs* gleichermaßen die punktuelle und die kontinuierliche Themenbearbeitung vereinen und sowohl Politik als auch die Medien adressieren (Schiffers 2018: 60f.). Daher setzen sie in ihrer Arbeit sowohl auf Kampagnen und Protestaktionen als auch auf investigative Recherche und wissenschaftliche Hintergrundanalysen.

Diese *watchdogs* genießen in Deutschland allgemein eine hohe öffentliche Akzeptanz, an einigen Organisationen gibt es aber auch Kritik. Bei Transparency International sorgt der hohe Anteil an Spendenbeiträgen aus der Wirtschaft, unklare Ausgaben und die Mitarbeit von (ehemaligen und aktuellen) Manager:innen und Vorständen von Konzernen immer wieder für Diskussionen. Schließlich kann es hierdurch sein, dass Korruptionsbekämpfung durch Unternehmen finanziert wird, die selber im Verdacht der → Korruption stehen (Quittkat 2019). Daher lehnt etwa LobbyControl Unternehmensspenden ab und beschäftigt hauptberufliche und nicht ehrenamtliche Mitarbeiter:innen, um nicht in den Verdacht zu geraten, auf bestimmte Geldgeber Rücksicht zu nehmen. Allerdings gibt es an LobbyControl wiederum die Kritik, dass die Organisation ihre Kampagnen und Aufklärungsstudien (zu) einseitig auf Wirtschaft und Regierung richtet und das Lobbying zivilgesellschaftlicher Akteure ausblendet (Schiffers 2018: 56; Quitkatt 2019).

Linktipps | Die watchdog-Organisationen abgeordnetenwatch.de, LobbyControl und Transparency International haben auf ihren Websites viele Infos und Beiträge zu aktuellen Debatten und Hintergründen rund

um die Themen Lobbyismus und Korruption. Lobbycontrol.de betreibt zudem das umfassende Wiki „Lobbypedia".

Gibt es auch NGOs, die wirtschaftliche Interessen verfolgen?

Die Unterteilung der → Interessengruppen in profitorientierte Wirtschaftsinteressen und Non-Profit-NGOs ist problematisch. Zwar haben sich auf der einen Seite viele NGOs aus Protest gegen Wirtschaftsinteressen formiert (Quittkat 2019), auf der anderen Seite werden aber auch viele NGOs von der Wirtschaft unterstützt, um deren Interessen in einer breiteren Allianz voranzutreiben. Manche Organisationen, die wie NGOs oder Bürgervereinigungen erscheinen, sind in der Realität von Wirtschaftsunternehmen oder Industrieverbänden gegründet worden. Diese Vorgehensweise wird mit dem Begriff „Astroturfing" bezeichnet. Astroturf ist der Markennamen einer US-amerikanischen Kunstrasenfirma; Astroturfing meint also eine „künstliche" Graswurzelbewegung.

Diese Organisationen versuchen, oft mit Hilfe von Werbeagenturen, Einfluss auf die öffentliche Meinungsbildung zu nehmen, zum Beispiel über Leserbriefe und Onlinekampagnen. In Deutschland ist ein Beispiel hierfür die *Gesellschaft zur Information über Vitalstoffe und Ernährung e. V. (Give)* der Pharmaindustrie (Quittkat 2019). Ein anderes Beispiel ist der *Verein Bürger für Technik e. V.* der Atomwirtschaft. Dieser leistet „Aufklärungsarbeit" in Schulen und Museen und platziert atomfreundliche Leserbriefe in Zeitungen (Strässer/Meerkamp 2015: 228).

Teilweise versuchen auch Unternehmen, → Verbände oder sonstige Organisationen ihre eigenen Mitarbeiter:innen und sogar Kund:innen für die Gründung entsprechender Initiativen einzuspannen. Daher ist es im Einzelfall oft auch schwer zu durchschauen, ob es sich um eine „echte" Initiative oder um Astroturfing handelt. So zum Beispiel im Fall der aus einer Facebook-Gruppe entstandenen Initiative „Familien in der Krise", in der sich Eltern, die mit der pandemiebedingten Schließung von Schulen und Kitas nicht einverstanden waren, organisierten. Die Gruppe war kurzzeitig medial sehr präsent und hatte gute Kontakte zur ehemaligen CDU-Familienministerin und heutigen „Botschafterin" der Industrie-Lobbyorganisation Initiative Neue Soziale Marktwirtschaft Kristina Schröder. Dieses ließ den Verdacht aufkommen, „Familien in der Krise" sei eine Astroturfing-Organisation, der es weniger um das Wohl der Kinder, als um das Interesse der Wirtschaft an der Arbeitskraft der Eltern gehe (Bulut 2021). Dieser Vorwurf konnte aber nicht belegt werden.

Warum betreiben Unternehmen eigenständig Lobbying?

Zunehmend bekommen → Verbände als dominante Organisationsform wirtschaftlicher Interessenvertretung Konkurrenz von ihren eigenen Mitgliedern. Vor allem große Unternehmen versuchen in den letzten Jahrzehnten unabhängig vom verbandlichen Handeln zu werden; auch um der Konkurrenz durch andere Verbandsmitglieder zu entgehen. Seit den 1980er Jahren versuchen viele von ihnen nach dem Vorbild japanischer Konzerne eine umfassende Firmenkultur zu entwickeln; und in diesem „ganzheitlichen" Ansatz wollen sie sich nicht länger oder nicht ausschließlich von Wirtschafts- und Gewerbeverbänden vertreten lassen, sondern ihr eigenes Marketing und ihre eigene Lobbyarbeit machen (Crouch 2008: 50f.).

Dieses hängt auch damit zusammen, dass die Interessen der Unternehmen in einer Branche zunehmend heterogener werden; insbesondere, wenn Märkte durch Digitalisierung oder andere Wandlungsprozesse umgewälzt werden. Die Interessen von Amazon werden sich mit denen der lokalen Buchhandlungen genauso schwer unter einen Hut bringen lassen, wie die von DocMorris und den Vor-Ort-Apotheken. Um ihre speziellen Interessen leichter durchsetzen, haben große Unternehmen eigene Abteilungen für Public Affairs, in denen sie eigene Lobbyist:innen beschäftigen, die sowohl das Bild der Konzerne in der Öffentlichkeit zeichnen als auch das *Monitoring*, die Beobachtung der Politik, übernehmen und Beziehungen zur Politik suchen. Für Letzteres unterhalten vor allem Konzerne wie Airbus und die Deutsche Bank eigene Hauptstadtbüros in Berlin und Brüssel, um auf nationaler und europäischer Ebene Politiker:innen direkt zu kontaktieren (Speth 2010: 14; Strässer/Meerkamp 2015). Ihre „Repräsentanzen" dienen den Unternehmen sowohl als Brückenkopf eines eigenständigen Lobbyings, als auch als Ort für informative oder gesellige Veranstaltungen, zu denen Entscheider:innen eingeladen und ins Gespräch verwickelt werden können. So schreibt die Würth-Gruppe auf ihrer Homepage über ihre Dependancen in den Hauptstädten der Bundesrepublik und der EU:

> „Das Würth Haus Berlin und das Würth Büro Brüssel haben sich als feste Dialogpunkte für die nationale und internationale Politik etabliert, wo vornehmlich Fragen der internationalen Außenhandelspolitik diskutiert werden. Zuhören und verstehen, aber auch artikulieren und kommentieren – so versteht Würth die Diskussion mit Wirtschaft und Industrie, in Gesprächsrunden, bei Konferenzen und Empfängen. Beide Repräsentanzen bieten auch eine Plattform für kulturelle Veranstaltungen, um unser Verständnis von Engagement hautnah zu vermitteln. Wir öffnen uns, damit man uns offen begegnen kann." (Würth Group 2017)

Aber auch Unternehmen ohne eigene Public-Affairs-Abteilung und Hauptstadtbüros können unabhängig von den Verbänden agieren, indem sie die ursprünglich von den Verbänden erbrachten Lobbyleistungen auf dem Markt einkaufen.

Wie sieht der Markt aus, auf dem Lobbyleistungen eingekauft werden können?

Seit den 1990er Jahren hat sich in Europa eine mit US-Verhältnissen vergleichbare Lobbybranche aus Beratungsunternehmen, Anwaltskanzleien und Agenturen entwickelt. Im Gegensatz zu den bisher genannten vertreten diese Akteure nicht ihre eigenen politischen Interessen, sondern bieten ihre Dienste gegen Bezahlung denjenigen an, die nicht über hinreichende eigene Lobbykapazitäten verfügen. Dabei sind sie neutral gegenüber den Inhalten, die sie vertreten, und den Interessen, für die sie sich einsetzen. Für sie ist Lobbyismus lediglich „eine Dienstleistung, die auf dem Markt angeboten wird" (Mai 2013: 309).

Daneben bieten aber auch Unternehmen mit teilweise Tausenden von Mitarbeiter:innen in dutzenden Ländern professionelles Lobbying an. Historisch hat sich dieses Betätigungsfeld in den USA als Lobbydienstleistung von Rechtsanwaltskanzleien entwickelt (Bernhagen 2019: 251). Aber nicht nur dort, auch in Deutschland betreiben größere Kanzleien, meist angelsächsischen Ursprungs, Lobbyismus im Auftrag. Diese *law firms* haben sich auf bestimmte Politikfelder spezialisiert und können Hilfestellung bei der Formulierung von Gesetzen geben. So liefern sie mitunter komplette Gesetzesentwürfe für ihre Auftraggeber oder auch direkt an die Politik (Speth 2010: 14f). Sie setzen aber auch

Klagen ein; vor allem EU-Gesetze und Gerichte eröffnen vielfältige Einfallstore dafür, → Interessen über den Rechtsweg durchzusetzen. Während Kanzleien vor allem ihre juristische Expertise anbieten, konzentrieren sich Beratungsunternehmen darauf, Kontakte zu knüpfen, Zugänge herzustellen und Unternehmen in ihrem Lobbying zu beraten. Eine ganze Reihe von Consulting-Unternehmen hat sich in den vergangenen Jahren in Berlin und Brüssel niedergelassen, wo sie in repräsentablen Repräsentanzen zu Empfängen einladen können. Beispiele sind die Erste Lesung GmbH („Wir helfen Unternehmen, den Weg durch die politischen und administrativen Labyrinthe in Brüssel und Berlin zu finden"), Alber & Geiger („is a political lobbying powerhouse") und EUTOP („Ihr Partner für Governmental Relations"). Gegründet werden diese oft von aus der aktiven Politik ausgeschiedenen Politiker:innen oder ehemaligen Journalisten:innen, die gut vernetzt sind und nun als freiberufliche Berater:innen ihre Erfahrungen und Kontakte zu Geld machen wollen. Sie erbringen dabei weniger Analyseleistungen, sondern agieren eher als Türöffner (Speth 2015: 15). Über ihr Netzwerk können sie Zugänge eröffnen, die anderen verschlossen bleiben. Beispielswiese gründete der ehemalige Hamburger Bürgermeister Ole von Beust (CDU) die Beratungsgesellschaft von Beust & Coll. Ein anderes Beispiel ist der frühere Verteidigungsminister Karl-Theodor zu Guttenberg (CSU), der sich mit seiner Investment- und Consultingfirma Spitzberg Partners bei der Regierung, also seinem ehemaligen Arbeitgeber, für den Zahlungsdienstleister Wirecard im Rahmen dessen Expansion nach China einsetzte. Offensichtlich tat er dies erfolgreich, denn das Kanzleramt hatte Medienberichte zufolge in China für das mittlerweile insolvente Unternehmen geworben.

Zudem bieten Public-Affairs- und PR-Agenturen *Campaigning* an, mediale Kampagnen, welche das Lobbying flankieren, und unterstützen Unternehmen und → Verbände beim Aufbau eigener Public-Affairs-Abteilungen (Speth 2010: 14f.). In diesen Agenturen arbeiten oft journalistische Profis, die die Branche gewechselt haben und nun die Kommunikationsabteilungen der Wirtschaft beraten (Leif 2018: 39f.). Einen großen Beitrag zur Entwicklung dieses Dienstleistungsspektrums in Europa haben hierbei die Tochterunternehmen U.S.-amerikanischer PR-Agenturen wie Burson-Masteller oder Hill+Knowlton geleistet. Es existieren aber auch zahlreiche europäische Unternehmen (Plehwe 2019).

Angeboten wird somit ein breites Spektrum von Leistungen, die früher zu den klassischen Aufgaben der → Verbände zählten (Plehwe 2019). Insofern stellen die Kanzleien und Agenturen auch Konkurrentinnen für diese dar, da sie deren Monopol in der Interessenvertretung weiter torpedieren. Denn zu den Kunden dieser Lobbydienstleister zählen zum einen Unternehmen, die Agenturen für punktuelle Aufträge engagieren, wenn sie keine Chance sehen, ihre Interessen über die Verbände zu vermitteln, oder weil sie (wie ausländische Unternehmen) erst gar keine Mitglieder in den nationalen Verbänden sind. Zum anderen ziehen aber auch Verbände selber in letzter Zeit vermehrt Agenturen heran, wenn ihre eigenen Mittel bei Gesetzesvorhaben nicht ausreichen (Speth 2010: 14f.). So kann es für Verbände, denen das Lobbying auf der Ebene der Bundesländer nur punktuell wichtig ist, effizienter sein, eine Public-Affairs-Agentur zu beauftragen, die die landesspezifischen Prozesse kennt und über einschlägige Netzwerke verfügt, anstatt dieses Monitoring selber auszuüben (Koch 2011).

Welche Rolle spielen Think-Tanks und Forschungsinstitute im Lobbyismus?

Einige Denkfabriken oder Think-Tanks versuchen mittels wissenschaftlicher Expertise → Einfluss im Sinne bestimmter Interessen auszuüben (Baruth/Schnapp 2015: 248). Besonders ausgeprägt ist dieses in den USA. In Deutschland, mit seiner weniger polarisierten politischen Kultur, sind Think-Tanks zurückhaltender in ihrer politischen Agitation. Dennoch liefern sie durch Gutachten die notwendige wissenschaftliche Expertise an → Interessengruppen, welche diese wiederum mediengerecht aufarbeiten und/oder an die Politik durchstechen können (Speth 2015: 15). Im Unterschied zu universitärer Forschung verfolgen Think-Tanks dabei oft auch ein spezifisches Ziel oder Interesse, welches sie, sofern dieses transparent geschieht, nicht unbedingt unseriös werden lässt. Das Öko-Institut ist etwa eine advokatorische Denkfabrik, die Expertise für die Umweltbewegung bereitstellt. Verbände und Unternehmen gründen aber auch eigene Institute, Stiftungen und Think-Tanks, die unter dem Deckmantel vermeintlich neutraler wissenschaftlicher Expertise Ziele im Sinne bestimmter Interessen verfolgen (Bergmann/Graf Strachwitz 2015: 177; Thunert 2003: 31).

Besonders vermachtet ist das Forschungsfeld in der Wirtschafts- und Arbeitsmarktpolitik. So wird hier das Institut der deutschen Wirtschaft Köln (IW) von den Arbeitgeber:innen, und das in die Hans-Böckler-Stiftung eingegliederte Wirtschafts- und Sozialwissenschaftliche Institut (WSI) von den Gewerkschaften finanziert. Und das Institut für Arbeitsmarkt- und Berufsforschung (IAB) ist als Teil der Bundesagentur für Arbeit unter der Kontrolle der Arbeitgeber- und Gewerkschaftsverbände.

Filmtipp | Der US-amerikanische Film „Thank you for Smoking" von Regisseur Jason Reitman ist eine vorzügliche Satire auf Lobbyismus und Politik. Aaron Eckhart spielt in der Hauptrolle einen Lobbyisten der Tabakindustrie, der zugleich Pressesprecher des von Tabakkonzernen gegründeten Forschungszentrums für Tabakstudien ist.

Strategien und Varianten des Lobbyismus

Nachdem klar ist, wer Lobbyismus betreibt, soll es im Folgenden darum gehen, wie Lobbyismus funktioniert. Dabei wird erklärt, wie Lobbyist:innen mit der Politik in Kontakt kommen und wie sie die öffentliche Meinung beeinflussen.

Worin unterscheiden sich Inside- und Outside-Lobbying?

Am 7. Oktober 2010 erklommen Aktivist:innen von Greenpeace die Fahnenmasten vor dem Europäischen Parlament und hissten dort ein Banner mit der Aufschrift „Nuclear waste, no solution". Zusätzlich ketteten sich dutzende Freiwillige aneinander und blockierten so den Zugang zum Parlamentsgebäude. Mit dieser in den Medien viel beachteten Aktion versuchte die Umweltschutzgruppe auf die EU-Richtline über die Entsorgung abgebrannter Brennelemente und radioaktiver Abfälle Einfluss zu nehmen. Im Gegensatz dazu setzte der Branchenverband der Europäischen Atomwirtschaft, das Europäische Atomforum (FORATOM) in seinem Lobbying in der gleichen Angelegenheit ausschließlich auf direkte Gespräche mit Entscheidungsträger:innen (Beispiel aus De Bruycker und Beyers (2019)).

Diese unterschiedlichen Strategien werden auch als → Inside- und → Outside-Lobbying bezeichnet. FORATOM hat hierbei Inside-Lobbying betrieben. Dieses umfasst die direkte Kommunikation mit der Politik, etwa durch persönliche Treffen, Telefongespräche oder E-Mails, aber auch durch die Teilnahme an Expertenkommissionen, Runden Tischen oder Ähnlichem (Binderkrantz et al. 2015; De Bruycker/Beyers 2019: 57f.). Die Aktionen von Greenpeace hingegen waren Outside-Lobbying. Dieses umfasst alle Versuche von → Interessengruppen, über die Mobilisierung der Öffentlichkeit Druck auf die politischen Entscheidungsträger:innen auszuüben (Kollman 1998: 3).

Daher sind Medien ein integraler Bestandteil des Outside-Lobbying, da sie als Katalysator von interessengesteuerten Positionen und Meinungen in die Öffentlichkeit wirken (Leif 2018: 40). Organisierte Interessen können sowohl über die klassischen Massenmedien als auch über soziale Medien die öffentliche Meinung beeinflussen und Themen auf die Agenda setzen. Entsprechende Taktiken hierfür sind Pressegespräche, -mitteilungen und -konferenzen, öffentliche Kampagnen und Demonstrationen sowie, zunehmend wichtiger, ein professionelles und gut gepflegtes Auftreten in den sozialen Medien. Durch diese Aktionen wollen → organisierte Interessen öffentliche Unterstützung schaffen oder zumindest signalisieren, um hierdurch Druck auf die von einer Wiederwahl abhängigen Politik auszuüben (Schattschneider 1960; Kollman 1998; Binderkrantz et al. 2015; De Bryucker/Beyers 2019: 59). Auch rechtliche Strategien wie Klagen und Verfassungsbeschwerden können zum Repertoire des Outside-Lobbyings gezählt werden, da sie auch die Funktion haben, die Dringlichkeit eines Anliegens gegenüber Öffentlichkeit und Politik zu signalisieren bzw. rechtliche Fakten zu schaffen, mit denen sich politische Entscheidungsträger:innen auseinandersetzen müssen (Thierse 2020: 558f.).

Literaturtipp | Der Schwerpunkt „Interessenvermittlung und Politikwandel" des Onlinemagazins und Wissenschaftsblogs Regierungsforschung.de beleuchtet Akteure und Strategien der Interessenvermittlung in acht frei zugänglichen Kurzanalysen: regierungsforschung.de/schwerpunkte/interessenvermittlung-und-politikwandel/

Auf welche politischen Institutionen konzentrieren Lobbyist:innen ihr Inside-Lobbying?

In einem gewaltengeteilten Regierungssystem, in dem Regierungen Gesetze ausführen (und in der Regel auch deren Entwürfe erstellen), Parlamente die Gesetze beschließen (und gelegentlich auf die Agenda setzen) und Gerichtshöfe über deren Rechtmäßigkeit urteilen, ist der Gesetzgebungsprozess auf viele Orte verteilt, die alle potenzielle Einflussmöglichkeiten für → organisierte Interessen bieten. Diese Institutionen mit Befugnis zu allgemeinverbindlichen Entscheidungen über Politiken definieren Baumgartner und Jones (1993) als *policy venues.*

Die strategische Entscheidung, auf welches *venue* organisierte Interessen ihren Lobbyismus konzentrieren, hängt von mehreren Faktoren und Erwägungen ab. Zunächst ist die Wirkungsmächtigkeit der *venues* relevant (Holyoke 2003). Lobbyist:innen haben nur begrenzte Zeit und werden daher dort Zugang suchen, wo sie ihr Ziel, welches im Regelfall die Beeinflussung von Gesetzgebung ist, am besten verfolgen können. Die relative Macht der an der Gesetzgebung mitwirkenden Institutionen variiert zwischen den politischen Systemen, aber insgesamt kann festgehalten werden, dass Regierungen (und in diesen die Ministerien) die zentralen Akteure sind, da diese in der Regel den Ursprung der Gesetze darstellen und zudem in parlamentarischen Demokratien über die Fraktionsdisziplin auch die Regierungsmehrheit in Parlamenten sichern.

Ein zweites Kriterium bei der Wahl des Lobbyziels ist inhaltliche Nähe. Interessengruppen richten ihren Lobbyismus auf die *venues* (Baumgartner/Jones 1993) oder Politiker:innen (Hall/Deardorff 2006), die offen für ihre Anliegen sind. Beispielsweise wird eine Organisation, die weiß, dass eine Regierung völlig andere Ziele als sie selber verfolgt, dann doch eher versuchen, Verbündete im Parlament (und dort ggf. in der Opposition) zu finden. Und drittens hängt die Entscheidung der Lobbyist:innen auch schlicht davon ab, wo sie überhaupt Zugang finden bzw. Kontakte haben (Holyoke 2003: 326).

Wie erhalten Lobbyist:innen Zugang zur Politik?

Zugang zu politischen Entscheidungen ist eine notwendige Voraussetzung für Lobbyorganisationen, um → Einfluss auszuüben (Eising 2007b: 387). Da Politik:innen aus mehreren Gründen auf → Informationen von → Interessengruppen und anderen zivilgesellschaftlichen Akteuren angewiesen sind (Austin-Smith/Wright 1992: 231), sind sie auch generell offen für Lobbyismus. Jedoch sind ihre zeitlichen Kapazitäten begrenzt, weswegen sie sich nicht mit allen Interessenvertretungen austauschen können. Entsprechend wählen sie diejenigen aus, mit denen sie sich treffen oder die sie in Ministerien und Parlamente einladen. Die interessante Frage ist nun, unter welchen Gesichtspunkten sie diese Auswahl vornehmen. Die politikwissenschaftliche Forschung konzipiert den Zugang von Interessengruppen zur Politik als Produkt einer Tauschbeziehung. Denn politische Akteure benötigen vieles, was ihnen Interessengruppen bieten können, und gewähren diesen im Gegenzug Zugang und so die Gelegenheit, Entscheidungen zu beeinflussen (Bouwen 2004a; Berkhout 2013; Binderkrantz et al. 2015; De Bruycker/Beyers 2019).

Zu dem, was Interessengruppen anbieten können, zählen zunächst einmal finanzielle Mittel (Austen-Smith/Wright 1994). Ganz trivial kann Zugang gekauft werden. Parteispenden können darauf abzielen, die Tür zu Repräsentant:innen der bedachten Parteien zu öffnen (Polk 2020: 57). Auch das Sponsoring von Parteitagen oder die Teilnahme an Gala-

Abenden mit Spitzenpolitiker:innen erfolgen in der Regel nicht ohne eine gewisse Erwartung, im Gegenzug ein offenes Ohr zu erhalten.

Beim Lobbyismus geht es jedoch primär um den Tausch nichtmonetärer → Ressourcen wie Informationen und Unterstützung (Hall/Deardorff 2006: 72ff.). Zum einen können → organisierte Interessen für die Politikformulierung benötigte Expertise anbieten, etwa Informationen über die Effektivität und die Auswirkungen bestimmter Maßnahmen (Burstein/Hirsh 2007). Auf ein Thema spezialisierte Interessengruppen verfügen über einen höheren Informationsstand als die zuständigen Politiker:innen oder Ministerialbeamt:innen, die sich in unterschiedlichen Teilgebieten auskennen müssen, weswegen ihnen oft das Detailwissen fehlt. Dieses können insbesondere die Vertretungen spezifischer Interessen anbieten, wie Arbeitgeber-, Wirtschafts- und Berufsverbände (Offe/Wiesenthal 1980: 86; Binderkrantz et al. 2015). Auch Unternehmen verfügen über Fachwissen, da sie direkt im Markt aktiv sind (Bouwen 2004a: 478). Ebenso besitzen in die Umsetzung der Politik involvierte → Verbände praktische Erfahrungen. Obwohl somit vorrangig wirtschaftliche Interessen über Sachverstand verfügen, können auch einige → Public Interest Groups und → NGOs Expertise liefern (Schiffers 2021a: 116).

Zum anderen besitzen organisierte Interessen auch Informationen über die gesellschaftliche Akzeptanz und politische Durchsetzbarkeit geplanter Gesetze. Sie haben quasi das Ohr auf der Straße. Durch diese Informationen können Politiker:innen die wirtschaftlichen und gesellschaftlichen Folgen ihrer Vorhaben besser einschätzen (Bernhagen 2019: 253). Mehr noch können populäre und mitgliederstarke Interessengruppen sogar direkt öffentliche Unterstützung ihrer Mitglieder anbieten, etwa Gewerkschaften als Sprachrohr der gesamten Arbeitnehmerschaft oder Umweltvereine als Vertreterinnen allgemeiner Interessen. Die Politik wiederum ist vor allem an der Unterstützung von Interessengruppen interessiert, die in den Medien präsent sind (De Bruycker 2017; Flöthe/Rasmussen 2019; Rasmussen et al. 2018).

Politische Akteure fragen diese Informationen in unterschiedlichem Maße nach. Die Ministerialbürokratie benötigt primär technische Detailinformationen für die Erstellung von Gesetzentwürfen. Abgeordnete in Parlamenten hingegen sind vor allem an ihrer Wiederwahl interessiert, und somit an Informationen über die Bedürfnisse ihrer Wählerschaften und generell über öffentliche Unterstützung für bestimmte Vorhaben (Burstein/Hirsh 2007; Dür/Mateo 2016; de Bruycker 2017).

Podcasttipp | Der Podcast „Unter der Lupe" von abgeordnetenwatch.de blickt in acht Folgen hinter die Kulissen des Bundestags und diskutiert, warum Lobbyismus wichtig, aber auch gefährlich für eine funktionierende Demokratie ist. In jeder Folge ist ein Mitglied des Bundestags zu Gast. www.abgeordnetenwatch.de/podcast

Manipulieren Lobbyist:innen mit ihren Informationen die Politik?

Ja, denn Lobbyismus ist keine unparteiische Politikberatung, sondern versucht die Meinung von Politiker:innen zu beeinflussen. Lobbyist:innen werden nie ganz neutral über die sie betreffenden Themen referieren, sondern versuchen, ihren Informationsvorsprung zu nutzen und mit Übertreibungen und einseitigen Darstellungen die politische Entscheidungsfindung in ihrem Sinne zu beeinflussen (Bernhagen 2019: 253). Diese Art der politischen Manipulation ist kein Betrug im juristischen oder moralischen Sinne, sondern ein strategischer Umgang mit Fakten (Rüb 2008: 104).

Organisierte Interessen „framen" Debatten in ihrem Sinne, indem sie bestimmte Aspekte eines Politikvorschlags betonen und andere Aspekte ignorieren. Beispielsweise thematisieren Umweltverbände die Folgen einer Politik für die Natur, während Wirtschaftsverbände ökonomische Aspekte hervorheben. Zudem passen → Interessengruppen und Unternehmen ihre Frames an die jeweiligen politischen Institutionen an, je nachdem, für welche Argumente diese offen sind (Klüver/Mahoney 2015). Hierbei können Lobbyist:innen allerdings nicht zu weit gehen. Offensichtliche Übertreibungen oder gar Verfälschungen von Informationen gefährden ihre Glaubwürdigkeit und ihr Vertrauensverhältnis zu Politiker:innen. Diese wissen aber auch, dass Lobbyist:innen nicht uneigennützig handeln und begegnen deren Botschaften daher mit einer gesunden Skepsis (Bernhagen 2019: 253).

Wie wichtig sind Verbindungen zu Parteien für Lobbyorganisationen?

Parteien stellen für → organisierte Interessen wichtige Verbündete und Adressaten ihrer Forderungen dar. Auf der einen Seite brauchen sie Parteien zur Durchsetzung ihrer Ziele, da diese in parlamentarischen Demokratien wie der Bundesrepublik eine zentrale Rolle in Bundes-, Landes- und Kommunalpolitik spielen. Aber auch die Parteien können Vorteile aus Verbindungen zu → Interessengruppen ziehen, da diese ihnen Informationen über politische Stimmungslagen und Detailfragen liefern sowie ihre Vorhaben unterstützen können. Daher bestehen zwischen Interessengruppen und Parteien enge Verbindungen auf allen Ebenen (Mai 2013: 308). Diese äußern sich in Parteispenden und personellen Verflechtungen von Abgeordneten, etwa über deren Nebentätigkeiten oder beruflichen Hintergründe in Organisationen. Insbesondere in den ersten Jahrzehnten der Bundesrepublik kamen viele Abgeordnete aus den großen Verbänden, etwa den Gewerkschaften. Seit der Jahrtausendwende ist dieser Trend aber rückläufig (Trampusch 2005).

Die Bedeutung von Parteien ist in der Politik eher grundlegender, programmatischer Art, da die Details der Gesetzgebung in den Regierungen und Parlamenten verhandelt werden, in die Parteien nur mittelbar über ihre Minister:innen und Fraktionen involviert sind. Daher bieten Parteien Interessengruppen aber auch die Möglichkeit, ihr Lobbying auf die frühe Phase politischer Entscheidungsprozesse zu konzentrieren. Professionelle Lobbyist:innen warten nicht, bis die Regierung Gesetzentwürfe vorlegt, sondern versuchen schon vorher, ihre → Interessen in die Diskussionen der Parteien über ihre Grundsatz- und Wahlprogramme einzubringen. Hier bieten ihnen Parteitage auf Bundes- und Landesebene gute Möglichkeiten, während der Pausen und bei geselligen Abendveranstaltungen hierarchiefrei mit Abgeordneten und Regierungsmitgliedern ins Gespräch zu kommen (Koch 2011).

Von besonderer Bedeutung sind zudem die Koalitionsverhandlungen, insbesondere deren Anfangsphase, wenn Facharbeitsgruppen über die einzelnen Politikfelder beraten. Wenn Lobbyist:innen bereits in Koalitionsverhandlungen ihre Interessen einbringen können, erleichtert das ihr Lobbying in der folgenden Legislaturperiode erheblich. Dies gilt sowohl für die Aufnahme bestimmter Ziele der neuen Regierung als auch für die Verhinderung bestimmter Punkte im Koalitionsvertrag (Koch 2011). Ein

Beispiel hierfür ist der als „Porschegate" bekannt gewordene Austausch des Vorstandsvorsitzenden der Porsche AG Oliver Blume mit dem FDP-Parteivorsitzenden und späteren Finanzminister Christian Lindner während der Ampel-Koalitionsverhandlungen im Jahr 2021. Laut Blume hat sein „fast stündlicher" Kontakt zu Lindner verhindert, dass ein von den Grünen angestrebtes Verbot von E-Fuels, synthetischen Kraftstoffen für Automobile, im Koalitionsvertrag aufgenommen wurde (Hollstein/Kummert 2022).

Zu welchen Interessen haben die Parteien Verbindungen?

Die Allianzen zwischen → Interessengruppen und Parteien haben sich entlang historischer Konfliktlinien *(cleavages)* herausgebildet. In dem zentralen *cleavage* der Industrialisierung, dem zwischen Arbeit und Kapital, steht seit jeher das Kapital den konservativen und wirtschaftsliberalen Parteien nahe, während soziale Interessen in den aus der Arbeiterbewegung stammenden sozialistischen und sozialdemokratischen Parteien ihre natürlichen Verbündeten finden. Diese Konfliktkonstellation hat sich jedoch mit dem Aufkommen der Volksparteien erheblich abgeschwächt. Denn Volksparteien erheben den Anspruch, die Gesellschaft in ihrer ganzen sozialstrukturellen Breite zu vertreten, also jeweils die unterschiedlichen sozialen Schichten und Berufsgruppen zu repräsentieren. Hierzu müssen sie den Ausgleich der verschiedenen → Interessen suchen und dürfen sich nicht zu einseitig positionieren. In der Bundesrepublik treten die Unionsparteien CDU und CSU bereits seit den 1950er Jahren als konservative Volksparteien auf, die sowohl über enge Beziehungen zum Mittelstand und zur Industrie verfügen als auch über Verbindungen zu Kirchen, Gewerkschaften und Sozialverbänden sozialpolitisch ausgewiesen sind (Heinze et al. 1999: 50).

Die SPD war hingegen zunächst weiterhin eine Interessenpartei der Arbeiterschaft und kleinen Angestellten, die sehr eng mit den Gewerkschaften, aber auch den Wohlfahrtsverbänden, verknüpft war (und etwas loser auch immer noch ist). Erst in den 1960er und 70er Jahren entwickelte sie sich zu einer Volkspartei, die eine größere Bandbreite von Interessen vertritt. So sind die Sozialdemokraten über Gewerkschaftsräte auf Landes- und Bundesebene sowie der Arbeitsgemeinschaft für Arbeitnehmerfragen weiter eng mit den Gewerkschaften vernetzt; haben mit dem Seeheimer Kreis aber auch einen Flügel mit einem industrie- und wirtschaftspolitischen Schwerpunkt.

Auch wenn der Status der Volksparteien für Union und SPD angesichts ihrer Wahlergebnisse in letzter Zeit oft in Frage gestellt wird, besteht aus politikwissenschaftlicher Sicht weiterhin ein Unterschied zu den anderen im Bundestag vertretenen Parteien, da diese deutlich parteiischer in Bezug auf bestimmte Interessen agieren. Die FDP ist insbesondere seit dem Ende der sozial-liberalen Koalition Anfang der 1980er Jahre eine Klientelpartei der Industrie und des Mittelstands. Ihr Programm beschränkt sich weitgehend darauf, die wirtschaftlichen Interessen ihrer Mitglieder, Wähler:innen und Spender:innen zu vertreten, vor allem der Arbeitgeber:innen und Selbstständigen (Lehmbruch 2000: 51f.; Speth 2010: 11). Zusammen mit den Unionsparteien erhält die FDP die meisten Großspenden aus der Wirtschaft (Polk 2020: 56f.).

Hinzu kommen noch drei Parteien, die als Programm- oder Themenparteien bezeichnet werden können. Wie auch Klientelparteien vertreten sie bestimmte gesellschaftliche Interessen, jedoch sind hierbei weniger die materiellen Interessen ihrer Mitglieder als die ideologische Ausrichtung identitätsstiftend. Die Grünen entstanden aus der Umweltbewegung und den Neuen Sozialen Bewegungen, die Linke hat Verbindungen in die linke Szene und die AfD in das völkisch-nationalistische und zumindest anfänglich auch in das konservativ-europaskeptische Lager (Loer/Töller 2019).

Interessengruppen wiederum konzentrieren ihre Lobbyaktivitäten schwerpunktmäßig auf Parteien, die ihre Weltsicht und Interessen teilen. Neben ideologischen Gründen spielen aber auch noch Machtüberlegungen eine Rolle bei ihrer strategischen Entscheidung, mit welchen Parteien sie Verbindungen aufbauen. Sie konzentrieren sich hierbei auf die großen und programmatisch moderaten Parteien, die oft an der Regierung beteiligt sind. Kleinere, insbesondere radikale und somit an der Gesetzgebung faktisch nicht beteiligte Parteien beachten sie hingegen weniger (Otjes/Rasmussen 2017).

Wie wirken sich Regierungswechsel auf den Lobbyismus aus?

Da also Allianzen mit Parteien für → Interessengruppen wichtig für die Erreichung ihrer Ziele sind, können entsprechend Regierungswechsel ihre Zugangs- und Einflussmöglichkeiten verändern. Generell profitieren etwa christliche Gruppen von konservativen und Gewerkschaften von sozialdemokratischen Parteien in Regierungen.

Daher bieten auch Wahlen Anreize für → organisierte Interessen, politisch tätig zu werden. Denn Regierungswechsel können neuen Interessengruppen Zugang zum politischen System ermöglichen (Beyers/Kerremans 2012; Goldberg et al. 2021), etwa indem sie in Ministerien ein neues Selbstverständnis und neue Schwerpunktsetzungen zur Folge haben (Rehder 2009a: 270). So erhielten Umweltverbände mit der ersten Regierungsbeteiligung der Grünen auf Bundesebene von 1998 bis 2005 besseren Zugang zur Entscheidungsfindung (Loer/Töller 2019). Andererseits zeigen Studien, dass die Regierungswechsel in Baden-Württemberg von Schwarz-Gelb zu Grün-Rot im Jahr 2011 und dann fünf Jahre später zu Grün-Schwarz sich kaum auf die Aktivitäten organisierter Interessen auswirkten oder einen Anpassungsdruck auf diese ausübten (Bernhagen et al. 2017; Goldberg et al. 2021).

Sind die Verbindungen zwischen Interessen und Parteien schwächer geworden?

Ja, die politikwissenschaftliche Forschung zeigt länderübergreifend, dass in den letzten Jahrzehnten traditionelle Allianzen erodieren. Sowohl → Interessengruppen als auch Parteien haben offensichtlich ein größeres Interesse an Unabhängigkeit voneinander (Allern/Bale 2012). Die Gründe hierfür sind in Deutschland vielfältig. Ein Grund stellen die sinkenden Wahlergebnisse der Volksparteien CDU/CSU und SPD dar, weswegen Interessengruppen breitere Allianzen schmieden müssen, da sie sich nicht mehr auf die politische Relevanz „ihrer" Parteien verlassen können. Und die mit dem Aufkommen von Grünen, Linken und AfD seit den 1980er Jahren einhergehende Entwicklung von einem Drei- zu einem fluiden Sechsparteiensystem eröffnet für → organisierte Interessen mehr Zugänge zu politischen Entscheidungen (Loer/Töller 2019).

Auf der anderen Seite müssen sich mit der Auflösung traditioneller Milieus auch die Parteien breiter aufstellen und die Interessen weiterer Wählerschichten ansprechen. Besonders augenfällig wurde dies im Verhältnis von Gewerkschaften und Sozialdemokratie. Deren Verhältnis verschlechterte sich ab 2003 dramatisch, nachdem die SPD die als Hartz-Reformen bekannten Arbeitsmarktreformen nicht wie zuvor in einem Konsens mit den Vertretungen der Arbeitnehmerschaft beschloss, sondern gegen den Protest von Gewerkschaften und Wohlfahrtsverbänden durchsetzte (Spohr

2019a). Als Folge orientierten sich Teile der Gewerkschaften in Richtung der Linkspartei.

Auch wenn Allianzen zwischen Parteien und Interessengruppen schwächer geworden sind, bedeutet das nicht, dass es sie nicht mehr gibt. Denn nach wie vor bestehen Verbindungen zwischen Parteien und bestimmten Interessen (Spohr 2019b) und Abgeordnete suchen Kontakt zu den Interessengruppen, die die Interessen der Kernwählerschaft ihrer Parteien vertreten und ihre politischen Ziele teilen (Wonka 2017; siehe auch Weßels 2014). Beide Seiten haben jedoch weniger exklusive Beziehungen zueinander. Sowohl Parteien als auch Interessengruppen stellen sich breiter auf und haben mittlerweile oft auch Kontakte in das gegenüberliegende Lager, also etwa Industrieverbände zu den Grünen und Umweltschutzgruppen zu den konservativen Parteien. Es gibt aber auch eine große Anzahl von Interessengruppen, die überhaupt keine solche Verbindungen haben. Die Interessengruppenlandschaft kann daher in Insider mit und Outsider ohne Zugang zu Parteien unterteilt werden (Allern et al. 2022: 8).

Welche Interessengruppen setzen auf Strategien des Outside-Lobbying?

Früher galt → Outside-Lobbying als Strategie von Gruppen, die mangels guter Kontakte zur Politik kein → Inside-Lobbying betreiben konnten. Vor allem Protestbewegungen mobilisieren über Demonstrationen für ihre Anliegen. Beispiele sind die Massendemonstrationen der Umweltschutz- und Friedensbewegungen in den 1980er Jahren, die Montagsmärsche von Pegida und die Schulstreiks von Fridays for Future. Gerade das letzte Beispiel zeigt auf, wie Forderungen von der Straße über die Medien in die Politik gelangen. Zunächst saß Greta Thunberg noch alleine vor dem Reichstag in Stockholm. Durch die Berichte schwedischer und später internationaler Medien schlossen sich ihr so viele Schüler:innen und andere Menschen in aller Welt an, dass die Politik dieses nicht ignorieren konnte. So zeigt eine Studie, dass mit zunehmender medialer Berichterstattung Fridays for Future häufiger in den Plenardebatten des Bundestags erwähnt wurde (Büsken 2019).

Aber Outside-Lobbying ist nicht nur eine aus der Not geborene Strategie der Schwachen, sondern mittlerweile auch eine Ergänzung zum Inside-Lobbying. So hatte Greenpeace in dem eingangs genannten Beispiel der EU-Richtlinie zum radioaktiven Müll sehr wohl auch persönliche Treffen mit Vertreter:innen der EU; die Proteste dienten dazu, die eigene Position öffentlichkeitswirksam zu untermauern (De Bruycker/Beyers 2019: 57f.). Auch wirtschaftliche Gruppen, die traditionell Inside-Lobbying bevorzugen, setzen vermehrt auf Öffentlichkeitsarbeit um ihr Image aufzupolieren *(„greenwashing")* oder bestimmte Botschaften zu platzieren. Hier stellt die von der deutschen Metall-, Elektro- und Automobilindustrie finanzierte Initiative Neue Soziale Marktwirtschaft (INSM) geradezu den Lehrbuchfall einer medienwirksamen Kampagnenplattform dar (Thierse/Schiffers 2021). Beispielsweise schaltete die INSM im Vorfeld des Grünen-Parteitags zur Bundestagswahl 2021 in vielen auflagestarken Zeitungen großformatige Anzeigen auf denen hinter der Schlagzeile „Wir brauchen keine Staatsreligion" die damalige grüne Spitzenkandidatin Annalena Baerbock als Moses zu sehen war, die auf zwei Steintafeln neun Verbote verkündete. Damit wollte die INSM die öffentliche Meinung in ihrem Sinne beeinflussen, um das Agenda-Setting von politischer Regulierung der Wirtschaft zu verhindern.

Literaturtipp | Das Magazin „Politik & Kommunikation" berichtet aus der Praxis der Public Affairs und Public Relations. Es bietet einen guten Einblick in die Branche und, über einen Stellenmarkt, auch Informationen über berufliche Einstiegsmöglichkeiten. Bekannt ist es zudem für seinen Politikaward für Persönlichkeiten, Projekte und Kampagnen. *Politik & Kommunikation* verfügt über eine informative Homepage: www.politik-kommunikation.de

Wie erfolgreich sind denn die Strategien des Outside-Lobbying?

Auch wenn sich → Outside-Lobbying generell als weniger erfolgversprechend erwiesen hat als → Inside-Lobbying über direkte Kontakte zur Politik (Eising 2007a; Dür/Mateo 2016), kann es unter bestimmten Bedingungen durchaus auch erfolgreich sein, und zwar dann, wenn Positionen verteidigt werden, die breite öffentliche Unterstützung genießen (De Bruycker/Beyers 2019: 73). Daher haben Gruppen, die Interessen von hoher gesellschaftlicher Relevanz vertreten, wie Umwelt- oder Verbraucherschutz, gute Möglichkeiten zum Outside-Lobbying. Aber auch Organisationen mit spezifischen

→ Interessen haben gute Chancen, wenn ihre Themen Nachrichtenwert besitzen. Denn Medien sind vor allem an dramatischen, gern personalisierten Geschichten interessiert, welche etwa Organisationen, die benachteiligte Minderheiten vertreten, gut liefern können (Binderkrantz et al. 2015: 99f.). Wenn Lobbyist:innen hingegen Positionen vertreten, die auf öffentliche Ablehnung stoßen, verringert Outside-Lobbying ihre Erfolgschancen (De Bruycker/Beyers 2019: 73). Insbesondere Wirtschaftsverbände und Unternehmen sind daher einflussreicher, wenn ihre Themen weniger öffentlich sind, weswegen sie oft *quiet politics* bevorzugen (Culpepper 2010: 177; De Bruycker 2017: 607; Spohr 2021a: 283).

Outside-Lobbying ist zudem besonders erfolgreich, wenn Gruppen eine heterogene Koalition mit anderen → Interessengruppen eingehen (De Bruycker/Beyers 2019: 73). Als Beispiel einer solchen Kampagne ist das sehr ungewöhnliche Bündnis von Transparency International, dem Naturschutzbund Deutschland und dem Bundesverband der Verbraucherzentralen auf der einen und Wirtschaftsverbänden wie dem BDI, dem Verband der Chemischen Industrie und den Familienunternehmern auf der anderen Seite, welches die Einführung eines → Lobbyregisters in Deutschland forderte (Neuhaus 2019; LobbyControl 2021a: 12f.). Dass die sonstigen „Gegenspieler“ aus Zivilgesellschaft und Wirtschaft hier an einem Strang zogen, sorgte für viel mediale Aufmerksamkeit.

Manipuliert Outside-Lobbying die öffentliche Meinung?

Die Strategien des → Outside-Lobbyings über PR-Aktionen und Medien versuchen die öffentliche Meinung zu beeinflussen. Die öffentliche Meinung setzt sich aus den inhaltlichen Präferenzen der Bürger:innen und ihrer Aufmerksamkeit für bestimmte Themen zusammen. Sie ist so gesehen das Spielfeld, auf dem → Interessengruppen agieren. Und hier sind sie dann erfolgreich, wenn sie in der Lage sind, Bürger:innen zu mobilisieren (Kollman 1998). Hierfür versuchen Interessengruppen, die Öffentlichkeit über Emotionen und einseitige oder „geframte“ Informationen auf ihre Seite zu ziehen. Obwohl solche strategischen Aktionen dem politischen Prozess inhärent sind, ergibt sich hieraus auch die Gefahr, dass Interessengruppen die Öffentlichkeit korrumpieren (Goldberg 2018: 204f.). Denn sie manipulieren auch die Medien mit interessengeleiteter Expertise und die Wissenschaft mit zusätzlicher Finanzierung, was deren für eine demokratische Öffentlichkeit elementare Unabhängigkeit bedroht.

Denn aufgrund des gestiegenen Kostendrucks sind Medien, insbesondere im Onlinemarkt, auch zunehmend offen für den „Stoff", den gut informierte und vernetzte Lobbyist:innen ihnen kostenfrei und mit geringem Aufwand liefern können. Es gibt Agenturen, die sich auf solche „strategische Kommunikation" spezialisiert haben. Diese bieten an, Themen und Positionen ihrer Auftraggeber in der Öffentlichkeit zu verankern, positiv aufgeladene Begriffe oder Narrative medial zu etablieren, Medien mit passenden (frisierten) Studien, Meinungsumfragen oder ganzen Artikeln zu versorgen und Social-Media-Kanäle gezielt zu manipulieren (Leif 2018: 37ff.).

Auch die Wissenschaft ist prinzipiell offen für mehr oder weniger direkte Auftragsarbeit aus der Wirtschaft. Denn Hochschulen sind immer mehr auf sogenannte Drittmittel von Stiftungen, Industrie und Verbänden angewiesen, um ihre Forschung finanzieren zu können. Institute können so ihre oft knapp bemessene staatliche Grundfinanzierung aufstocken, und für einzelne Forscher:innen erhöhen eingeworbene Drittmittel das Renommee und die Forschungs- und Karrieremöglichkeiten.

Gibt es ein Beispiel für eine Manipulation der Öffentlichkeit über Medien und Forschung?

Ein aktuelles Beispiel liefern die Uber Files; mehr als 124.000 vertrauliche Dokumente, die der Zeitschrift Guardian anonym zugespielt wurden und das Lobbying des US-Konzerns in den Jahren von 2013 bis 2017, einer Zeit, in der Uber aggressiv weltweit expandierte, dokumentieren. Da Uber über eine App Fahrdienste anbietet, hatte der Konzern ein Interesse daran, dass auch Privatpersonen Fahrgäste befördern können, was in Deutschland durch verschiedene rechtliche Bestimmungen erschwert wird.

In den Uber Files taucht der Name Justus Haucap auf, ein renommierter Professor für Volkswirtschaft an der Universität Düsseldorf und Verfechter einer radikalen Wettbewerbspolitik, der auch häufig für die arbeitgeberfinanzierte Initiative Neue Soziale Marktwirtschaft (INSM) publiziert. Aus den Uber Files geht hervor, dass von Uber bezahlte Lobbyist:innen um den heutigen FDP-Bundestagsabgeordneten Otto Fricke seit 2014 um Haucap geworben hatten. Haucap bot daraufhin Uber eine Auftragsstudie mit dem Titel „Vorteile für Verbraucher aus einer Liberalisierung des Taxi-

Marktes in Deutschland“ für 44.000 Euro an, die von der DICE Consult GmbH, in der Haucap Partner ist und die eng mit dem Düsseldorfer Institut für Wettbewerbsökonomie (DICE) verflochten ist, erstellt wurde. Zudem bot Haucap Uber an, für 4.000 Euro einen Zeitungsbeitrag über die „positiven Verbraucherwirkungen“ eines liberalisierten Taximarktes zu veröffentlichen. Ein solcher Artikel erschien Anfang Dezember 2014 in der Frankfurter Allgemeinen Zeitung (FAZ) unter dem Titel „Die Taxipreise freigeben“. Sowohl in Bezug auf die Studie als auch den Zeitungsartikel beinhaltete der Vertrag, dass Uber beides vor Veröffentlichung vorgelegt bekommt und verändern darf, wovon Uber offensichtlich auch Gebrauch machte. Die Ergebnisse seiner Forschung präsentierte Haucap unter anderem vor Bundestagsabgeordneten (Blum et al. 2022).

Wie und warum nutzen Interessengruppen das Rechtssystem?

Interessengruppen können das Rechtssystem für ihre Zwecke nutzen, indem sie Klagen initiieren oder unterstützen. Dies stellt eine Form des → Outside-Lobbyings dar (Thierse 2020: 557f.). Denn die Gerichtsverfahren werden nicht nur zur Klärung von Rechtskonflikten zwischen zwei Parteien, sondern auch strategisch für politische Zwecke genutzt, indem durch Entscheidungen wirtschaftliche oder soziale Veränderungen erreicht werden sollen (Hahn 2019: 8). Diese „strategische Prozessführung“ ist für → Interessengruppen interessant, weil hierbei der Erfolg nicht von politischen Mehrheiten oder öffentlichen Meinungen abhängig ist. Der Rechtsweg kann also auch dann beschritten werden, wenn Regierung und Parlament „blockiert“ sind (van Elten 2019: 5). In der Interessengruppenforschung gelten Rechtsmittel daher als Merkmal von Gruppen, die im Zugang zu politischen Institutionen und Verwaltung strukturell unterlegen sind (Thierse 2020: 557) und keine erfolgversprechenden Möglichkeiten zum → Inside-Lobbying haben. Sie können so Gesetzen, die sie politisch nicht verhindern konnten, auf dem Rechtsweg entgegenwirken (Rehder 2009b).

Während das Recht früher als alleiniges Schwert der Unterprivilegierten und Außenseiterinteressen galt, verfolgen mittlerweile neben gemeinnützigen Vereinen auch ressourcenstarke Industrieverbände und Konzerne mit Klagen systematisch ihre (wirtschaftlichen) Ziele (Hahn 2019: 14). Während strukturell schwache Gruppen Rechtsstreitigkeiten jedoch dazu nutzen, den Status quo zu verändern, nutzen die mächtigen Gruppen diese, um Veränderungen zu verhindern (Thierse 2020: 557). Beispiele hierfür sind die Klagen der Getränkeindustrie gegen die Einführung des Dosenpfandes oder der Tabakindustrie gegen das Design von Zigarettenverpackungen (Hahn 2019: 17).

Rechtliche Strategien haben aber auch Nachteile. Die Prozesskosten können erheblich sein und der Erfolg ist unsicher. Zudem kann es Jahre dauern, bis das letztinstanzliche Urteil gefällt ist. So kann strategische Prozessführung einen lähmenden Effekt auf Politik und letztlich auch auf die → Interessengruppen selber haben, weswegen selbst einige gerechtfertigte Klagen nie erhoben werden (Kagan 2001). Andererseits geht es bei strategischer Prozessführung nicht notwendigerweise primär um den kurzfristigen Erfolg vor Gericht, sondern vielmehr um langfristige Veränderung politischer und gesellschaftlicher (Macht-)Verhältnisse, vor allem auch durch die Herstellung kritischer Öffentlichkeit (Thierse 2020: 555).

Daher ist charakteristisch für strategische Prozessführung, dass diese flankierend durch Presse-, Bildungs- und Lobbyarbeit unterstützt wird (Hahn 2019: 23). Durch professionelle Öffentlichkeitsarbeit sollen breite Aufmerksamkeit und ein Problembewusstsein für die dem Rechtsstreit zugrundeliegende Thematik geschaffen werden. Denn Gerichtsverfahren allein führen selten zur Veränderung politischer Entscheidungen, sondern ergänzen vielmehr andere Strategien des Outside-Lobbyings (Thierse 2020: 557f.).

Ein Beispiel hierfür stellt die von der Organisation Germanwatch unterstützte Klage des peruanischen Bauern Saul Luciano Lliuya gegen RWE dar. Lliuya wirft dem Essener Energiekonzern vor, durch die produzierten CO_2-Emissionen mitverantwortlich für den Klimawandel zu sein und verlangt, dass RWE 0,47 Prozent der Kosten für Schutzmaßnahmen für sein Haus und Dorf übernimmt (Friese 2022). Auch wenn sich dieses Verfahren vor dem Oberlandesgericht Hamm nun schon seit mehr als fünf Jahren hinzieht und die Erfolgschancen unklar sind, sensibilisiert die mediale Aufmerksamkeit ganz im Sinne der klageführenden Partei für Ursachen und Auswirkungen des Klimawandels.

Wo nahmen rechtliche Strategien der Interessenvertretung ihren Anfang?

Historisch begann die systematische Nutzung von Gerichten als Foren für politische Anliegen Mitte des 20. Jahrhundert in den USA, als Netzwerke und Organisationen der Bürgerrechtsbewegung Verfahren zur Durchsetzung von Bürger- und Menschenrechten führten. Insbesondere klagten sie gegen die damals noch übliche, gleichwohl verfassungsrechtlich verbotene Rassentrennung. Als paradigmatischer Erfolg gilt hierbei die Entscheidung „Brown v. Board of Education" von 1954, in welcher der US Supreme Court entschied, dass nach Hautfarbe getrennte öffentliche Schulen den Gleichheitsgrundsatz verletzen (Hahn 2019: 14).

Dass die Nutzung des Rechtssystems durch → Interessengruppen als Weg der Politikgestaltung vor allem ein US-amerikanisches, als *adversarial legalism* bekanntes Phänomen ist (Kagan 2001, 2006), findet seinen Grund in verschiedenen Merkmalen des US-Systems: Zunächst haben in den USA Gerichte große Möglichkeiten, politische Entscheidungen zu beeinflussen. Dies zeigte im Juni 2022 die Aufhebung des Rechts auf Abtreibung durch den konservativ dominierten Supreme Court. Interessanterweise wurde genau dieses Recht im Jahr 1973 vor ebenjenem Gericht in der Entscheidung „Roe v. Wade" erst erklagt (van Elten 2019: 4f.).

Zweitens ist die Interessenvermittlung in den USA seit jeher pluralistisch und konfliktreich. Daher wundert es auch nicht, dass in den USA politische Auseinandersetzungen, die auch konsensual gelöst werden könnten (wie Tarifverhandlungen), tendenziell vor Gerichten ausgetragen werden (van Elten 2019: 4). Diesem kommt auch eine die Demokratie und den Kapitalismus stabilisierende Funktion zu. Denn die Möglichkeit, vor Gericht teils grundlegende Entscheidungen erreichen zu können, ist für → organisierte Interessen ein wichtiges Kontrollinstrument und kann → Korruption und Ungerechtigkeiten eindämmen (Kagan 2001: 4).

Ein dritter Grund sind die Anreize, die das US-Recht für Klagen setzt. Da ist zum einen das Prinzip, dass der Schadensersatz nicht nur eine Entschädigung umfasst, sondern auch an eine Strafzahlung gekoppelt ist. Daher bekam bspw. in den USA eine Frau, die sich in einer Filiale einer

Fast-Food-Kette durch einen zu heiß gebrühten Kaffee Verbrennungen dritten Grades zugezogen hatte, 640.000 $ zugesprochen, wovon aber nur 160.000 $ Schmerzensgeld und die restlichen 480.000 $ Strafschadensersatz waren. Zum anderen haben im US-amerikanischen System Anwaltskanzleien aufgrund der vorherrschenden Erfolgshonorare ein starkes finanzielles Interesse daran, Konflikte etwa über Sammelklagen rechtlich auszutragen (Kagan 2006: 21ff.; van Elten 2019: 5).

Aus welchen Gründen haben rechtliche Strategien in Deutschland an Bedeutung gewonnen?

Die rechtlichen Bedingungen in Deutschland bieten nicht dieselben Möglichkeiten und Anreize wie in den USA; denn hier gilt der Betroffenengrundsatz; es darf nur klagen, wessen Rechte verletzt wurden (van Elten 2019: 8). Anders als in den USA ist im deutschen Rechtssystem kaum kollektiver Rechtsschutz vorgesehen. Das bedeutet, dass → organisierte Interessen in den meisten Fällen nicht stellvertretend klagen können. Sie können aber sehr wohl beratend und finanzierend im Hintergrund tätig sein; bspw. unterstützen Gewerkschaften oder → Verbände als „Parteien hinter den Parteien" individuelle Kläger:innen. Andere Beispiele sind Zivilprozesse gegen diskriminierende Einlasskontrollen in Diskotheken oder gegen ausbeuterische Produktion in globalen Lieferketten, etwa gegen den Textildiscounter KiK (Hahn 2019). Und auch vor dem Bundesverfassungsgericht können Verbände, Unternehmen, Religionsgemeinschaften und andere organisierte Interessen Beschwerde einlegen. Die Nutzung von Verfassungsbeschwerden als → Outside-Lobbying ist jedoch primär eine Domäne zivilgesellschaftlicher Interessengruppen. Entweder agieren diese hierbei selber als Beschwerdeführerinnen oder natürliche Personen tun dieses stellvertretend für sie (Thierse 2020: 573).

Seit etwa der Jahrtausendwende gewinnen rechtliche Strategien zur Interessendurchsetzung aus mehreren Gründen auch in Deutschland an Bedeutung. Erstens erodieren nach und nach traditionelle, korporatistische Muster der Interessenvermittlung, während parallel US-amerikanische Großkanzleien *(law firms)*, die viel Erfahrung mit entsprechenden Klagestrategien haben, im Lobbyismus an Bedeutung gewinnen. In Deutschland etwa werden Tarifverträge von Gewerkschaften zunehmend auf dem Rechtsweg und nicht über Verhandlungen durchgesetzt (Rehder 2009b).

Zweitens erhöhen sich infolge internationaler und europäischer Rechtsentwicklung die Klagemöglichkeiten für → Interessengruppen. Dies liegt teilweise an der Europäisierung, welche zu einem großen Teil eine Integration über Verrechtlichung ist, basierend auf den Europäischen Verträgen. Internationale Gerichte wie der Europäische Gerichtshof (EuGH) und der Europäische Gerichtshof für Menschenrechte eröffnen Foren für strategische Klagen (Hahn 2019: 16). Aber auch die nationalen Gerichte haben durch die Europäisierung an Bedeutung gewonnen. Eines der ersten Politikfelder, in dem sich dieser *eurolegalism* zeigte, ist die Verbraucherpolitik, in der → Public Interest Groups auf dem Rechtsweg viele Verbesserungen erreichen konnten (Strünck 2008).

Und drittens entstanden auch in Deutschland zwei neue Klagearten, die → Interessengruppen strategische Prozessführung ermöglichen, wenngleich nicht in dem Maße wie in den USA. Die eine Möglichkeit stellt die Verbandsklage dar, welche in einigen Politikfeldern ausgesuchten Verbänden Kollektivklagerechte einräumt. Seit 2006 dürfen Umweltverbände bei Verstößen gegen das Umweltrecht klagen, etwa wenn es um Kohlekraftwerke, Abfallverbrennung, Tierhaltung oder Luftreinhaltepläne geht. Die Verbandsklagen von Umwelt- und Naturschutzverbänden sind dabei tatsächlich überdurchschnittlich erfolgreich (Loer/Töller 2019). Ein ähnlicher kollektiver Rechtsschutz findet sich im Verbrauchschutz- und im Behindertengleichstellungsrecht (Hahn 2019: 19).

Die andere Neuerung ist die im November 2018 ins deutsche Recht eingeführte Musterfeststellungsklage. Ähnlich wie eine Sammelklage ermöglicht diese Betroffenen eine risikofreie gemeinsame Klage. Klagebefugt sind aber nur → Verbände und auch nur solche, die bestimmte Bedingungen in Bezug auf Alter, Mitglieder und Gemeinwohlorientierung erfüllen, während Anwaltskanzleien davon ausgeschlossen sind. Hierdurch soll verhindert werden, dass die Musterfeststellungsklage für kommerzielle Zwecke missbraucht wird. Die Musterfeststellungsklage dient zudem lediglich der Feststellung, ob ein bestimmter Sachverhalt zutreffend ist, also etwa ein Schaden entstanden ist. Entschädigungen müssen die Klagenden dann individuell erstreiten, sofern es nicht zu einem Vergleich kommt. Wegen dieser Einschränkungen gilt die Musterfeststellungsklage zwar als ein Meilenstein, da sie solche kollektiven Klagerechte erstmals verankert, jedoch im Vergleich zur US-Sammelklage als das deutlich stumpfere Schwert (van Elten 2019: 7ff.).

Was sind Beispiele für Verbands- und Musterfeststellungsklagen?

Diese beiden neuen Klagearten wurden infolge des als „Dieselgate“ bekannt gewordenen Skandal um manipulierende Software, die die deutsche Automobilindustrie zum Umgehen von Abgasnormen in Dieselfahrzeuge eingebaut hatte, erfolgreich und öffentlichkeitswirksam zur Interessendurchsetzung genutzt.

Zum einen wurden die mittlerweile in vielen Städten existierenden Fahrverbote von Dieselfahrzeugen nicht von der Politik beschlossen, sondern von der Deutschen Umwelthilfe erklagt. Die Umwelthilfe ist eine der ausgesuchten → Interessengruppen in der Umweltpolitik mit Befugnis zur Verbandsklage. Und während diese für die meisten Umweltverbände nur eines von vielen Instrumenten der Interessenvertretung darstellt, setzt die Umwelthilfe bereits seit etwa 2012 mit ihren Klagen für „Saubere Luft in Deutschland“ auf strategische Prozessführung. Und dieses durchaus erfolgreich. Mehrere Gerichtsurteile stellten eine anhaltende Verletzung von EU-Recht durch die zu hohen Emissionswerte fest und verpflichteten verschiedene Landesbehörden zur Reduzierung der Stickoxidbelastung Dieselfahrverbote und Geschwindigkeitsreduzierungen in den Ballungsgebieten einzuführen, die regelmäßig die Grenzwerte überschreiten (Hahn 2019: 8f.; Rehder/van Elten 2019: 75f.; Schroeder/Greef 2019: 309f.).

Die hohe Klageaktivität der Umwelthilfe polarisiert; sie wurde zum Stachel im Fleisch von Automobilindustrie und Politik. Aus Kreisen von Union, AfD und FDP kam sogar die Drohung, der Organisation den Gemeinwohlstatus zu entziehen. Die CDU hatte dieses gar auf einem Parteitag beschlossen (Geers 2019). Dies veranschaulicht gut, dass Interessenvertretung durch Recht nicht auf Regierungsmehrheiten und Mehrheitsmeinungen angewiesen ist, um politischen Diskurs und Handlungsdruck auf die Politik zu erzeugen (van Elten 2019: 3ff).

Die Entscheidung des Verwaltungsgerichts Stuttgart (und später weiterer Gerichte) über Fahrverbote von Dieselfahrzeugen beunruhigten auch die Käufer:innen eben jener Automobile. Sie fürchteten, dass ihre Fahrzeuge an Wert und Nutzen verloren haben. Die Einführung der Musterfeststellungsklage ermöglichte in Deutschland nun (ähnlich wie in den USA, wo eine Sammelklage in dem Vergleich mündete, dass VW einen 10-Milliarden-Dollar-Fond für Umrüstung und Rückkaufe betroffener Fahrzeuge auflegte (Rehder/van Elten 2019: 75f.)) Massenklagen auf Schadensersatzzahlungen. Am Tag der Einführung der Musterfeststellungsklage, dem 1. November 2018, reichten der Verbraucherzentrale Bundesverband (VZBV) und der ADAC gemeinsam eine solche Klage gegen VW ein. Das Ziel der Klage, der sich mehr als 400.000 Verbraucher:innen anschlossen, war festzustellen, ob Käufer:innen der Dieselfahrzeuge mit manipulierten Abgaswerten Anspruch auf Schadensersatz haben. Das Verfahren endete mit einem Vergleich zwischen den Parteien: VW bot eine Einmalzahlung zwischen 1.350 und 6.257 Euro an, welche mehr als 240.000 Autokäufer:innen annahmen. Insgesamt summierten sich die Entschädigungen von Volkswagen in Deutschland auf etwa 750 Millionen Euro (VZBV 2020).

Lobbyismus in Deutschland

In Deutschland zielt Lobbyismus vor allem auf die Bundesregierung. Aber auch Bundestag, Bundesrat und die Länderregierungen sind interessant für organisierte Interessen. Dabei verfügt Deutschland über ein historisch gewachsenes Modell der Interessenvermittlung, welches aktuell einen spannenden Wandel zu einem stärker lobbyistischen System durchläuft.

Was ist das deutsche Modell der Interessenvermittlung?

Im „Modell Deutschland" sind die ökonomischen → Interessengruppen, insbesondere die Spitzenverbände der Arbeitgebervertretungen und Gewerkschaften, immer wieder in die politische Gestaltung der wirtschaftlichen und sozialen Lebensverhältnisse einbezogen worden (Heinze 2021: 410). Diese neokorporatistische Struktur der Interessenvermittlung ist stark durch den aus der Industrialisierung des späten 19. und frühen 20. Jahrhunderts resultierenden Konflikt zwischen Arbeit und Kapital geprägt. Zur Befriedung dieses Konflikts organisierten sich die wirtschaftlichen Interessen auf der einen und die sozialen Interessen auf der anderen Seite in Arbeitgeber- und Arbeitnehmervertretungen, die dann Arbeitsbedingungen und Entlohnung stellvertretend für ihre Mitglieder aushandelten. Da die Interessen der beiden Seiten jeweils relativ homogen waren, konnten sich die → Verbände zentralisiert und hierarchisch in Dachverbänden strukturieren und miteinander verhandeln. Während mit dem Begriff des → Neokorporatismus zunächst vor allem die Kooperation von Unternehmerverbänden und Gewerkschaften mit dem Staat in der Wirtschaftspolitik bezeichnet wurde, wurden in der Folge auch weitere Politikfelder, wie die Bildungs-, Gesundheits- und Sozialpolitik als neokorporatistisch charakterisiert (Voelzkow 2021: 649f.).

Was verspricht sich der Staat vom Einbezug der Verbände im Neokorporatismus?

Die Verflechtung schafft beiden Seiten Vorteile: Den Verbänden gibt sie eine Bestandsgarantie sowie Einflussmöglichkeiten und dem Staat größere Steuerungskapazitäten (Heinze 2021: 408). Denn die zentralisierte und hierarchische Struktur des → Neokorporatismus ermöglicht es der Politik, die Interessenverbände als „Steuerungsressource" (Baruth/Schnapp 2015: 247) zu nutzen. Dieses kann auf zwei verschiedene Arten geschehen:

Zum einen, indem Verbände bestimmte Themen selber regulieren. Ein Beispiel ist der im Jahr 2004 vereinbarte Pharmakodex, in dem sich Firmen der forschenden Pharmaindustrie dazu verpflichten, das Verschreibungsverhalten von Ärzten nicht länger durch Geldzahlungen oder Geschenke unangemessen zu beeinflussen (Loer/Töller 2019).

Eine bekannte Selbstregulierung ist auch die Tarifautonomie: Arbeitgeberverbände und → Gewerkschaften verhandeln über die Lohnhöhe von Tarifverträgen für bestimmte Branchen. Die Selbstregulierung funktioniert effektiv nur vor dem „Schatten der Macht"; der Staat droht, diese Bereiche selbst zu regulieren, wenn die Verbände keine Vereinbarungen treffen. So führte die Bundesregierung etwa im Jahr 2015 einen gesetzlichen Mindestlohn ein, weil sich die → Sozialpartner immer seltener auf Tariflöhne in den unteren Lohnsegmenten einigen konnten (Beckmann/Spohr 2022: 155ff.)

Zum anderen erbringen → Verbände in einigen Politikfeldern Steuerungsleistungen durch die Selbstverwaltung von Institutionen. In der Gesundheitspolitik sind die Spitzenverbände am Beschluss verbindlicher Richtlinien zum Leistungskatalog der gesetzlichen Krankenversicherung beteiligt (Loer/Töller 2019), und in der Arbeitsmarktpolitik sind die → Sozialpartner in die Verwaltung der Bundesagentur für Arbeit eingebunden (Spohr 2021b).

Der auf der Macht der Verbände beruhende → Neokorporatismus war während der christlich-liberalen Koalition unter Helmut Kohl auf seinem Höhepunkt und blieb auch bis Ende der 1990er Jahre forschungsleitendes Paradigma in der Politikwissenschaft. Auch wenn es immer noch zahlreiche solcher Arrangements der Einbindung von Verbänden gibt, pluralisiert sich spätestens seit der rot-grünen Regierung unter Gerhard Schröder ab 1998 die Interessenvermittlung zumindest teilweise. Als Folge wird der Neokorporatismus verdrängt durch einen Lobbyismus, in dem durch Information und Kommunikation → Einfluss ausgeübt wird (Zimmer/Speth 2015: 12).

Aus welchen Gründen wandelte sich die Interessenvermittlung vom Korporatismus zum Lobbyismus?

Es gibt mehrere Gründe, weshalb der Begriff „Lobbyismus" sowohl in der Alltagssprache als auch in der Fachliteratur in den letzten zwei bis drei Jahrzehnten an Bedeutung gewonnen hat. Zunächst haben sich die Interessen pluralisiert. Nicht nur sind im Zeitalter der Post-Industrialisierung ökologische und emanzipatorische Interessen zu den wirtschaftlichen und sozialen hinzugekommen, auch die Interessen der Arbeitgeber:innen und

Arbeitnehmer:innen haben sich ausdifferenziert. Daher fällt auch den großen, zentralisierten → Verbänden immer schwerer, die teilweise im Widerspruch zueinanderstehenden Forderungen ihrer Mitglieder zu einer gemeinsamen Position zusammenzufassen. Und wenn, dann geschieht dieses meist auf dem kleinsten gemeinsamen Nenner (Speth 2010; Loer/Töller 2019).

Dies erschwert neokorporatistische Verhandlungen, die auch noch aus einem zweiten Grund schwieriger werden. Denn die Verhandlungen führten so lange zu Ergebnissen, wie der Staat die Wünsche der Verbände finanzierte. Unter den Bedingungen des europäischen und weltweiten Standort- und Steuerwettbewerbs verringerte sich jedoch der finanzielle Verteilungsspielraum der Regierung. Diese wollte und konnte viele Forderungen der → Sozialpartner, etwa im „Bündnis für Arbeit, Ausbildung und Wettbewerbsfähigkeit" ab 1998, nicht länger finanzieren (Beckmann/Spohr 2022: 138).

Zudem wird auch die → Legitimation korporatistischer Verhandlungssysteme zunehmend in Frage gestellt. Auf der Input-Seite wurde deutlich, dass im Korporatismus das Bias, also die Unausgewogenheit in der Repräsentation von Interessen, am größten ist. Das zeigte sich bspw. in der mangelnden Repräsentation von Arbeitslosen oder Menschen in prekären Beschäftigungsverhältnissen (sogenannte Arbeitsmarkt-Outsider) durch Gewerkschaften. Und auf der Output-Seite wuchsen die Zweifel an der ökonomischen Effizienz neokorporatistischer Verhandlungen (Scharpf 1999: 25); man denke nur an die Kostensteigerungen im Gesundheitswesen. Als Folge ließ die Relevanz der Großverbände als Steuerungsressource für die Regierung nach. Stattdessen band diese zunehmend neben → Interessengruppen auch andere Organisationen wie Beratungsagenturen, Firmen und Forschungsinstitute temporär und sukzessive in die Politikformulierung ein.

Was sind die Folgen der Pluralisierung der deutschen Interessenvermittlung?

Als Folge des sukzessiven Wandels vom → Neokorporatismus zum → Pluralismus hat das lobbyistische Verhalten von Interessengruppen zugenommen (Speth 2010: 10). Für die Interessengruppen bedeutete dieses, dass sie ihre Strategie auf *informational lobbying* umstellen müssen, da → Informationen eine zunehmend wichtigere → Ressource werden. Dies gilt insbesondere auch für das Lobbying auf EU-Ebene, welches im Zusammenhang mit der Europäisierung von Politik und Wirtschaft für → organisierte Interessen immer wichtiger wird und eine Fokussierung ihrer Aktivitäten auf Brüssel erfordert (Heinze 2021: 409).

Mit der Pluralisierung geht zudem eine Veränderung der „Lobbyszene" einher. Die Großorganisationen von Kapital und Arbeit, die Wirtschafts- und Unternehmerverbände auf der einen und die DGB-Gewerkschaften auf der anderen Seite, schrumpfen: Die Zahl ihrer Mitglieder nimmt ab und es kommt zu Abspaltungen sowie Neugründungen von Verbänden, etwa solche, die neue Wirtschaftsbranchen oder Lebensbereiche vertreten. Hierdurch nimmt die Zahl der Interessengruppen insgesamt zu. Dieses zeigte sich in der „Lobbyliste" genannten „öffentlichen Liste registrierter Verbände" des Deutschen Bundestages. Waren in dieser im Jahr 1980 noch weniger als 1.000 Interessengruppen aufgeführt (Bernhagen 2019: 251), belief sich die Zahl zum Jahresende 2021, als die Liste letztmalig veröffentlicht und durch das → Lobbyregister abgelöst wurde, auf 2.238 (Bundestag 2021).

Diese Pluralisierung bedeutet, dass Interessengruppen der gleichen Sphäre zunehmend miteinander konkurrieren (Schmitter 1979: 15). Beispielswiese vertreten sowohl die Eisenbahn- und Verkehrsgewerkschaft (EVG) als auch die Gewerkschaft deutscher Lokomotivführer (GDL) die Interessen des Eisenbahnpersonals, konkurrieren zugleich aber auch um Mitglieder, Spenden, Aufmerksamkeit und → Einfluss. Zudem nimmt das eigenständige Unternehmenslobbying auf Kosten verbandlicher Repräsentation zu; der Lobby-Dienstleistungssektor ist seit den 1990er Jahren stark angewachsen (Bernhagen 2019: 251). Das Aufkommen von Beratungsunternehmen und Public-Affairs-Agenturen, welche im Auftrag für Dritte Aktivitäten wie politische Analyse, Beratung, Krisenkommunikation, Kampagnenentwicklung, aber auch den systematischen Einsatz von Klagen übernehmen, markiert den „Übergang in das Zeitalter aggressiver und strategischer Lobbyarbeit" (Plehwe 2019).

Warum konzentriert sich Lobbyismus vor allem auf die Regierung?

Dass die Regierungen auf Bundes- und Länderebene für Lobbyist:innen in der Regel das erste Ziel ihrer Wahl sind, liegt daran, dass in parlamentarischen Demokratien wie der deutschen in der Regierung die meisten

politischen Entscheidungen gefällt werden. Auch wenn das Parlament der formale Gesetzgeber ist, weil es die Gesetze beschließt, fällt der überwiegende Teil der Entscheidungen über den Inhalt der Gesetze (und ob überhaupt Gesetze erlassen werden) tatsächlich im Kabinett und den Ministerien. Etwa drei Viertel der Gesetzesinitiativen kommen aus Bundesregierung und Bundesrat (Baruth/Schnapp 2015: 245).
Die Ministerien sind auch offen für den Sachverstand, den ihnen organisierte Interessen bieten können. Denn die Entwicklung von Gesetzesentwürfen erfordert ein in den Ministerien nicht immer ausreichend vorhandenes Spezialwissen über und aus Wirtschaft und Gesellschaft. Daher gibt es verschiedene Formen der Interesseneinbindung im Vorfeld der Gesetzgebung. Während Beiräte dauerhaft eingerichtet werden, bieten Kommissionen und Gipfel Regierungen die Möglichkeit, organisierte Interessen temporär zusammenzubringen, etwa anlässlich tiefgreifender Krisen oder umfangreicher Reformen.
Auch wenn die konkrete Zusammensetzung von Beiräten, Gipfeln und Kommissionen oft kritisiert wird, wird die Beteiligung von Interessenvertretungen an diesen insgesamt als sinnvoll erachtet. Weitaus kritischer gesehen wird es, wenn Angestellte von → Interessengruppen oder Unternehmen „leihweise" in Ministerien arbeiten oder die Erstellung von Gesetzesentwürfen an Anwaltskanzleien „outgesourct" wird (Loer/Töller 2019). Daher wird beides mittlerweile auch seltener praktiziert. Wenn Gesetzesentwürfe fertig sind, führen die Ministerien zudem meist Konsultationen zu diesen durch, welche Verbänden die Möglichkeit gibt, schriftliche Stellungnahmen abzugeben.

Welche Rolle spielen Interessengruppen in ministeriellen Beiräten?

In Beiräten werden Interessenorganisationen dauerhaft in die Arbeit der Ministerien eingebunden. Sie verfügen über eine gesetzliche Rechtsgrundlage und werden entweder durch Ministeriumserlass oder Bundestagsentschließung eingerichtet. Meist sind sie über Geschäftsstellen oder Sekretariate an Ministerien angebunden. Trotz dieser institutionellen Verankerung in der Regierung stellen Beiräte eine Form externer Beratung dar, denn ihre Mitglieder stehen überwiegend in keinem arbeits- bzw. dienstrechtlichen Verhältnis zum Ministerium (Döhler 2012: 187).

Neben Beiräten wie dem Sachverständigenrat für Umweltfragen, in denen ausschließlich Wissenschaftler:innen die Regierung beraten, existieren zudem „gemischte" Beiräte, denen auch Vertreter:innen von → Interessengruppen angehören. Beispielswiese setzt sich der im Verteidigungsministerium angesiedelte Beirat für Fragen der Inneren Führung (laut Homepage der Bundeswehr) „aus Persönlichkeiten des öffentlichen Lebens zusammen – vor allem aus den Bereichen Politik, Wirtschaft, Wissenschaft und Erziehungswesen sowie den Kirchen, Gewerkschaften, Verbänden und Medien." Zu diesen zählen unter anderem Funktionär:innen von Gewerkschaften, Arbeitgeber- und kommunalen Spitzenverbänden.

Einige Beiräte sind in der Fachwelt sehr angesehen, etwa der Sachverständigenrat für Umweltfragen oder der zur Begutachtung der Entwicklung im Gesundheitswesen. Auch wenn die konkreten Empfehlungen der Beiräte eher selten von der Politik umgesetzt werden, fließen ihre Gutachten durchaus in die politische Entscheidungsfindung als Hintergrundwissen ein, etwa über die Regelungsbedürftigkeit eines Themas oder die Vor- und Nachteile bestimmter Steuerungsinstrumente (Döhler 2012: 187f.; Loer/Töller 2019).

Daher sind die Zusammensetzungen der Beiräte auch politisch umkämpft. So sorgt etwa die Neukonstituierung des Sustainable-Finance-Beirats der Bundesregierung durch den parlamentarischen Staatssekretär Florian Toncar (FDP) für Kritik von Umweltverbänden, da mit dem Chef des Unternehmensverbands Value Balancing Alliance (VBA), Christian Heller, ein Industrievertreter den Vorsitz übernimmt (Geiger 2022). Ein anderer strittiger Punkt ist die Transparenz dieser Gremien. So hatte das Bundesfinanzministerium die Herausgabe von Sitzungsprotokollen seines wissenschaftlichen Beirats verweigert, wogegen der Wissenschaftler Moritz Neujeffski zusammen mit der Plattform FragDenStaat.de auf Grundlage des → Informationsfreiheitsgesetzes erfolgreich vor dem Bundesverwaltungsgericht klagte (GFF 2022).

Wann und warum lädt die Regierung Verbände zu Gipfeln?

Während tiefgreifender Krisen wie der Finanz- und Wirtschaftskrise ab dem Jahr 2008, der Coronapandemie ab dem Jahr 2020 und der Energiekrise ab dem Jahr 2022 lädt die Regierung regelmäßig → Interessengruppen zu „Gipfeln" ins Kanzleramt. Diese Gipfel funktionieren nach der korporatistischen Logik der konzertierten Aktionen der 1960er und 1970er Jahre sowie der Bündnisse für Arbeit der 1990er Jahre, in denen die Bundesregierung ihre Wirtschafts- und Arbeitsmarktpolitik mit Arbeitgeberverbänden und Gewerkschaften abstimmte. Während der → Neokorporatismus, wie weiter oben dargelegt, insgesamt nicht mehr das dominante Muster der Interessenvermittlung darstellt, wird er in der Krise revitalisiert, indem die Bundesregierung zur Abstimmung ihrer Krisenpolitik auf ihren Gipfeln insbesondere die großen und ressourcenstarken → Verbände einbezieht (Fuchs/Sack 2021).

In ein paar Punkten unterscheiden sich die heutigen Gipfel jedoch von der klassischen korporatistischen Konzertierung. Zunächst sind sie durch ein größeres Teilnehmerfeld gekennzeichnet. Hier spiegelt sich sowohl die Ausdifferenzierung der Interessen wider als auch die Komplexität gegenwärtiger Krisen. So erzeugt etwa die Coronakrise umfassende ökonomische und gesellschaftliche Probleme, die die verschiedenen Wirtschaftsbereiche sehr spezifisch und in unterschiedlichem Ausmaß betreffen (Fuchs/Sack 2021). Hier reicht es nicht mehr, nur die Dachverbände der Arbeitgeber- und Arbeitnehmervertretungen einzuladen.

Zudem stellt dieser „Krisenkorporatismus" weniger eine für die Gesetzgebung zwingend notwendige Struktur als eine Strategie dar (Rehder 2009a: 270), auf welche die Regierung situativ zurückgreifen kann, um sich → Legitimation oder → Informationen zu beschaffen, aber von der sie auch wieder abweichen kann, wenn nicht die gewünschten Ergebnisse zu Stande kommen. Beispielsweise wurde auf dem Konjunkturgipfel zur Wirtschafts- und Finanzkrise noch eine „Abwrackprämie" beschlossen, welche einen Zuschuss für verschrottete Autos beim Kauf eines Neuwagens bedeutete und darauf abzielte, die deutsche Automobilindustrie durch staatliche Subventionen über die Krise zu retten. Ein gutes Jahrzehnt später war ein solcher Zuschuss unter Coronabedingungen für Dieselfahrzeuge nicht mehr durchsetzbar, da Klimaschutzziele und der Skandal um manipulierte Abgaswerte („Dieselgate") zu einem erheblichen Reputationsverluste für die Automobilindustrie geführt hatten (Rehder 2021: 216f.).

Des Weiteren ist der Krisenkorporatismus durch Konjunkturen gekennzeichnet: Sowohl in der Finanz- und Wirtschaftskrise als auch während der Coronapandemie wurden die → Verbände vor allem in der ersten Phase der akuten Krisenbewältigung eingebunden (Spohr 2019a; Fuchs/Sack 2021). Dies spricht dafür, dass die Bundesregierung mit ihren Gipfeln vor allem eine Lageeinschätzung von den Verbänden erhalten und medial Handlungsfähigkeit demonstrieren möchte. In der konkreten Ausarbeitung bestimmter Maßnahmen werden die organsierten Interessen hingegen weniger einbezogen als im klassischen → Neokorporatismus.

Was verspricht sich die Regierung davon, dass sie Interessengruppen in Kommissionen einbezieht?

Im Gegensatz zu Gipfeln erarbeiten Kommissionen detaillierter die wesentlichen Grundzüge von Reformen oder Gesetzespaketen. Dadurch, dass neben der Wissenschaft und Politik auch → organisierte Interessen einbezogen werden, erhofft sich die Politik zunächst die Effizienz und → Legitimation der Gesetzgebung zu erhöhen (Spohr 2015: 271). Insbesondere die rot-grüne Koalition unter Kanzler Gerhard Schröder von 1998 bis 2005 hat zwei solcher Kommissionen zur Vorbereitung ihrer unter der „Agenda 2010“ subsumierten Sozialstaatsreformen eingesetzt: Zum einen die nach ihrem Vorsitzenden, dem Wirtschaftswissenschaftler Bert Rürup, benannte Rürup-Kommission, welche die Reformen der Sozialversicherung vorbereitete. Zum andere die von dem damaligen VW-Personalvorstand Peter Hartz geführte Kommission für moderne Dienstleistungen am Arbeitsmarkt, welche die Grundsteine für die berüchtigten „Hartz-Reformen“ legte.

Dennoch dienen die Kommissionen nicht als Beleg für einen großen → Einfluss der Interessengruppen in der Politik, sondern erhöhen im Gegenteil den Spielraum der Politik gegenüber den klassischen deutschen Großverbänden. Denn diese Kommissionen waren eben keine korporatistischen Gremien; insbesondere die Einsetzung der Hartz-Kommission ist bemerkenswert, da die rot-grüne Regierung sie anstelle des damals noch aktiven Bündnisses für Arbeit aus Gewerkschaften und Arbeitgeberverbänden einsetzte, was nicht weniger als ein Affront gegenüber den → Sozialpartnern bedeutete. Anders als im Korporatismus, wo die Verbände ihre Ziele verfolgen und der Staat versucht, die unterschiedlichen Interessen zu einem Ausgleich zu bringen, wurden die beiden Kommissionen von der Regierung mit klaren Arbeitsaufträgen versehen. Ihre Funktion bestand gerade nicht darin, Probleme und Ziele zu definieren, sondern Wege zu finden, um die von der Regierung vorgegebene Ziele zu erreichen (Döhler 2012: 186). Dieses stellte die Regierung auch über die personelle Zusammensetzung der Kommissionen sicher. Zwar waren in diesen auch Vertreter:innen von Gewerkschaften und Wohlfahrtsverbänden vertreten, jedoch hatten nicht die Verbände diese bestimmt, sondern das Kanzleramt unabhängige, kompromissbereite und eher wirtschaftsnahe Personen ausgewählt, die ihre Verbände nicht offiziell vertreten haben (Spohr 2015: 176f.).

In der weiteren Zusammensetzung der Kommissionen spiegelt sich auch der oben skizzierte, mit dem Übergang vom Korporatismus zum Lobbyismus einhergehende Bedeutungsgewinn neuer Akteure wider. Zum einen stellten hier die Konzerne eigene Vertreter:innen, etwa die Autobauer Daimler-Chrysler, BMW und Volkswagen sowie die Chemie- und Pharmaunternehmen BASF und Schering. Und zum anderen waren, ganz im Sinne der damals paradigmatischen Ideologie des New Public Managements, der Orientierung öffentlicher Verwaltungen an privatwirtschaftlichen Strukturen, auch die Unternehmensberatungen Roland Berger und McKinsey in den Kommissionen vertreten.

Warum sind „Leihbeamte" in der Bundestagsverwaltung ein politischer Skandal?

Externe Personen in der Bundesverwaltung, sogenannte Leihbeamte, sind eine weitere Möglichkeit für Ministerien, externe Unterstützung zu erhalten. Sie sind gleichzeitig aber auch ein potentielles und viel kritisiertes Einfallstor für Lobbyismus. Bereits seit den 1970er Jahren ist es Praxis, dass Bundesministerien Externe befristet beschäftigen, um im Rahmen von Gesetzgebungsvorhaben fehlende eigene Kapazitäten zu kompensieren. Bei diesen Personen handelt es sich meist entweder um Mitarbeiter:innen aus anderen Behörden sowie von staatsnahen Organisationen oder Forschungseinrichtungen, die der Interessenvertretung unverdächtig sind. Jedoch entleihen auch einige Ministerien, etwa das Bundeswirtschaftsministerium, Personen aus Wirtschaftsunternehmen und Verbänden (Döhler 2012: 190; Loer/Töller 2019).

Aufgrund eines im Jahr 2004 von der damaligen rot-grünen Regierung initiierten Programms zum befristeten Personalaustausch zwischen Unternehmen und Ministerien wuchs die Anzahl des Leihpersonals aus der Wirtschaft zwischenzeitlich stark an. Das im Rahmen der Initiative „Moderner Staat – Moderne Verwaltung“ umgesetzte Programm sollte jeweils Einblicke in Prozesse und Strukturen der Gegenseite ermöglichen (Döhler 2012: 191). Es entwickelte sich zu einem Skandal, denn es öffnete nicht nur neuen Mitarbeiter:innen, sondern auch dem Lobbyismus die Tür. Insbesondere da das Gehalt der Externen weiter von den Konzernen oder Verbänden bezahlt wird, in die sie dann auch wieder zurückkehren, sind Interessenkonflikte faktisch unvermeidlich. Die Externen dienen somit zwei „Herren“, der Regierung und ihrer Stammorganisation. Dieses wirft unvermeidlich die Frage auf, wem von beiden ihre Loyalität gilt.

Dass dies nicht nur theoretisch, sondern ganz konkrete Gefahren des Lobbyismus birgt, zeigte ein Grimme-Preis-gekrönter Beitrag der Sendung Monitor vom 19. Oktober 2006, der nicht nur den Einsatz von Externen aus der Wirtschaft in den Ministerien einer breiten Öffentlichkeit bekanntmachte, sondern auch Gesetzesentwürfe nannte, die diese im Interesse ihres eigentlichen Arbeitgebers beeinflusst haben sollen. Insgesamt besaßen viele der zwischen den Jahren 2006 und 2008 in die Ministerien entliehenen 300 Externen die Möglichkeit, öffentliche Entscheidungen zu beeinflussen. Über 60 Prozent von ihnen erstellten Leitungsvorlagen, jeder vierte war an öffentlichen Vergaben beteiligt und jeder fünfte schrieb sogar direkt an Gesetzen und Verordnungen mit (Otto 2010). Dies ist allein deswegen problematisch, weil die Entwicklung von Gesetzentwürfen eine hoheitliche Tätigkeit ist, die Beamt:innen der Ministerialbürokratie obliegt (Döhler 2012: 192). Dass darüber hinaus ausgerechnet Angestellte aus der freien Wirtschaft quasi ihre eigenen Gesetze schrieben, war ein Skandal.

Filmtipp | Der mit dem Grimme-Preis ausgezeichnete Monitor-Beitrag (6:40 Minuten) von Ralph Hötte, Kim Otto und Markus Schmidt kann auf YouTube angesehen werden: www.youtube.com/watch?v=c76ag-kgVto

Wie waren die Reaktionen auf den „Leihbeamten"-Skandal und wie ist die Situation heute?

Aufgrund der starken Kritik von Medien und politischer Opposition an den Personalaustauschprogrammen wurden diese im Jahr 2008 von der Großen Koalition in der „Allgemeinen Verwaltungsvorschrift zum Einsatz von außerhalb des öffentlichen Dienstes Beschäftigten (externen Personen) in der Bundesverwaltung" stärker reglementiert. Zwar ist der Einsatz Externer weiterhin grundsätzlich zulässig, „wenn die Verwaltung nicht über Fachwissen verfügt, das für die Erfüllung spezifischer Aufgaben notwendig ist", jedoch wird diesen die Beteiligung an der Formulierung von Gesetzesentwürfen und anderen Rechtsakten, an Leitungsfunktionen und der Vergabe öffentlicher Aufträge untersagt. Ihre Tätigkeit ist auf „vorbereitende, begleitende und auswertende Maßnahmen" begrenzt (Döhler 2012: 192).

Zudem wurde die → Transparenz erhöht und somit ein wesentliches Problem in diesem Zusammenhang angegangen. Seit dem Jahr 2008 muss die Bundesregierung regelmäßig dem Bundestag über den Einsatz externer Personen in der Bundesverwaltung berichten. Aus diesen mittlerweile 19 Berichten des Innenministeriums geht hervor, dass die Anzahl der „Leihbeamten" zurückgegangen ist. Während im Jahr 2006 noch 106 in den Ministerien tätig waren, davon 21 aus privaten Unternehmen und Verbänden (Döhler 2012: 192f.), waren es im Zeitraum 7/2019 bis 6/2020 nur noch 23. Und lediglich eine entsendende Stelle war ein Wirtschaftsverband, der Zentralverband Elektrotechnik und Elektronikindustrie; vier waren Wirtschaftsunternehmen (Bundesministerium des Inneren 2020: 6ff.). Die Anzahl von externen Personen in der Bundesverwaltung ist somit im Vergleich zur Gesamtzahl der Bundesbediensteten (rund 585.000) verschwindend gering und ihre Bedeutung für den Lobbyismus sollte mittlerweile ähnlich groß sein.

Warum wird das Outsourcing der Gesetzesformulierung an Anwaltskanzleien kritisiert?

Eine weitere Form der externen Beteiligung an der Politikformulierung ist die vollständige oder teilweise Delegation („Outsourcing") der Formulierung von Gesetzen und Verordnungen an Personen oder Organisationen außerhalb der Ministerien. Schon länger werden etwa Professor:innen der Rechtswissenschaft mit der Ausarbeitung von Gesetzen beauftragt. Aufgrund ihrer Rolle und ihrem Image als politisch neutrale Sachverständige trifft dies allgemein auf Zustimmung (Döhler 2012: 194).

Umstrittener ist das Outsourcing der Politikformulierung an Anwaltskanzleien. Den öffentlichen Fokus hierauf richtete ein Fall im Jahr 2009. Mitten in der Finanzkrise wurde bekannt, dass das Bundeswirtschaftsministerium den Entwurf des „Gesetzes zur Ergänzung des Kreditwesengesetzes" von der international tätigen Anwaltskanzlei Linkslaters erstellen ließ. Offensichtlich aus Versehen war der Gesetzentwurf noch mit dem Linkslaters-Logo versehen (Döhler 2012: 196). Dies veranlasste die Bundestagsfraktion der Linken zu einer kleinen Anfrage, die ergab, dass im Zeitraum von 1990–2009 Anwaltskanzleien bei insgesamt 63 Gesetzen und Verordnungen mitgewirkt hatten.

Das zeigt, dass sich eine Beratungsform grundlegend neuer Qualität etabliert hatte, die in vielfacher Hinsicht demokratische Standards unterläuft: Zunächst fehlte es an Kontrolle und → Transparenz; von vielen Fällen erfuhren selbst die Bundestagsabgeordneten nur zufällig. Dann wurden die hohen Kosten der Auftragsvergabe bemängelt; schließlich fließen schon genug Steuergelder in die Ministerialverwaltung. Vor allem aber sorgte das erhebliche Einflusspotential privater Interessen auf politischen Entscheidungen, was die Auftragsvergabe an Anwaltskanzleien mit sich bringt, für Kritik (Kalagi 2014: 668). Den Anwaltskanzleien wurden Interessenkonflikte unterstellt, da sie auch von den Regelungen betroffen Mandanten vertreten (könnten):

> „Das Problem liegt auf der Hand: Kanzleien, die eigentlich die Wirtschaft beraten, die von Gesetzen betroffen ist, sind kaum die richtige Adresse, um die verschiedenen gesellschaftlichen Interessen zu berücksichtigen und abzuwägen. Nur Beamte sind dem Gemeinwohl verpflichtet. Sie sollen unabhängig zwischen den Interessen abwägen. Das ist ihr Vertrauenskapital." (Otto 2010)

Jedoch wird auch argumentiert, dass von Ministerien in Auftrag gegebene Gesetzesformulierung durch Anwaltskanzleien kein Bestandteil des Lobbyings ist, sondern lediglich eine Dienstleistung, die die Regierung zur Unterstützung bei der Politikformulierung einkauft (Döhler 2012: 195).

Wieso lassen Ministerien denn überhaupt Kanzleien Gesetze schreiben?

Die Gründe dafür, spezialisierte Anwaltskanzleien zu beauftragen, sind Zeitdruck, Personalmangel in der Ministerialverwaltung und der Bedarf an Sachkenntnis bei komplexen Themen (Kalagi 2015). Daher wurden auch fast drei Viertel der Gesetzentwürfe vom Umwelt- und Verkehrsministerium „ausgesourct", denn die Umweltgesetze im Bereich erneuerbare Energien und Emissionshandel waren sehr technisch, und im Verkehrsministerium hatte die Bahnprivatisierung eine hohe politische Priorität. Ähnliches galt für das erwähnte Gesetz des Wirtschaftsministeriums zur Finanzmarktstabilisierung (Döhler 2012: 196f.). Aufgrund des problematischen Charakters des Gesetzesoutsourcing sollen Parlament und Regierung jedoch informell beschlossen haben, diese Praxis deutlich einzuschränken. Jedenfalls kam es anschließend zu einem deutlichen Rückgang des Outsourcings von Gesetzentwürfen an Kanzleien. Dies wirft jedoch auch die Frage auf, wie der „offenkundige Bedarf an externen Formulierungshilfen nun gedeckt wird" (Kalagi 2015: 668).

Wie suchen Lobbyist:innen den Kontakt zu den Ministerien?

Wenn Lobbyist:innen den Zugang zu Ministerien suchen, beginnt dies oft mit einem Schreiben an die Hausspitze, in dem sie um ein Gespräch bitten. Nach Konsultation der Arbeitsebene entscheidet diese dann, ob und, wenn ja, durch wen das Gesprächsangebot angenommen wird. Die Arbeitsebene, die aus den Fachabteilungen der Ministerien besteht, bereitet die Gespräche für die Minister:innen vor und nach. Sie stellt die Pro- und Kontra-Argumente dar, analysiert die Forderungen der Lobbyist:innen in Hinblick auf ihre politischen und finanziellen Folgen und setzt diese in Bezug zu der bisherigen Linie des Ministeriums und den Inhalten des Koalitionsvertrages. Die Führungsebene erwartet hierbei zu jedem Punkt eine klare und eindeutige Positionierung der Arbeitsebene (Mai 2013: 311). Dieses zeigt bereits den großen inhaltlichen Einfluss, der der Arbeitsebene auf die Gesetzesvorlagen zukommt, weswegen die Ministerialbürokratie auch ein attraktives Ziel für Lobbyist:innen ist.

Auf der Arbeitsebene wird der Großteil der inhaltlichen Gesetzesarbeit geleistet und die Referentenentwürfe der Gesetze erstellt. Bereits hier setzt der Lobbyismus ein, denn in dieser frühen Phase der Entwicklung von Gesetzen und Rechtsverordnungen besteht noch viel Spielraum für → organisierte Interessen, die Regulierungen in ihrem Sinne zu beeinflussen. Denn durch die mit der Erstellung der Gesetzesvorlagen beauftragen Referent:innen fallen schon viele faktische Vorentscheidungen über den späteren Inhalt der Gesetze. Diesen erheblichen Gestaltungsspielraum der Ministerialbürokratie möchten Lobbyist:innen beeinflussen, indem sie diese schon früh im Gesetzgebungsprozess kontinuierlich mit → Informationen versorgen. Über die Jahrzehnte haben sich so enge Beziehungen zwischen der Ministerialbürokratie und bestimmten → Interessengruppen herausgebildet. Eine privilegierte Stellung genießen dabei vor allem die Platzhirsche unter den Wirtschaftsverbänden wie BDI, BDA, der Zentralverband des Deutschen Handwerks und der Deutsche Bauernverband, aber auch etwa ADAC und BUND als Vertretungen nichtwirtschaftlicher Interessen (Sebaldt/Straßner 2004: 120ff.; Baruth/Schnapp 2015: 252).

Dennoch ist für Lobbyist:innen auch der Kontakt zur Leitungsebene eines Ministeriums, bestehend aus Minister:in, Staatssekretär:innen und Abteilungsleiter:innen, wichtig, da auch über diese Interessen eingebracht werden können. In diesen Fällen ist der Gestaltungsspielraum der Ministerialbürokratie beschränkt, da sie nicht explizit gegen die Leitungsebene vorgehen kann. Detaillierte Anweisungen von der Leitungsebene an die Bürokratie gibt es insbesondere bei Themen mit hoher politischer Brisanz oder an denen Minister:innen ein eigenes Interesse haben. Interessenvertretungen können so hier auch Lobbying „gegen die Bürokratie" betreiben (Baruth/Schnapp 2015: 252f.).

Wie laufen die Konsultationen von Verbänden im Gesetzgebungsprozess ab?

Das formale Verfahren zur Konsultation von → Interessengruppen bei der Vorbereitung von Gesetzen und Verordnungen ist in den Paragraphen 47 und 48 Geschäftsordnung der Bundesministerien (GGO) geregelt. Dieses Verfahren begründet jedoch kein Recht der → Verbände auf Anhörung, sondern stellt lediglich eine Möglichkeit der Ministerien dar, Positionen und Informationen einzuholen. Es soll auch den Lobbyismus nicht befördern, sondern im Gegenteil kanalisieren und begrenzen. Zunächst regelt die GGO, dass Ministerien, wenn sie

Konsultationen durchführen, bestimmte Interessengruppen anhören müssen, sofern deren Belange berührt sind. Hierzu zählen etwa die kommunalen Spitzenverbände und die Zusammenschlüsse der Städte und Gemeinden wie der Deutsche Städtetag, der Deutsche Landkreistag und der Deutsche Städte- und Gemeindebund. Zudem müssen in einigen Politikfeldern bestimmte Interessengruppen konsultiert werden. So verpflichtet das Bundesnaturschutzgesetz zur Anhörung von Umweltverbänden, etwa dem BUND, bei der umweltpolitischen Gesetzgebung (Sebaldt/Straßner 2004: 137ff.). Auch ist die Beteiligung auf Zentral- und Gesamtverbände sowie Fachkreise, die auf Bundesebene bestehen, beschränkt. Dies bedeutet, dass nicht bundesweit tätige Organisationen in der Regel von Konsultationen ausgeschlossen sind. Das Gleiche gilt für Privatunternehmen.

In der Praxis sieht die Konsultation so aus, dass die Ministerien ausgewählten → Verbänden den Referentenentwurf des Gesetzes schicken, mittlerweile per E-Mail. Je nach Präferenz des Ministeriums sowie inhaltlicher Reichweite und politischer Brisanz des Sachverhaltes kann ein Anschreiben etwa an lediglich elf Verbände gehen, wie beim Entwurf für ein „Achtes Gesetz zur Änderung des Hochschulrahmengesetzes“, oder aber auch an 137 („Gesetz zur Umsetzung des Klimaschutzprogramms 2030 im Steuerrecht“). Im Anschreiben wird den Verbänden die Möglichkeit gegeben, eine Stellungnahme (ebenfalls per E-Mail) zu übersenden und eine Deadline hierfür mitgeteilt. Diese Frist kann mehrere Wochen lang sein; bei dem Gesetz zur Umsetzung des Klimaschutzprogramms betrug sie hingegen nur einen einzigen Tag. In den Stellungnahmen kritisieren die Verbände häufig die zu kurze Bearbeitungszeit; müssen sie doch in der Zeit die dutzende Seiten umfassenden Referentenentwürfe auf ihre Interessen hin analysieren und ihre Stellungnahmen verfassen. Dennoch hatten beim Klimaschutzprogramm immerhin noch 30 der angeschriebenen Verbände eine Stellungnahme eingereicht, was ein üblicher Bruchteil der angeschriebenen Verbände ist, da der Großteil auf eine Stellungnahme verzichtet, etwa weil er nicht oder nicht genügend von den Regelungen betroffen ist. Eine Analyse ergab, dass je Gesetz im Schnitt 17,5 Verbände eine Stellungnahme einreichen (Rasch et al. 2020).

Dieses Verfahren bedingt, dass sich Verbände ihre Beteiligung durch kontinuierliche informelle Kontakte zu der Ministerialbürokratie erarbeiten müssen. Denn auch wenn bei den Anhörungen inhaltlich meist wenig bewegt werden kann, ist es „für das Image und das öffentliche Ansehen eines Verbandes faktisch unabdingbar zum ‚erlauchten Kreis' der regemäßig Konsultierten zu gehören" (Sebald/Straßner 2004: 144).

Linktipp | Zur Erhöhung der Transparenz im Gesetzgebungsprozess verpflichtete die Bundesregierung im November 2018 alle Bundesministerien dazu, Referentenentwürfe und Stellungnahmen auf ihren Internetseiten zu veröffentlichen. Ausschlaggebend hierfür war das Engagement der Initiative FragDenStaat, die unter Berufung auf das → Informationsfreiheitsgesetz massenhaft Anfragen an die Ministerien gerichtet hatte. Die auf *fragdenstaat.de* veröffentlichten Dokumente ermöglichen nun, die verabschiedeten Gesetzestexte mit den Stellungnahmen zu vergleichen und so möglichen → Einfluss von Lobbyismus zu identifizieren – eine interessante Quelle für Wissenschaft, Journalismus und Bürger:innen.

Warum gibt es Lobbyismus im Bundestag, wenn die Regierung das wichtigere Ziel ist?

Aufgrund der dominanten Rolle der Regierung kommt dem Deutschen Bundestag eine nachgeordnete Rolle in der Gesetzgebung zu. Denn das Parlament blockiert in aller Regel nicht die Gesetzesentwürfe der Bundesregierung, da ja hier die Fraktionen der Regierungsparteien die Mehrheit stellen. Dennoch nutzt der Bundestag beim überwiegenden Teil der Gesetze seine Kompetenz, die Entwürfe noch abzuändern (Eising/Spohr 2017: 328). Entsprechend ist der Bundestag zumindest für die → Interessengruppen, die es nicht geschafft haben, die Regierung von ihrem Standpunkt zu überzeugen, ein beliebtes Ziel (Goldberg et al. 2018). Wenn also ein Gesetzentwurf aus den Ministerien kommend den Bundestag erreicht, zieht parallel oder vorab auch die „Lobbykarawane" in diesen ein (Strässer/Meerkamp 2015: 229).
Jedoch versuchen nicht nur Interessengruppen → Einfluss auf die Politik zu nehmen, auch Abgeordnete suchen den Kontakt, um sich an die Gesellschaft rückzukoppeln (Weßels 1987: 298). Zum einen benötigen

Abgeordnete externen Sachverstand, um dem Informationsvorsprung der ressourcenstarken Ministerialbürokratien entgegenzuwirken (Strässer/Meerkamp 2015; Siefken/Schüttemeyer 2013: 171). Zum anderen sind Abgeordnete an einer Wiederwahl interessiert und daher gut beraten, ein offenes Ohr für die Interessengruppen zu haben, die Wähler:innen mobilisieren können. So können etwa Gewerkschaften, Wohlfahrtsverbände und → Public Interest Groups als Vertreterinnen allgemeiner Interessen und sozialer Anliegen politische Unterstützung für Abgeordnete bereitstellen (Flöthe/Rasmussen 2019), vor allem wenn ihre Anliegen populär und in den Medien präsent sind (De Bruycker 2017).

Der Austausch zwischen Bundestag und organisierten Interessen findet auf vielerlei Wegen statt. Zunächst gibt es die gut dokumentierte, institutionalisierte und inszenierte Interessenvermittlung in den öffentlichen Anhörungen der Bundestagsausschüsse. Weniger transparent sind dagegen die informellen Kontakte zwischen Abgeordneten und Interessenvertretern, die im Zentrum der Lobbyarbeit der letzteren stehen. Dazu kommt noch die „innere Lobby" des Bundestages, bestehend aus Abgeordneten, die etwa über ihren beruflichen Hintergrund oder Nebentätigkeiten mit organisierten Interessen verbunden sind (Weßels 1987: 286f.).

Warum lädt der Bundestag Lobbyorganisationen in öffentliche Anhörungen ein?

Im Bundestag wird ein Gesetzentwurf nach der ersten Lesung in einen der mehr als 20 Ausschüsse verwiesen, die üblicherweise spiegelbildlich zu den Ministerien existieren und die Orte sind, wo an Gesetzen gearbeitet wird. Wenn ein Ausschuss Änderungen vorschlägt, stimmt diesen im Regelfall der Bundestag zu. In den Ausschüssen ist die Interessenvermittlung in öffentlichen Anhörungen institutionalisiert, die ungefähr zu jedem dritten Gesetz durchgeführt werden (Siefken/Schüttemeyer 2013: 169). Zu diesen laden die Ausschüsse „Sachverständige, Interessenvertreter und andere Auskunftspersonen" (§ 70 der Geschäftsordnung des Bundestages) ein. Eine Studie ergab, dass durchschnittlich 26 Personen eingeladen werden (Cross et al. 2021); insbesondere im Gesundheitsausschuss kann diese Zahl aber auch schon mal im dreistelligen Bereich liegen. Die Eingeladenen reichen im Regelfall vorher ein Positionspapier oder Gutachten ein und beantworten dann in der Anhörung die Fragen der Abgeordneten. Die Öffentlichkeit wird dadurch gewährleistet, dass Medien und Bürger:innen vor Ort zuschauen können und die Protokolle und Papiere auf den Webseiten der Ausschüsse einsehbar sind.

Von der Einladung der Vertreter:innen organisierter Interessen in die Anhörung zu einem Gesetz versprechen sich die Abgeordneten dreierlei (vgl. Spohr 2018: 312f.): Erstens sollen diese ihnen Informationen über die Wirkungen des Gesetzes liefern. Zweitens sollen sie ihre Positionen zum Gesetz wiedergeben. Und drittens soll die Einladung von Interessengruppen auch die soziale Akzeptanz und demokratische → Legitimation der Gesetze untermauern bzw. in Frage stellen. Hierzu laden die Regierungsfraktionen die Akteure ein, die ihre Gesetzentwürfe als angemessen darstellen und so auch gegenüber der Wählerschaft rechtfertigen. Die Opposition wiederum lädt jene ein, die die Gesetzesentwürfe kritisieren (Siefken/Schüttemeyer 2013: 171; Sack/Fuchs 2014: 162ff.; Strässer/Meerkamp 2015: 227).

Einladungen zu den Anhörungen spiegeln die Relevanz von organisierten Interessen ebenso wider wie die Ausgewogenheit der Interessenvermittlung des Bundestags. Während früher hauptsächlich die klassischen → Verbände eingeladen wurden (Weßels 1987), schlägt sich nun auch in den Anhörungen die Pluralisierung der Interessenvermittlung nieder. In fast allen Ausschüssen nehmen zahlreiche Interessen am politischen Diskurs teil (Dhungel/Linhart 2014). Zudem hat das demokratietheoretisch bedenkliche Übergewicht von Wirtschaftsverbänden über die Zeit abgenommen, indem vermehrt auch anderen Gruppen die Möglichkeit gegeben wird, sich zu artikulieren. Offensichtlich bemühen sich die Abgeordneten darum, den unterschiedlichen Interessen in gleichem Maße Zugang zu ermöglichen (Spohr 2018, 2021a).

Können Interessengruppen in den Anhörungen die Gesetzgebung beeinflussen?

Im Allgemeinen gelten die Anhörungen nicht als die für den Lobbyismus entscheidenden Orte; denn da diese erst recht spät im Gesetzgebungsprozess stattfinden, nämlich zwischen der ersten und der zweiten/dritten Lesung im

Bundestag, kann es bei den Anhörungen nur noch um – wenn auch wichtige – Details gehen. Die Rahmenbedingungen sind spätestens mit dem Kabinettsentwurf der Bundesministerien bereits vorgegeben. Dementsprechend hat auch der Großteil der Lobbyarbeit bis hierhin schon stattgefunden. Dennoch können → organisierte Interessen in Anhörungen durchaus noch wichtige Korrekturen oder Ergänzungen erreichen (Strässer/Meerkamp 2015: 227). Hierbei zeigt sich, dass vor allem lobbyübergreifende Ablehnung zu einem kompromisshaften Entgegenkommen der Regierungsfraktionen führen kann (Strässer/Meerkamp 2015: 227; Eising/Spohr 2017: 329). Statistische Analysen zeigen zudem, dass die unterschiedlichen Interessen auch unterschiedlich erfolgreich sind. Wenn Wirtschaftsinteressen in Anhörungen Gesetzesentwürfe kritisieren, werden diese signifikant häufiger geändert, als wenn andere Interessen dieses tun. Insbesondere bei komplexen Gesetzesvorhaben können aber auch → Public Interest Groups Änderungen bewirken (Eising/Spohr 2017; Cross et al. 2021).

Über welche weiteren Wege suchen Lobbyist:innen Zugang zum Bundestag?

Die meiste Kommunikation zwischen Abgeordneten und organisierten Interessen findet jedoch jenseits der Anhörungen statt. Über diese informellen Kontakte ist nach wie vor „relativ wenig bekannt“ (Weßels 1987: 297f.), was in der Natur der Sache, aber auch in der relativ geringen Regulierung und Dokumentation von Lobbyismus im Bundestag begründet liegt.

Lobbyist:innen versuchen mit Bundestagsabgeordneten und deren Mitarbeiter:innen auf vielfältige Weise ins Gespräch zu kommen. Eine erste Möglichkeit sind E-Mails. Während Massenmails hierbei wenig erfolgversprechend sind, können persönliche Anschreiben an gezielt ausgewählte Personen, evtl. mit angehängten Gutachten oder Positionspapieren, schon eher Beachtung finden. Zweitens stellen persönliche Termine mit Abgeordneten oder deren wissenschaftlichen Mitarbeiter:innen sowie den Referent:innen der Fraktionen einen effektiven Weg für Lobbyist:innen dar. Drittens können Organisationen Podiumsdiskussionen oder andere öffentliche Veranstaltungen abhalten, um ein Thema auf die Agenda zu setzen und hierzu relevante Abgeordnete einzuladen.

Viertens ermöglichen parlamentarische Frühstücke oder Abende unverbindliche, zwanglose und vor allem nichtöffentliche Gespräche. Fünftens richten die Gesprächskreise der Fraktionen regelmäßige Treffen aus, bei denen → NGOs, Stiftungen, → Verbände etc. sich mit Abgeordneten und Vertreter:innen der Ministerien austauschen können. Und sechstens ermöglichen „erweiterte Berichterstattergespräche" nichtöffentliche Treffen mit den Berichterstatter:innen (Strässer/Meerkamp 2015: 226). Dieses sind von den Fraktionen bestimmte Abgeordnete, die in den zuständigen Ausschüssen ein Gesetz begleiten. Aufgrund ihrer wichtigen Rolle im Gesetzgebungsprozess sind die Berichterstatter:innen für den Lobbyismus besonders interessant (Weßels 1987: 297).

Literaturtipps | Der ehemalige Bundestagsabgeordnete Marco Bülow (erst SPD, später PARTEI), hat zwei lobbykritische und sehr informative Bücher über seine Zeit im Bundestag geschrieben. Im Jahr 2010 erschien „Wir Abnicker. Über Macht und Ohnmacht der Volksvertreter" und im Jahr 2020 „Lobbyland. Wie die Wirtschaft unsere Demokratie kauft". Zudem betreibt Bülow unter lobbyland.de einen Podcast rund um das Thema Lobbyismus.

Bekommen Lobbyorganisationen Hausausweise für den Bundestag?

Jährliche Hausausweise für den Bundestag sind begehrt bei Lobbyist:innen, denn sie ermöglichen einen unregulierten Zugang, etwa zu den Abgeordnetenbüros und der Kantine. Regulär vergibt die Bundestagsverwaltung die Ausweise als Ermessensentscheidung, jedoch nur an Verbände. Daneben gab es früher noch die lange Zeit unbekannte Möglichkeit, dass die Fraktionen Hausausweise ausstellen. Dieses „Schlupfloch" wurde einer breiten Öffentlichkeit erst bekannt, als das Internet-Portal abgeordnetenwatch.de es im Jahr 2014 publik machte (Reyher 2022a) und die Freigabe der Daten vor dem Oberverwaltungsgericht Berlin-Brandenburg erklagte.

Die anschließend veröffentlichten Daten sorgten für öffentliche Entrüstung darüber, dass „mehr Lobbyisten" (778) „als Abgeordnete im Bundestag" (709) sind (Tutt 2018). Zudem zeigte die Vergabe von Hausausweisen durch Bundestagsverwaltung und Fraktionen ein großes Übergewicht wirtschaftlicher → Interessen auf, welches im Gegensatz zu den oben angeführten Einladungen in die öffentlichen Anhörungen steht, wo Wirtschaftsinteressen weniger häufig eingeladen wurden. Offensichtlich tauschen sich Abgeordnete mit Vertreter:innen wirtschaftlicher Interessen lieber nichtöffentlich aus. Zugleich zeigte sich die Bedeutung neuartiger Akteure im Lobbyismus. Privatunternehmen, Stiftungen, Think-Tanks, Agenturen und Kanzleien sind in den Anhörungen kaum präsent, bekamen aber dennoch vor allem über die Fraktionen Zugang zum Bundestag (Spohr 2021a).

Die Kritik an Ausmaß und Ungleichgewicht des Lobbyismus im Bundestag führte dazu, dass die Vergabepraxis von Hausausweisen in der Folge mehrfach stärker reguliert wurde. Seitdem ist nur noch das Bundestagspräsidium über die Zentrale Ausweisstelle berechtigt, Hausausweise auszustellen. Zudem ist die Berechtigung beschränkt auf → Interessengruppen, die von der Eintragungspflicht im → Lobbyregister befreit sind, wie Gewerkschaften, Kirchen und Arbeitgeberverbände. Hingegen dürfen Lobbyagenturen und Kanzleien keine Jahresausweise mehr erhalten, können aber weiterhin mit Tagesausweisen in den Bundestag kommen. Durch diese Beschränkungen sank die Anzahl der Organisationen mit Hausausweisen von etwa 900 im Jahr 2015 auf 42 sieben Jahre später (Reyher 2022a, 2022b).

Was ist die „innere Lobby" des Bundestages?

Während Lobbyist:innen meist außerhalb der politischen Institutionen beschäftigt sind, darf weder übersehen noch unterschätzt werden, dass Abgeordnete auch selber → organisierte Interessen vertreten können. Historisch entstand diese „innere Lobby" dadurch, dass Verbände versucht haben, durch ihre Verbindung mit Parteien auf deren Kandidatenauswahl Einfluss zu nehmen. Aber auch die Parteien hatten ein großes Interesse daran, diese Personen als Spezialist:innen oder Vertreter:innen von „Wählerpaketen" in die Parlamente zu bringen, oft über aussichtsreiche Listenplätze an der Parteibasis und den Wahlkreisen vorbei (Weßels 1987: 300).

Besonders groß war diese Art der inneren Lobby in den Anfangszeiten der Bundesrepublik. Von 1953 bis 1961 entstammten 45 Prozent der Abgeordneten wirtschaftlichen Interessen und Verbänden. Anschließend sank deren Anteil kontinuierlich (Weßels 1987: 301), vor allem seit den 1990er Jahren, als sich der Berufshintergrund der Abgeordneten veränderte. Die Elitenforschung zeigt, dass im Zuge eine Professionalisierung der Politik auch Abgeordnete größtenteils aus anderen politischen Ämtern, etwa in Länderparlamenten oder dem öffentlichen Sektor, kommen und weniger aus Verbänden (Trampusch 2005). Seiteneinstiege aus Wirtschaft und → Interessengruppen in den Bundestag nahmen ab. Für deren Vertreter:innen wurde es immer schwerer, sich Listenplätze zu sichern, ohne dass sie eine lokale Machtbasis hatten und die gleiche Ochsentour aus Parteigremien, ehrenamtlichen Mandanten und Wahlkampfständen absolviert hatten, wie andere Abgeordneten auch (Saalfeld 1999: 48). Im 17. Bundestag (2009–2013) betrug der Anteil der Seiteneinsteiger:innen nur noch 10 Prozent (Bailer et al. 2013: 65).

Wie sieht diese „innere Lobby" heute aus?

Stattdessen hat sich die „innere Lobby" verschoben. So zeigt eine Studie zur Schweizer Bundesversammlung, dass → Interessengruppen nun versuchen, gewählte Abgeordnete als *built-in lobbyists* zu gewinnen (Eichenberger/Mach 2017). Auch in Deutschland hatten im Jahr 2010 mehr als die Hälfte der Abgeordneten auf Bundes- und Länderebene eine Funktion in einer Interessengruppe inne (Best et al. 2011). Dass dieser Anteil seitdem tendenziell noch gestiegen ist, zeigt eine aktuelle Studie (Büsken/Spohr 2022), nach der fast drei Viertel (73,5 Prozent) der 750 Mitglieder des 19. Deutschen Bundestages (2017–2021) als ehrenamtliche oder bezahlte Funktionäre in Interessengruppen oder Unternehmen agierten. Dieses konnte untersucht werden, weil Bundestagsabgeordnete im Rahmen ihrer Berichtspflicht zu Nebentätigkeiten angeben müssen, ob sie während ihres Mandates in leitenden Positionen in Unternehmen, Interessengruppen und Stiftungen tätig sind.

Diese Funktionen unterscheiden sich von den „klassischen" beruflichen Nebentätigkeiten von Abgeordneten und können als Verbindungen im Sinne einer „inneren Lobby" gesehen werden. Insgesamt summierten sich diese Tätigkeiten auf 2.367, da viele Abgeordnete mehrere Funktionen ausübten. Hierbei zeigen sich Unterschiede bei den Fraktionen. Der oder die durchschnittliche Abgeordnete der CDU/CSU-Fraktion hatte mit 4,3 solcher Funktionen die meisten Verbindungen zu organisierten Interessen. Dahinter kamen relativ gleichauf die Abgeordneten der SPD mit 3,6, der FDP mit 3,2 und der Grünen mit 3,2 Tätigkeiten. Dass die Mitglieder der Fraktion der Linken nur 1,1 und die der AfD sogar nur im Schnitt 0,6 solcher Verbindungen hatten (Büsken/Spohr 2022), zeigt, dass Abgeordnete von radikalen Parteien, die an der Regierung und somit an der Gesetzgebung faktisch nicht beteiligt sind, von Interessengruppen weniger beachtet werden (Otjes/Rasmussen 2017).

Ist auch der Bundesrat ein lohnendes Ziel für Lobbyismus?

Ja, denn der Bundesrat ist als Vertretung der Bundesländer in die Gesetzgebung auf Bundesebene eingebunden. In Deutschland gibt es zwei Arten von Gesetzen: Einspruchsgesetze kann der Bundesrat faktisch nicht blockieren, da sein Veto in der Regel vom Bundestag überstimmt werden kann. Aber bei Zustimmungsgesetzen, die nach Verabschiedung im Deutschen Bundestag dem Bundesrat zur Beschlussfassung zugeleitet werden, muss die Länderkammer grünes Licht geben. Daher sind die Länder in der Regel schon in die Erarbeitung der Entwürfe durch das jeweilige Bundesministerium involviert. Zudem können die Länder über den Bundesrat auch eigene Gesetzesentwürfe einbringen (Koch 2011: 41).

Daher lohnt es sich für → organisierte Interessen in Bereichen, in denen die Länder Gesetzgebungskompetenz haben, den Bundesrat zu lobbyieren. Hier können sie entweder bei zustimmungspflichtigen Gesetzen versuchen, Bundesratsmehrheiten herzustellen bzw. zu verhindern, oder auf den Inhalt der Gesetze → Einfluss nehmen. Einzelne Fallstudien der Politikwissenschaft zeigen auch auf, dass → Interessengruppen die Länderebene nutzen, um Bundesgesetze zu beeinflussen (Bernhagen et al. 2017).

Dies ist vor allem deswegen möglich, weil die Länder oft spezifische Einzelinteressen haben, die die Blockbildung entlang von Parteigrenzen überlagern. Oder anders formuliert: Eine Länderregierung kann auch dann Vorschläge der Bundesregierung abändern wollen, wenn beide von den gleichen Parteien gebildet werden. Zudem bestehen Kooperationen und Verflechtungen zwischen einigen Ländern, etwa zwischen Berlin und Brandenburg oder den Küstenländern Hamburg, Bremen, Niedersachsen, Schleswig-Holstein und Mecklenburg-Vorpommern. Für Lobbyist:innen kommt es nun darauf an, diese vielfältigen Interessenkonstellationen zu kennen und die gemeinsamen → Interessen solcher Länderkooperationen für ihr Lobbying zu nutzen (Koch 2011: 40).

Um Einfluss auf die Entscheidungen des Bundesrates zu nehmen, gehen Lobbyist:innen auch den Weg über die Landesministerien. Denn diese beschicken die Ausschüsse des Bundesrates, in denen die Beschlussvorlagen erarbeiten werden, mit ihren zuständigen Fachbeamt:innen. Ein weiteres

Ziel sind die Fachministerkonferenzen der Bundesländer, in denen sich die Minister:innen der 16 Bundesländer koordinieren. So tagen die Minister:innen für Bildung, Forschung und Kultur als Kultusministerkonferenz. Während der Coronapandemie ist zudem die Ministerpräsidentenkonferenz, der Zusammenschluss der Regierungschef:innen der Länder, in den Vordergrund gerückt. Auch wenn die Fachministerkonferenzen keine formalen Beschlussgremien mit Gesetzgebungskompetenz sind, können sie Lobbygruppen das Agenda-Setting ermöglichen:

> „Gelingt es beispielsweise, ein für einen Verband wichtiges Thema über ein Bundesland auf die Tagesordnung einer dieser Fachministerkonferenzen zu setzen und einen Beschluss herbeizuführen, ist das Thema wirkungsvoll auf der politischen Agenda platziert. Dies wiederum lässt sich für weitere Lobbyaktivitäten nutzen. Auch kann ein Verband, dem dies gelungen ist, auf eine deutlich gestiegene Medienresonanz für sein Anliegen hoffen." (Koch 2011: 41)

Daher kann Lobbying auf Länderebene wichtig sein, wenn eine Interessengruppe eine Initiative im Bundesrat oder bei einer Fachministerkonferenz anstrebt.

Unterscheidet sich der Lobbyismus in den Bundesländern von dem auf Bundesebene?

Grundsätzlich ähnelt die Interessengruppenlandschaft in den Ländern der im Bund, weist aber auch einige Besonderheiten auf. So sind die → Verbände der Bundesebene auch wichtige Akteure auf der Länderebene; vor allem Gewerkschaften, Wirtschafts- und Wohlfahrtsverbände haben eigene Landesvereinigungen. Im Unterschied zur Bundespolitik sind jedoch in der Landespolitik kommunale Verbände wichtiger, nicht zuletzt, weil sie häufig für die Umsetzung von Bundes- und Landesgesetzen zuständig sind und für Infrastrukturprojekte ins Boot geholt werden müssen. Zudem weisen die Interessengruppensysteme in den einzelnen Ländern spezifische Charakteristika auf, die sich aus ökonomischen und politischen Besonderheiten der Bundesländer ergeben. So ist jenes in Bayern durch personelle Überschneidungen zwischen → organisierten Interessen und der CSU gekennzeichnet, während etwa in Baden-Württemberg jedwede Regierung enge Verbindungen zur Automobilindustrie hat, selbst wenn sie von den Grünen geführt wird (Bernhagen et al. 2017; Goldberg et al. 2021).

Auch das Lobbying auf Landesebene funktioniert grundsätzlich ähnlich wie auf Bundesebene, denn auch hier sind Ministerien und Parlamente bzw. Landesregierungen und Landtage die Ziele. Insbesondere sollten Interessengruppen „unbedingt gute Kontakte zur Ministerialbürokratie aufbauen", so Hubert Koch, (damaliger) Chef der Lobbyagentur Dr. Koch Consulting. Er führt aber auch einige Besonderheiten an, die Lobbyist:innen auf Länderebene berücksichtigen müssen, wenn sie erfolgreich sein wollen. Zunächst ist es aufgrund der besonderen Mehrheitsverhältnisse auf Länderebene für eine professionelle Interessenvertretung „unabdingbar, stabile persönliche Kontakte zu Abgeordneten aller Fraktionen zu pflegen" (Koch 2011: 40). Hierzu rät er etwa, auf Landesparteitagen mit Abgeordneten und Regierungsmitgliedern ins Gespräch zu kommen.

Eine weitere Besonderheit auf Länderebene ist die geringe Spezialisierung der Abgeordneten. Die Landtage haben deutlich weniger Abgeordnete als der Bundestag. Im Jahr 2022 reichte diese Zahl von 51 Abgeordneten im Saarland bis zu 205 in Bayern, während gleichzeitig der 20. Deutsche Bundestag 736 Mitglieder hatte. Die Abgeordneten in den Landtagen können sich so weniger auf ein Thema spezialisieren, da sie oft eine Vielzahl von Fachgebieten betreuen. Hieraus ergibt sich zum einen für die Verbände „die Notwendigkeit, sich breiter aufzustellen und möglicherweise über verschiedene Fachgremien unterschiedliche Kontakte zu den gleichen Abgeordneten zu unterhalten" (Koch 2011: 42). Zum anderen sind die Abgeordnetenbüros und Fraktionen in den Landtagen personell erheblich schwächer ausgestattet als die des Bundestages. Die Büros sind häufig nicht durchgängig besetzt und Abgeordnete haben in der Regel nur wenige oder keine wissenschaftlichen Mitarbeiter:innen. Zudem sind die Bürgerschaften in Hamburg und Bremen Teilzeit- oder „Feierabendparlamente", in denen die Abgeordneten neben dem Mandat in der Regel noch berufstätig sind. Aus diesen Gründen sind Abgeordnete stark auf externe → Informationen angewiesen, die ihnen Lobbyist:innen liefern können:

> „Bei Abgeordneten können sie wegen der fehlenden Stäbe durch fachliche und sachliche Zuarbeit punkten. Sauber erstellte, fundierte Arbeitspapiere werden von diesen geschätzt und ermöglichen den Aufbau positiver persönlicher Arbeitsbeziehungen." (Koch 2011: 42f.)

Enge Verbindungen zu Abgeordneten lohnen sich für Gruppen auch, um in die Kommunalpolitik, also die „dritte Ebene" unter Land und Bund, ihre → Interessen einzubringen. Denn die Verbindungen von Landtagsabgeordneten zu Landkreisen und Kommunen sind in der Regel sehr eng. Häufig besitzen diese „Doppelmandate“, gehören also auch noch dem Kreistag oder Rat ihrer Stadt an oder sind Landrat oder Bürgermeister. Diese Abgeordneten eröffnen vielfältige Zugänge und können leicht für kreis- oder kommunalpolitische Verbandsanliegen gewonnen werden (Koch 2011: 43).

Lobbyismus in der Europäischen Union

Nicht nur die deutsche Politik wird von Lobbyist:innen kontaktiert, sondern auch die Europäische Union. Denn die Entscheidungen von EU-Kommission und Europaparlament beeinflussen die Politik und Wirtschaft in Deutschland. Dabei gibt es einige Besonderheiten beim Brüsseler Lobbyismus.

Welche Relevanz hat die EU für Lobbyismus?

Die Mitgliedschaft Deutschlands in der Europäischen Union (EU) hat zur Folge, dass viele politische Entscheidungen ganz oder zumindest teilweise auf der supranationalen (überstaatlichen) Ebene getroffen werden. Dies führte nach und nach zu einer stärkeren Fokussierung des Lobbyismus auf Brüssel, dem Sitz der meisten Institutionen der EU. Während die EU in den ersten Jahrzehnten etwas unter dem Radar der Öffentlichkeit agierte, ist sie mit der 1987 in Kraft getretenen Einheitliche Europäische Akte und den nachfolgenden Verträgen von Maastricht (1992), Amsterdam (1997), Nizza (2001) und Lissabon (2007) sukzessive relevanter für die Vertretungen wirtschaftlicher und allgemeiner → Interessen geworden.

Zwei mit den Vertragsrevisionen einhergehende Änderungen leiteten eine enorme Ausweitung der europäischen Gesetzgebung ein und haben dadurch den Lobbyismus auf die europäische Ebene „gezogen“: Zum einen weitete sich die inhaltliche Zuständigkeit der EU aus, indem stetig mehr Politikbereiche „vergemeinschaftet“ wurden, also nun auf europäischer Ebene geregelt werden, so dass aus der ehemaligen Wirtschafts- eine politische Union geworden ist. Mittlerweile gibt es nur noch wenige Politikfelder, in denen die EU gar keine Rolle spielt. Ausschließlich oder mitzuständig ist die EU etwa in der Wirtschafts-, Handels-, Agrar-, Gesundheits- und Umweltpolitik. In diesen Bereichen hat mehr als jedes zweite nationale Gesetz einen europäischen Ursprung (Plehwe 2019). Zusätzlich zu den schon länger hier aktiven Wirtschaftsinteressen verstärkten in Folge der ausgeweiteten Zuständigkeit der EU auch andere → Interessengruppen ihr Engagement in Brüssel, etwa → NGOs aus dem umweltpolitischen und globalisierungskritischen Bereich, wie sich beispielhaft an den Protesten gegen die Freihandelsabkommen TTIP und CETA zeigte (Eising 2016; Plehwe 2019).

Zum anderen wurden auch die Entscheidungsregeln verändert. Die Einheitliche Europäische Akte führte für die Wirtschafts- und Binnenmarktpolitik das Mehrheitsprinzip bei Abstimmungen im Ministerrat ein. Zuvor galt in allen Bereichen das Einstimmigkeitsprinzip, was jedem Land ein Veto ermöglichte, weswegen Lobbyist:innen die Gunst einer einzigen Regierung reichte, um unliebsame Entscheidungen zu verhindern. Mit dem nach und nach auch in weiteren Politikfeldern eingeführten Mehrheitsprinzip können Regelungen nun auch gegen den Willen einzelner nationalstaatlicher Regierungen erlassen werden. Dieses signalisierte den Interessengruppen, dass sie stärker die EU-Ebene direkt kontaktieren müssen, da es nicht länger ausreicht, die nationalen Regierungen zu lobbyieren (Eising 2016: 184).

Die stetig wachsende Machtfülle der EU resultiert in einem entsprechenden Wachstum des Lobbyismus in Brüssel. Waren im Jahr 2005 noch geschätzt etwa 3.000 Interessenorganisationen in der EU-Hauptstadt vertreten, gab es zehn Jahre später schon fast doppelt so viele Eintragungen im Transparenzregister von EU-Parlament und Kommission (Baruth/Schnapp 2015: 256). Mitte des Jahres 2022 waren dann bereits über 12.500 Akteure registriert. Die Dunkelziffer ist dabei vermutlich noch höher, denn etwa 80 Prozent der nationalen Lobbyverbände betreiben zumindest gelegentlich auch auf der europäischen Ebene Lobbyismus (Dür/Mateo 2016: 60).

Was sind die Besonderheiten der Brüsseler Lobbyszene?

In der Brüsseler Lobbyszene zeigen sich Charakteristika und Trends, die auch auf nationaler Ebene beobachtet werden können, noch stärker. Erstens sind auf der EU-Ebene wirtschaftliche → Interessen stärker vertreten als etwa Gewerkschaften und Gruppen, die für Umweltschutz oder humanitäre Anliegen kämpfen (Wonka et al. 2010; Rasmussen/Carroll, 2014; Berkhout et al. 2015). Die Lobbyszene in Brüssel ist traditionell stark auf wirtschaftliche Interessen ausgerichtet, was mit dem oben beschriebenen Schwerpunkt der EU auf ökonomischen Regulierungen zusammenhängt. Denn auch wenn die EU mittlerweile in vielen Politikfeldern tätig ist, ist sie in erster Linie eine Wirtschaftsmacht; gemessen am BIP ist sie nach den USA und China die drittgrößte Ökonomie der Welt. Der Anteil der EU am Welthandel ist sogar größer als der der Vereinigten Staaten (Quelle: Eurostat). Daher ist die EU sogar für wirtschaftliche → Interessengruppen aus Ländern, die kein EU-Mitglied sind, interessant. Beispielsweise sind mehr Interessengruppen aus der Schweiz, die nicht Mitglied der EU ist, als aus dem EU-Land Österreich in Brüssel aktiv (Plehwe 2019). Die folgende Grafik zeigt, dass etwa zwei Drittel der im Transparenzregister, dem Lobbyregister der EU, erfassten Akteure geschäftliche Interessen verfolgen (Stand Juni 2022). Dazu zählen 2.690 Gewerbe- und Wirtschaftsverbände sowie 3.009 Unternehmen und Unternehmensgruppen.

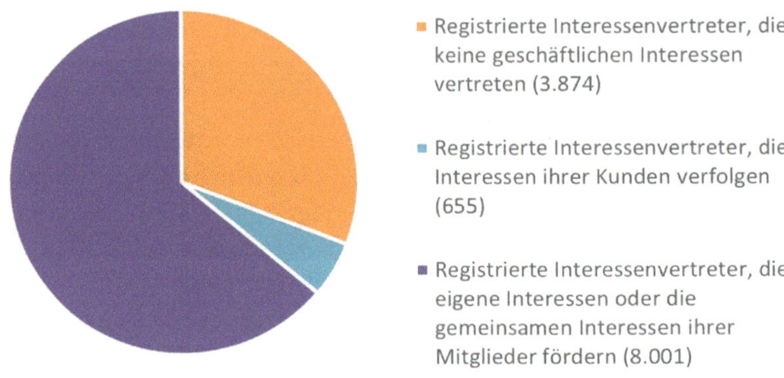

Abb. 1 | Lobbyist:innen im EU-Transparenzregister (eigene Darstellung nach Europäische Union 1995–2022)

Zweitens professionalisieren Interessengruppen in Brüssel ihre Lobbyarbeit oder lagern sie gleich an das florierende europäische Beratungsgeschäft aus. Denn die Anforderungen an eine erfolgreiche Interessenvertretung sind gestiegen; Lobbyist:innen müssen nicht nur inhaltliche Kenntnisse haben, sondern sich auch noch im Dschungel der europäischen Institutionen auskennen und zudem überzeugende Öffentlichkeitsarbeit leisten. Diese komplexen Anforderungen übersteigen die Kapazitäten vieler Interessengruppen, weswegen die Zahlungskräftigen unter ihnen Lobbydienstleistungen bei spezialisierten Beratungsunternehmen, PR-Firmen, Rechtsanwaltskanzleien und Think-Tanks einkaufen (Plehwe 2019). Ende Juni 2022 waren im europäischen Transparenzregister 567 Denkfabriken, 559 Beratungsfirmen, 167 selbststände Berater:innen und 84 Anwaltskanzleien gelistet.

Drittens differenzieren sich die Interessen auf der EU-Ebene aus. Im Zuge von wirtschaftlichen Transformationsvorgängen entwickeln sich Interessen von Unternehmen und → Verbänden teils auseinander und neue Allianzen entstehen. So arbeiten etwa auch große Firmen einzelner Branchen grenzübergreifend zusammen und positionieren sich gegenüber den kleinen und mittleren Unternehmen (Plehwe 2019). Dieses gilt nicht nur für Unternehmensinteressen, auch Gewerkschaften haben in Sachfragen oft Probleme, eine einheitliche Position zu finden. Hier existieren zum einen Differenzen zwischen unterschiedlichen Branchen, etwa zwischen durchsetzungsstarken Industriegewerkschaften und organisationsschwachen Gewerkschaften im Dienstleistungssektor. Zum anderen bestehen Unterschiede zwischen

Gewerkschaften aus Hoch- und Niedriglohnländern; seit der Osterweiterung ab dem Jahr 2004 verläuft diese Konfliktlinie vor allem zwischen „alten" und „neuen" Mitgliedsstaaten (Seeliger/Wagner 2018: 95; Beckmann/Spohr 2022: 232). Und viertens kommen aus den alten Mitgliedstaaten der EU mehr Interessengruppen als aus den Staaten, die im Zuge der Osterweiterung EU-Mitglied wurden. Jedoch wird erwartet, dass sich die Zahl der Interessengruppen aus Mittel- und Osteuropa nach und nach den anderen Ländern angleichen wird (Plehwe 2019).

Linktipp | Das EU-Transparenzregister ist das → Lobbyregister des Europäischen Parlaments und der Europäischen Kommission. In dieser Datenbank stellen die Lobbyist:innen, die Kontakt zu den beiden EU-Institutionen suchen, Informationen über ihre Lobby-Aktivitäten in der EU bereit. Das Register ist unter *ec.europa.eu/transparencyregister* aufrufbar.

Wie prägt das Multi-Level-System der EU den Lobbyismus?

Das *policy-making* der EU ist auf mehrere Institutionen und Ebenen verteilt. Auf der europäischen Ebene teilen sich die Europäische Kommission, der Rat der EU und das Europäische Parlament die Verantwortlichkeiten. Aber auch die nationalen und subnationalen Ebenen, also die Mitgliedsstaaten und deren Regionen, spielen in der Entstehung und Umsetzung vieler EU-Regelungen eine Rolle. Dieses komplexe und verwirrende „Multi-Level-System" ineinander verschachtelter Kompetenzen eröffnet vielfältige Zugangs- und Einflussmöglichkeiten für Lobbyismus (Dür et al. 2015; Pakull et al. 2020b).

Auf der supranationalen Ebene der EU zielt Lobbyismus vor allem auf die EU-Kommission, aber auch zunehmend auf das Europäische Parlament und den Rat der EU. Diese drei Institutionen sind an der Gesetzgebung der EU unmittelbar beteiligt, äquivalent zu Bundesregierung, Bundestag und Bundesrat. Die EU kann ihre Gesetze entweder als Verordnungen erlassen, die unmittelbar und gleichermaßen in allen Mitgliedsstaaten gelten, oder als Richtlinien, die noch von den Nationalstaaten in kon-

krete Gesetze gegossen werden müssen. Daher kann durch Lobbying in der EU auch auf den Ursprung vieler nationaler Gesetze → Einfluss genommen werden. So hat eine Studie gezeigt, dass Unternehmen bei Widerstand auf der nationalen Ebene ihr Lobbying auf die EU-Ebene verlagern (Marshall/Bernhagen 2017).
Lobbyismus auf der EU-Ebene ist dabei ein teures Unterfangen für nationale Interessengruppen, da diese hierfür vor Ort in Brüssel eine Repräsentanz betreiben und so Gelder für Personal und Räumlichkeiten aufbringen müssen. Nicht nur deswegen nehmen → organisierte Interessen alternativ (oder auch zusätzlich) zu dieser „Brüsseler Route", dem Lobbying im Herzen der EU, auch die „nationale Route" für ihr Lobbying (Greenwood 2017). Hierbei nutzen sie ihre nationalen Kontakte, vor allem in die Bundes- und Landesministerien. Denn diese spielen nicht nur bei der Entscheidung über Gesetze im Rat der EU eine Rolle, sondern sind bereits zu einem früheren Zeitpunkt in die Beratungen über die EU-Politik eingebunden, da Gesetzesvorschläge mit Mitgliedern der nationalen Regierungen vorverhandelt werden (Schneider/Baltz 2003).
Kontakte auf der nationalen Ebene dienen → Interessengruppen aber nicht nur zur (versuchten) Einflussnahme, sondern auch dem Monitoring der EU-Politik. Hierbei wird dann auch der Deutsche Bundestag relevant, dessen Verbindungsbüro in Brüssel die europäischen Entscheidungs- und Gesetzgebungsprozesse beobachtet. Dieses „Frühwarnsystem" verschafft dem Bundestag eine Informationsgrundlage (Plehwe 2019), die auch für Lobbyist:innen interessant ist. Zudem kann in den Mitgliedstaaten auch während der Implementation von EU-Richtlinien Einfluss genommen werden. Denn im Gegensatz zu unmittelbar verbindlichen Verordnungen werden Richtlinien durch nationale Gesetze umgesetzt, wobei die Mitgliedsstaaten einen gewissen Spielraum haben, wie sie die europäischen Vorgaben in nationales Recht umsetzen. Und dieses bietet Lobbyist:innen die Möglichkeit, die nationalen Umsetzungsgesetze in ihrem Sinne zu beeinflussen. Darüber hinaus gibt es auch auf Länderebene ein gewisses EU-Lobbying. Denn die Bundesländer sind nicht nur bei den Themen, die ihre Gesetzgebungsbereiche betreffen, in die Entscheidungsfindung auf europäischer Ebene direkt eingebunden, sondern unterhalten auch Landesvertretungen in Brüssel, die → Verbände für die Beobachtung und Einschätzung politischer Prozesse ebenso nutzen können wie für Veranstaltungen (Koch 2011).

Welche Interessen sind am einflussreichsten in der EU?

Die Forschung kommt bei der Frage, welche → Interessen am einflussreichsten sind, nicht zu eindeutigen Ergebnissen. Das hängt zum einen damit zusammen, dass es schwierig ist, → Einfluss zu messen. Zum anderen aber auch damit, dass sich die Bedeutung der unterschiedlichen Interessen im Zeitverlauf verändert hat. In ihren ersten Jahren, als die EU noch eine reine Wirtschaftsgemeinschaft war, etablierte sie eine enge Zusammenarbeit mit wirtschaftlichen Interessenverbänden (Quittkat 2019). Und auch zu späteren Zeitpunkten kamen Studien zu dem Ergebnis, dass im EU-Lobbying wirtschaftliche Akteure einflussreicher sind als andere (Schneider/Baltz 2003; Dür/De Bièvre 2007). Als Gründe hierfür gelten neben einer generellen Schieflage der EU zugunsten einer Marktliberalisierung (Scharpf 1999; Streeck 2013) auch die ungleichen finanziellen Möglichkeiten. Wirtschaftliche Akteure können sich Lobbyismus auf europäische Ebene in der Regel leisten, während viele → NGOs lokal bzw. national beschränkt arbeiten und so auf der EU-Ebene selten ein Gegengewicht gegen Konzerne und Wirtschaftsverbände darstellen können. Selbst große → Public Interest Groups wie Greenpeace haben nicht die gleichen → Ressourcen um konkret, etwa durch die Erarbeitung von Positionspapieren und persönlichen Kontakten, auf die Gesetzgebung einzuwirken (Plehwe 2019; Pakull et al. 2020b).

Neuere Studien zeichnen hingegen ein ausgewogeneres Bild. Demnach ist die Stärke der konkurrierenden Koalitionen wichtiger als die Stärke der einzelnen → Interessengruppen (Klüver 2013). Zudem können nichtwirtschaftliche Interessengruppen die vielen Zugänge, die die Multi-Level-Struktur der EU bietet, gut nutzen, um Entscheidungen zu beeinflussen. Sie können sich in Koalition mit EU-Kommissionsbeamten auch gegen wirtschaftliche Interessen erfolgreich durchsetzen. Oder bei Themen mit Konfliktpotential die Öffentlichkeit mobilisieren und so den Rat und das Europäische Parlament, deren Mitglieder direkter von Wählerstimmen abhängig sind als die Kommission, unter Druck setzen. Andersrum sind wirtschaftliche Interessen erfolgreicher bei weniger strittigen Themen (Dür et al. 2015; Quittkat 2019).

Filmtipp | Der Dokumentarfilm „The Brussels Business“ aus dem Jahr 2012 gibt einen guten Einblick in die europäische Lobbyszene. Der Film stellt den „European Roundtable of Industrialists“ der Vorstandsvorsitzenden der europäischen Großkonzerne der Watchdog-NGO „Corporate Europe Observatory" gegenüber. Eine Geschichte von „David gegen Goliath" (Plewhe 2019).

Welche Bedeutung haben Interessengruppen für die Europäische Kommission?

Die Europäische Kommission ist die Exekutive der EU. Sie besitzt ein Initiativmonopol für supranationale Gesetzgebung, was bedeutet, dass hier die Richtlinien und Verordnungen maßgeblich entstehen. Allein deswegen ist die Kommission der Schlüsselakteur in der Interessenvermittlung (Kohler-Koch/Friedrich 2020: 459) und das wichtigste Ziel für Lobbyist:innen. Diese kontaktieren jedoch selten die Kommission als Ganzes, sondern die Generaldirektionen, welche, ähnlich wie Ministerien, verantwortlich für einzelne Politikfelder sind (Eising 2016: 181).

Die Kommission ist generell sehr offen für Lobbyismus, da sie in höherem Maße als nationale Regierungen auf die Zuarbeit und Einbindung von Interessengruppen angewiesen ist (Eising 2007b: 385). Zunächst sollen Interessengruppen die Effizienz und Effektivität der EU-Politik und somit deren → Output-Legitimation erhöhen. Die Bedeutung von Lobbyismus als Legislativunterstützung ist bei der EU noch einmal größer als auf nationaler Ebene. Denn Brüssel kommt die diffizile Aufgabe zu, einheitliche Regelungen für 27 teils sehr unterschiedliche Länder zu treffen. Und die personelle Ausstattung der EU-Bürokratie ist entgegen vieler Vorurteile verhältnismäßig gering. In den Generaldirektionen werden → organisierte Interessen vor allem über das umstrittene, als Komitologie bekannte System von Expertenausschüssen in die Gesetzgebung einbezogen.

Zum anderen möchte die Kommission durch den Einbezug von organisierten Interessen ihre oft als gering erachtete Input-Legitimation erhöhen, denn die „Legitimation durch das Volk" der Kommission ist notorisch defizitär, da ihre Mitglieder nicht vom Volk gewählt, sondern durch die nationalen Regierungen ernannt werden. Interessengruppen, insbesondere wenn sie viele Mitglieder und Unterstützer:innen hinter sich vereinen, können nun als intermediäre Organisationen den partizipativen Charakter des politischen Prozesses erhöhen (Coen/Katsaitis 2019: 282; Rasmussen/Gross 2015: 343).

Jedoch standen die Entscheidungsverfahren der Kommission im Gegenteil lange unter dem Generalverdacht, dass sie wenig inklusiv, intransparent, und von der Wirtschaftslobby einseitig beeinflusst sind. Hierauf reagierte die Kommission im Jahr 2001 mit dem Weißbuch „Europäisches Regieren", welches auf ein demokratischeres und inklusiveres Regieren abzielte und versuchte in der Folge durch Anhörungen, Fachforen und Konferenzen die unterschiedlichen → Interessen systematischer und ausgewogener einzubeziehen (Quittkat 2019). So hat die Europäische Kommission erreicht, dass wirtschaftliche und nichtwirtschaftliche Interessen mittlerweile in gleichem Maße Zugang zu ihr haben (Pakull et al. 2020b). Diese „neue Offenheit" kann mit dem Interesse der Kommission an einer Re-Regulierung des in den 1980er und 1990er Jahren deregulierten Binnenmarktprogramm erklärt werden. Denn dieses macht die Vertretungen von Umwelt-, Verbraucherschutz- und sozialen Interessen, die ebenfalls eine stärkere Regulierung des Marktes fordern, zu Verbündeten der Kommission, während wirtschaftliche Interessen im Regelfall den Status quo eines deregulierten Marktes beibehalten möchten (Dür et al. 2015: 974).

Aus welchem Grund ist das Komitologiesystem der Kommission umstritten?

Die Komitologie-Ausschüsse spielen eine wichtige Rolle im EU-Gesetzgebungsprozess. Auch wenn ihnen keine formale Rechtsetzungskompetenz zukommt, liefern sie der Kommission wichtiges Expertenwissen und dienen als Forum für Informations- und Erfahrungsaustausch. Sie setzen sich zusammen aus Beamt:innen, Expert:innen, Vertreter:innen von Unternehmen und Verbänden sowie unabhängigen Personen, die faktisch aber auch oft in Unternehmen oder Verbänden beschäftigt sind. Der Idee der Kommission nach erhöht die Komitologie die Input- und → Output-Legitimation, indem sie als Verbindung der Generaldirektionen in Wirtschaft und Gesellschaft dient und eine Grundlage für fundierte Politiken darstellt. Tatsächlich jedoch galt die Komitologie insbesondere bis zu ihrer Reform im Jahr 2006, mit der unter anderem das Europäische Parlament mehr Kontrolle über die Ausschüsse erhielt, als Inbegriff einer intransparenten, technokratischen und demokratisch defizitären EU (Rasmussen/Gross 2015: 346f.). Und auch danach haben Watchdog-Organisationen öfters bezweifelt, dass der Einbezug der unterschiedlichen → Interessen fair und ausgeglichen ist. So hat die Alliance for Lobbying Transparency and Ethics Regulation in mehreren Studien gezeigt, dass in vielen Politikfeldern Wirtschaftsinteressen deutlich überwogen (ALTER-EU 2008, 2012, 2013). Selbiges kritisierte im Jahr 2014 die → NGO Corporate Europe Observatory an den Ausschüssen der Generaldirektion Landwirtschaft, welche zu 80 Prozent mit Vertreter:innen von Agrarverbänden und Lebensmittelindustrie besetzt sind (CEO 2014).

Zu einer differenzierteren Bewertung kommt eine Studie von Rasmussen und Gross (2015). Diese stellt zwar ebenfalls eine Verzerrung in der Zusammensetzung zugunsten von Interessengruppen fest, die ein großes Budget für Lobbying haben und/oder auf Partikularinteressen spezialisiert sind. Aber dieses bedeutet nicht notwendigerweise und auch nicht einmal in erster Linie einen Vorteil für wirtschaftliche Interessen, sondern trifft auch auf andere spezialisierte → Verbände wie Gewerkschaften zu. Zudem bevorzugt die Kommission entlang ihrer offiziellen Policy supranationale, europäische Interessengruppen. Vor allem in den prestigeträchtigen und lang bestehenden Ausschüssen haben diese gegenüber nationalen Gruppen einen starken Vorteil (Rasmussen/Gross 2015: 366f.).

Wie funktionieren die Onlinekonsultationen der EU-Kommission?

Das wohl wichtigste Beteiligungsinstrument der EU-Kommission sind die Onlinekonsultationen. Mit diesen bietet die Kommission schon vor der Verabschiedung europäischer Regelungen der interessierten Öffentlichkeit, insbesondere den von den Regelungen Betroffenen, eine niedrigschwellige Möglichkeit, sich zu beteiligen (Quittkat 2019). Prinzipiell sind die Konsultationen offen für alle; sie sollen neben Verbänden und anderen Interessengruppen auch Einzelpersonen ermöglichen, ihre Meinung einzubringen. In der Praxis sind die Inhalte der Konsultationen aber für die meisten Bürger:innen zu spezifisch und technisch (Labitzke 2016: 181) und richten sich eher an wirtschaftliche oder zivilgesellschaftliche Organisationen, die stellvertretend für die Betroffenen einbezogen werden.

Aufrufe zur Teilnahme hieran werden zusammen mit den zu bewertenden Initiativen der EU online veröffentlicht, ebenso können die Stellungnahmen online abgegeben werden, wofür mindestes zwei Monate Zeit eingeräumt wird. Auch die eingereichten Beiträge werden in der Regel online veröffentlicht wie auch der abschließende Konsultationsbericht, der die wesentlichen Positionen der Teilnehmer:innen und eine Stellungnahme der Kommission enthält. Die Veröffentlichungen finden sich in erster Linie auf der Webseite der EU in der Rubrik „Your Voice". Auch wenn die Onlinekonsultationen nicht bindend für die europäischen Institutionen sind, sehen mehrere Autor:innen in diesen eine Stärkung von → Pluralismus und Zivilgesellschaft im Politikprozess (Labitzke 2016: 181ff.). Die Konsultationen können besonders bei für Bürger:innen wichtigen Themen als „Transmissionsriemen" zwischen Öffentlichkeit und Kommission dienen (Rasmussen et al. 2014).

Doch es gibt auch Kritik an den Konsultationen: Denn auch wenn Interessengruppen, die Politikbetroffene vertreten, gut eingebunden sind, bilden Wirtschaftsverbände und Firmen zusammen die numerisch stärkste Teilnehmergruppe (Rasmussen/Carroll 2014; Quittkat 2019), weswegen „die Bemühungen der Kommission, eine gleichberechtigtere Beteiligung von gesellschaftlichen und wirtschaftlichen → Interessen sicherzustellen, nur bedingt erfolgreich sind" (Quittkat 2019). Ebenso sind Interessengruppen aus den alten und wirtschaftlich starken Mitgliedstaaten stärker vertreten als die der südlichen und östlichen Länder. Es machen sich also auch bei den Onlinekonsultationen die unterschiedlichen finanziellen, personellen und zeitlichen → Ressourcen der Gruppen bemerkbar. Dieses Problem versucht die Kommission über Fördergelder für Vertretungen unterrepräsentierter Interessen, insbesondere → NGOs, abzumildern. Aber auch wenn die Fördergelder den Zugang dieser Gruppen zu den formalen Beteiligungsverfahren erhöhen, wirkt sich das Fördersystem der Kommission insgesamt sogar negativ auf eine gleichgewichtige Teilnahme an den Konsultationen aus, da es auch bereits überrepräsentierte Interessengruppen berücksichtigt (Quittkat 2019).

Zudem bilden die Konsultationen nur den formalen Zugang zur Kommission ab; die Teilnahme an diesen sagt aber nichts über den → Einfluss von Gruppen aus. So wird gerade die durch dieses Verfahren beabsichtigte → Transparenz und Responsivität des Prozesses, also die Auswirkungen auf die Politikformulierung, auch negativ bewertet.

Der Kommission wird vorgeworfen, dass sie die Konsultationsstellungnahmen für ihre eigenen Zwecke nutzt, indem sie sich so einen Wissensvorsprung gegenüber den anderen EU-Institutionen verschafft und ihre eigenen politischen Initiativen mit ausgewählten Aussagen aus den Onlinekonsultationen rechtfertigt (Labitzke 2016).

Linktipp | Die Onlinedebatten über EU-Politik werden mittlerweile auf der Plattform Futurium der Europäischen Kommission geführt. Hier gibt es auch die Möglichkeit, sich einzubringen: futurium.ec.europa.eu

Was charakterisiert die Interessenvermittlung im Europäischen Parlament?

Da das Europäische Parlament (EP) lange Zeit kaum an der Gesetzgebung der EU beteiligt war, war es auch für Lobbyismus uninteressant. Jedoch weitete sich in den letzten Jahrzehnten die Macht des Parlaments nach und nach aus, auch wenn es nach wie vor kein Initiativrecht für Rechtsakte hat, was es weiterhin von einem „echten" demokratischen Parlament unterscheidet. Mit dem Vertrag von Lissabon aus dem Jahr 2009 wurde das „Mitentscheidungsverfahren" zum ordentlichen Gesetzgebungsverfahren. Bei diesem ist das EP dem Rat gleichgestellt, was bedeutet, dass es Gesetzen zustimmen und diese auch ändern kann. Da das EP nun mittlerweile bei den meisten Gesetzgebungsprozessen mitentscheiden kann, wurde es auch für den Lobbyismus interessanter. Ähnlich wie im Deutschen Bundestag zielen → Interessengruppen dabei insbesondere auf die Ausschüsse, in dem die Gesetzesvorschläge der EU-Kommission geprüft und überarbeitet werden. Besonders relevant sind, neben den Ausschussvorsitzenden, die Berichterstatter:innen, die das Parlament zu jedem Gesetzentwurf ernennt und die die Entscheidungsvorlage für das Parlament vorbereiten (Eising 2016: 182). Aufgrund ihres damit einhergehenden großen Einflusses auf Gesetze suchen vor allem wirtschaftliche Interessen Zugang zu ihnen (Pakull et al. 2020b).

Die Abgeordneten im EP wollen sich zum einen, ebenso wie Kommission und Rat, über die Qualität ihrer Arbeit legitimieren. Gerade weil sie im ordentlichen Gesetzgebungsverfahren erst seit kurzem mit den beiden anderen

Institution auf Augenhöhe agieren, sind die Ausschüsse darum bemüht, effektiv und effizient die Gesetzesentwürfe zu überarbeiten. Deswegen sind sie auch offen für wirtschaftliche Interessen, die hierfür relevante → Informationen liefern können (Bouwen 2004a; Coen/Katsaitis 2019: 282f.). Auf der anderen Seite ist das EP aber auch die einzige direkt gewählte Institution der EU. Daher ist die Autorität des Parlamentes stark mit seiner → Input-Legitimation verknüpft. Seine Mitglieder müssen mehr noch als Kommission und Rat die Vorstellungen und Überzeugungen der Wählerschaft berücksichtigen (Coen/Katsaitis 2019: 282), weswegen das EP stärker an politischer Unterstützung interessiert ist als die Europäische Kommission (Bouwen 2004b). Dieses hat drei Charakteristika der Interessenvermittlung im EP zur Folge:

Erstens ist das EP neben wirtschaftlichen Interessen auch sehr offen für Vertretungen allgemeiner Interessen, wie → Public Interest Groups und → NGOs (Kohler-Koch 1997). Der Zugang der unterschiedlichen Interessen ist insgesamt sehr ausgeglichen (Dür/Mateo 2016; Pakull et al. 2020b) und wenn das EP an der Gesetzgebung beteiligt ist, können sich wirtschaftliche Interessen weniger durchsetzen und nichtwirtschaftliche Interessen ihre Ziele in der EU besser erreichen (Dür et al. 2015). Zweitens sind die Mitglieder des EP offener für nationale Interessengruppen als die Kommission oder der Rat, da diese ihnen helfen können, mit ihrer Wählerschaft in den Mitgliedsstaaten in Verbindung zu bleiben (Eising 2016: 182; Ibenskas/Bunea 2021). Und drittens spielen Ideologien von Abgeordneten und Programmatiken von Parteien im EP eine ähnlich große Rolle wie in den Parlamenten der Mitgliedstaaten. Die rechten Fraktionen haben stärkere Verbindungen zu Wirtschaftsinteressen, während linke Fraktionen enger mit zivilgesellschaftlichen und sozialen Gruppen verbunden sind (Ibenskas/Bunea 2021).

Gibt es auch Lobbyismus im Ministerrat und im Europäischen Rat?

Der Rat der Europäischen Union ist die zweite Kammer im Legislativverfahren der EU; er muss den EU-Gesetzen zustimmen, damit diese erlassen werden können; meist mit qualifizierter Mehrheit, in einigen Fällen aber auch einstimmig. Der Rat der EU wird auch Ministerrat genannt, da er sich aus den Minister:innen der Mitgliedsstaaten in dem Politikfeld zusammensetzt. Der Ministerrat ist nicht so leicht zugänglich für direktes Lobbying wie die Kommission oder das Europäische Parlament. Wenn, dann kontaktieren

Lobbyist:innen in Brüssel hauptsächlich die bürokratische Maschinerie des Rates, bestehend aus dem Ausschuss der ständigen Vertreter (COREPER), der die Arbeit des Ministerrates vorbereitet, und seinen einzelnen Zusammensetzungen, wie etwa dem Rat für Wirtschaft und Finanzen (ECOFIN) (Eising 2016: 181). Hierbei sind die nationalen Minister:innen offen für nationale → Interessengruppen (Kohler-Koch/Friedrich 2020) und für die ganze Bandbreite der Interessen und nicht, wie vielfach angenommen, einseitig den Wirtschaftsinteressen zugeneigt (Pakull et al. 2020b). Dieses kann auch damit erklärt werden, dass sie ihr Amt auf Zeit ausüben und sich einer Wiederwahl stellen müssen; und im Wahlkampf ist eine gemeinwohlorientierte Lobby nützlicher als eine wirtschaftliche.

Zudem findet ein großer Teil des Lobbyismus, der auf den Rat abzielt, gar nicht in Brüssel statt. Stattdessen versuchen Interessengruppen ihre nationalen Ministerien zu lobbyieren (Eising et al. 2017; Beyers/Kerremans 2012). Der Europäische Rat, welcher aus den Staats- und Regierungschef:innen der Mitgliedsstaaten zusammengesetzt ist, ist keinem nennenswerten Lobbying ausgesetzt (Eising 2016: 181). Dieses liegt zum einen darin begründet, dass dieser die Aufgabe hat, die allgemeine politische Richtung vorzugeben, aber, abgesehen von besonders heiklen Themen, nicht in die konkreten Entscheidungen einbezogen ist. Zum anderen sind Staats- und Regierungschef:innen generell keine gut erreichbaren Lobbyziele.

Wie strukturiert die Europäische Union die Interessengruppenlandschaft?

Auch wenn die Interessenvermittlung der EU oft als → pluralistisch charakterisiert wird (etwa Greenwood 2017), greift die EU vielfach strukturierend in diese ein. Zunächst tut sie dieses, indem sie bestimmte Interessengruppen privilegiert (Eising 2016: 180). Um die Vielzahl der unterschiedlichen Interessen für sich handhabbar zu machen, präferiert die EU europäische Spitzen- und Dachverbände als Ansprechpartner:innen, die die diversen nationalen Interessen zusammenfassen können. Auch um die Dominanz der nationalen Interessenverbände zu verringern, erleichtert die EU den Zugang für europäische Interessenverbände (Greenwood 2017: 23).

Mehr noch versucht die EU eine föderale, hierarchische Struktur selber zu schaffen, indem sie Organisationen auf EU-Ebene finanziert, die die Interessen der nationalen Organisationen aggregieren (Greenwood 2017).

Die EU verfolgt mit der Finanzierung von europäischen Dachverbänden aber auch eigene Ziele. Dies zeigt das Beispiel des Europäischen Gewerkschaftsbunds (EGB), der aufgrund geringer Unterstützung der nationalen Mitgliedsverbänden von den finanziellen Zuwendungen der EU abhängig ist. Dies führt dazu, dass sich die politischen Ziele des EGB oft an denen der Europäischen Kommission orientieren. Zugleich entkoppeln sie sich dadurch aber auch von den Interessen der nationalen und sektoralen Verbände, was die Funktion des EGB als Dachverband, der die unterschiedlichen Interessen auf einen gemeinsamen Nenner bringen soll, dann wieder konterkariert (Seeliger/Wagner 2018: 96).

Die Finanzierung von Lobbyorganisationen verbindet die EU oft mit einem zweiten Ziel, nämlich der Stärkung „schwacher“ Interessen durch die gezielte Vernetzung von → NGOs und der Förderung gemeinnütziger europäischer Interessenverbände. Ein Beispiel hierfür ist die „Platform of European Social NGOs“, ein 1995 gegründeter Dachverband europäischer NGOs, der zu etwa 80 Prozent von der Europäischen Kommission finanziert wird. Diese vereinigt und vertritt etwa 40 europäische NGOs aus dem sozialen Bereich und hunderte lokal, regional oder national organisierte Vereine und Verbände und ist anerkannte Dialogpartnerin der EU-Institutionen in sozialpolitischen Fragen (Quittkat 2019).

Ein anderes Beispiel für einen von der Kommission finanziell geförderten NGO-Dachverband ist die 1990 gegründete Europäische Frauenlobby (EFL). Die EFL vereint 2.500 Frauenorganisationen aus den EU-Mitgliedstaaten und Beitrittsländern sowie internationale Frauenverbände. Zu ihren Zielen gehört unter anderem die Förderung der Gleichstellung von Frauen und Männern, der Abbau geschlechtsspezifischer Diskriminierung und die Umsetzung von Gender Mainstreaming. Um das zu erreichen, setzt die EFL auf öffentliche Kampagnen und betreibt Lobbying in den EU-Institutionen. Sie ist eine professionelle und einflussreiche Akteurin und eine anerkannte Ansprechpartnerin für EU, UN und Europarat in der Gleichstellungspolitik (Abels 2020).

Eignet sich der Soziale Dialog für korporatistische Politikformulierung?

Ein wesentliches Instrument, mit dem die EU versucht, eine → neokorporatistische Praxis auf europäischer Ebene zu etablieren, ist der

Soziale Dialog (Eising 2016: 180). In diesem erkennt die Europäische Kommission drei länder- und branchenübergreifende → Verbände als → Sozialpartner an: Auf der Arbeitgeberseite sind dieses der europäischen Arbeitgeberdachverband BusinessEurope sowie SGI Europe als Zentralverband der öffentlichen Dienste und auf der Arbeitnehmerseite der Europäische Gewerkschaftsbund (EGB). Diese europäischen Sozialpartner werden bei sozialpolitischen Vorhaben vorab von der Kommission konsultiert. Sie können dann entweder im „Sozialpartnerverfahren" eigenständig über eine Rahmenvereinbarung verhandeln, welche die EU-Kommission in den Gesetzesprozess einbringt, oder autonome, jedoch rechtlich unverbindliche „Sozialpartnervereinbarungen" treffen (Beckmann/Spohr 2022: 229ff.).

Der Soziale Dialog zeigt die Schwierigkeiten einer neokorporatistischen Interessenvermittlung auf EU-Ebene auf. Zum einen kann, auch aufgrund fehlender Druckmittel der europäischen Kommission, insbesondere die Kapitalseite kaum zu verbindlichen Abkommen bewegt werden (Leiber/Schäfer 2008: 122; Platzer 2018: 7ff.). Zu solchen ist zwar die Mehrheit der europäischen Gewerkschaftsverbände bereit, aber auch bei den Gewerkschaften bestehen unterschiedliche Positionen zu gesetzlichen Verpflichtungen.

Denn zum anderen erschweren es die enormen Interessendivergenzen, eine einheitliche Position zu formulieren. Dies zeigt sich besonders bei den 90 im EGB organisierten Gewerkschaften. Zunächst existieren Unterschiede zwischen den Branchen, insbesondere zwischen durchsetzungsstarken Industriegewerkschaften und organisationsschwachen Gewerkschaften im Dienstleistungssektor. Während erstere vor allem auf Tarifabschlüsse setzen, bevorzugen letztere eine staatliche Regulierung. Auf europäischer Ebene verlaufen nun noch zwei zusätzliche Konfliktlinien: Die eine entlang nationalstaatlich segmentierter → Interessen zwischen Gewerkschaften aus Hoch- und Niedriglohnländern bzw. alten und neuen Mitgliedsstaaten. Während etwa die ost- und südeuropäischen Gewerkschaften sich durch europäische Regulierungen eine Besserstellung ihrer Mitglieder erhoffen, sehen die skandinavischen Gewerkschaften politische Regulierungen als Bedrohung ihrer starken Position in nationalen Lohnverhandlungen. Hinzu kommt der Konflikt zwischen dem von den EU finanziell abhängigen EGB, der sich meist proeuropäisch und im Sinne der Kommission positioniert, und dessen kritischeren Mitgliedsgewerkschaften (Seeliger/Wagner 2018: 95f.).

Aus diesen Gründen hat sich der Soziale Dialog in ein Forum für unverbindliche Vereinbarungen und Erfahrungsaustausch gewandelt (Leiber/Schäfer 2008: 122; Platzer 2018: 9). So kamen im rechtsverbindlichen Sozialpartnerverfahren lediglich drei EU-Richtlinien Ende der 1990er Jahre zustande, während ansonsten unverbindliche, autonome Sozialpartnervereinbarungen getroffen wurden (Beckmann/Spohr 2022: 230f.). Zudem existieren noch Ausschüsse des „sektoralen Sozialdialogs", die aber ebenfalls kaum zu substanziellen Regulierungen führen. Diese dienen eher dem gemeinsamen Lobbying gegenüber den EU-Institutionen, indem sie ihren Schwerpunkt auf die Vereinbarung „gemeinsamer Texte" zu Themen wie Strukturwandel und Green Economy legen (Platzer 2018: 7ff.).

Korruption und Graubereiche des Lobbyismus

Lobbyismus ist nicht gleich Korruption, aber oft ist die Trennung zwischen den beiden Phänomenen gar nicht so einfach. In diesem Kapitel sollen verschiedene Beispiele die Graubereiche aufzeigen. Dabei spielen auch die Nebentätigkeiten von Abgeordneten und die „Drehtür" aus der Politik in die Wirtschaft eine Rolle.

Was ist Korruption?

Während Lobbyismus legal, legitim und in vielen Fällen auch willkommen ist, ist → Korruption eindeutig negativ konnotiert. Dies zeigt schon die Bedeutung des Wortes Korruption, welches vom lateinischen Wort *corrumpere* abstammt, was verführen, verderben oder bestechen heißen kann. Korruption kann in allen Bereichen der Gesellschaft vorkommen, etwa in der Wirtschaft, der Kirche, beim Sport, in Politik und Verwaltung. Ganz allgemein kann Korruption als „Verstoß gegen kollektive oder universelle Normen zum privaten oder partikularen Vorteil im Zusammenhang mit einer Entscheidungs- oder Machtposition" (Wolf 2021: 22) bzw. als „Missbrauch anvertrauter Macht zum privaten Nutzen oder Vorteil", so die allgemeine Definition von Korruption von Transparency International, verstanden werden (Transparency International 2022c). Detaillierter definiert Ulrich von Alemann Korruption anhand von sieben Kriterien:

> „(1) Der Nachfrager (der Korrumpierende) will (2) ein knappes Gut (Auftrag, Konzession, Lizenz, Position), (3) das der Anbieter, der Entscheidungsträger in einer Organisation oder Behörde, also der Korrumpierte, vergeben kann. (4) Er erhält einen persönlichen verdeckten Zusatzanreiz (Geld oder geldwerte Leistung) für die Vergabe über den normalen Preis hinaus und (5) verstößt damit gegen öffentlich akzeptierte Normen und (6) schadet damit Dritten, Konkurrenten und/oder dem Gemeinwohl. (7) Deshalb findet Korruption versteckt, im Verborgenen statt." (von Alemann 2005: 31)

Trotz dieser scheinbar eindeutigen abstrakten Definitionen ist es oft schwierig, Korruption konkret zu benennen. Denn die Frage, was korrupt ist, und was nicht, kann kulturell unterschiedlich sein und sich über die Zeit ändern (Wolf 2021: 21f.). So zeigt die Affäre um den damaligen Bundespräsidenten Christian Wulff gut die Schwierigkeit auf, Sachverhalte als noch akzeptabel oder schon korrupt einzuordnen. Die Staatsanwaltschaft Hannover ermittelte gegen Wulff wegen des Verdachts der Vorteilsannahme, weil er in seiner Zeit als niedersächsischer Ministerpräsident Einladungen eines befreundeten Filmproduzenten zu einem Oktoberfestbesuch und zwei Sylt-Reisen angenommen hatte und sich anschließend für die öffentliche Förderung eines Filmprojektes seines Freundes einsetzte. Wulff trat daraufhin im Februar 2012 von seinem Amt als Bundespräsident zurück und hat bis heute kein politisches Comeback geschafft. Das Landgericht Hannover sprach ihn hingegen von den Vorwürfen frei. Der Fall ist unter anderem deswegen so schwer zu bewerten, weil an der Freundschaft kein Zweifel besteht. Ansonsten hätte Wulff aufgrund des zeitlichen Zusammenhangs von Einladungen und Engagement eindeutig korrupt gehandelt (Goldberg 2018: 206f.). So waren es letztlich nur Freundschaftsdienste, die vor einigen Jahrzehnten in der Politik noch gang und gäbe waren, von einer sensibilisierten Öffentlichkeit aber mittlerweile kritischer gesehen werden. An dem Beispiel ist auch zu erkennen, dass Politiker:innen schnell in einen Korruptionsverdacht geraten. Dies liegt auch daran, dass sie qua ihres Amtes besonders korruptionsanfällig sind. Denn es ist ja gerade ihre Aufgabe, Entscheidungen zu treffen, die immer auch bestimmte Partikularinteressen besser oder schlechter stellen (Graeff 2021: 19). Diese Machtfülle lässt sie nicht nur zu einem Ziel von Bestechungen werden, sondern ermöglicht korruptes Handeln erst. So nutzten etwa einige Kommunalpolitiker:innen ihre Machtposition, als sie sich im Frühjahr 2021 bei der Reihenfolge der Coronaimpfungen vordrängelten (Enste 2021: 28).

Literaturtipp | Einen tiefergehenden Einblick in Geschichte, Formen und Folgen von Korruption bietet eine Ausgabe der Zeitschrift „Aus Politik und Zeitgeschichte" der Bundeszentrale für politische Bildung (bpb). Diese kann kostenfrei bestellt bzw. heruntergeladen werden: www.bpb.de/shop/zeitschriften/apuz/332709/korruption/

Was sind die negativen Folgen von Korruption?

Korruption hat massive negative Folgen, und zwar nicht nur für diejenigen, die einen Auftrag oder ein Amt aufgrund von Bestechung nicht bekommen, sondern für die gesamte Gesellschaft. Obwohl Deutschland seit vielen Jahren zu den Top-10-Ländern mit der geringsten → Korruption weltweit gehört, summieren sich die monetären Schäden für die deutsche Volkswirtschaft durch Korruption auf mehrere Milliarden Euro. In den Jahren 2015 bis 2019 betrug laut Bundeskriminalamt der Schaden allein durch aufgedeckte Fälle jährlich durchschnittlich 161 Millionen Euro (Enste 2021: 28f). Danach begann die Coronapandemie, welche aufgrund ihrer Förderprogramme und massiven staatlichen Ankäufe von Masken und Impfstoffen ein Einfallstor für Korruption darstellte.

Korruption schadet in zweifacher Hinsicht: Zum einen mindert sie die Effizienz der Politik. Wenn Bestechungen für öffentliche Güter und Leistungen, die eigentlich kostenlos sind, gezahlt werden müssen, führt dies zu einer Fehlallokation öffentlicher Ressourcen (Wolf 2021: 24). Und wenn in der Wirtschaft nicht mehr das Unternehmen mit dem besten und günstigsten Plan den staatlichen Auftrag bekommt, etwa Masken zu produzieren, sondern dasjenige Unternehmen, welches das meiste Schmiergeld zahlt, dann werden Steuergelder ineffizient ausgegeben. Korruption kann so zu geringem Wirtschaftswachstum führen und die Effizienz staatlicher Gesundheits- und Sozialpolitik sowie die Qualität der öffentlichen Infrastruktur wie Straßennetz und Energieversorgung erheblich mindern. Studien zeigen zudem, dass durch Korruption die öffentlichen Gelder systematisch von Bildungs- und Gesundheitsausgaben zu Militär- und Rüstungsausgaben verschoben werden. Generell gilt die Faustformel: Je mehr Korruption, desto größer die soziale Ungleichheit; denn die Vermögenden verfügen über mehr Möglichkeiten zu bestechen (Enste 2021: 29ff.).

So schädigt Korruption zum anderen auch das Vertrauen der Bürger:innen in Demokratie und Rechtsstaat. Denn wenn Korruption über politische Beschlüsse entscheidet und somit Partikularinteressen auf Kosten der Allgemeinheit bevorzugt werden, verletzt dieses die Chancengleichheit und die Rückbindung politischer Entscheidungen an das Volk (Wolf 2021: 24). Erlebte oder medial berichtete Korruption zerstört so das Vertrauen der Bürger:innen in das politische System, woraus dann populistische Parteien Kapital schlagen und die Demokratie weiter unterhöhlen können (Enste 2021: 32).

In jüngerer Vergangenheit hat insbesondere die sogenannte Maskenaffäre von CDU und CSU das Vertrauen vieler Menschen in Politik und Parteien erschüttert. Im Jahr 2021 wurde bekannt, dass sich mehrere CDU/CSU-Abgeordnete im Zuge der staatlichen Ankäufe von Coronaschutzmasken persönlich bereichert hatten. Der ganze Skandal hinterließ den schalen Geschmack, „dass sich politische Entscheidungsträgerinnen und -träger inmitten einer Ausnahmesituation durch illegitime Geschäfte persönlich bereichert haben und nur zögerlich dafür zur (politischen) Rechenschaft gezogen wurden“ (Schiffers 2021b: 475). So sahen in einer Umfrage des MDR in Sachsen-Anhalt 37 Prozent der Befragten durch die Maskenaffäre ihr Vertrauen in die Politik beschädigt (MDR 2021). Der Maskenskandal bediente so auch das Narrativ der Querdenkerszene und ihres parlamentarischen Arms, der AfD, dass es „denen da oben“ nur um persönliche Bereicherung geht.

Gibt es Statistiken zum Ausmaß von Korruption in Deutschland?

Ja. Zunächst kann das Ausmaß von (erkannter) Korruption anhand von Statistiken des Bundeskriminalamts (BKA) bestimmt werden. Im Jahr 2021 registrierte das BKA 7.433 polizeilich bekannte Straftaten im Bereich der Korruption, worunter die Kriminologie Bestechlichkeit und Bestechung sowie Vorteilsannahme und -gewährung zusammenfasst. Die meisten der polizeilich bekannt gewordenen Korruptionsstraftaten lagen dabei im Bereich der Bestechung (§ 334 StGB). Im Vergleich zum Vorjahr stiegen die Fallzahlen damit um 34,9 Prozent und stellen den höchsten Wert seit dem Jahr 2015 dar (damals 8.644 Straftaten). Die meisten Korruptionsfälle fielen in den Bereich der Wirtschaft (48 Prozent), gefolgt von der allgemeinen öffentlichen Verwaltung (41 Prozent). Der drittgrößte Bereich sind die Strafverfolgungs- und Justizbehörden (8 Prozent). In den Bereich der Politik fielen nur vier Prozent der Korruptionsfälle, jedoch sind das immerhin doppelt so viele Prozentpunkte wie jeweils in den drei Jahren zuvor. Hier schlagen sich vermutlich diverse Korruptionsfälle im Zusammenhang mit der Coronapandemie nieder (Statista 2022b).

Auch wenn der Anteil der politischen Korruption somit an der Gesamtheit der erfassten Korruptionsstraftaten verhältnismäßig gering ist, sah in dem im Juni 2021 von Transparency International veröffentlichten „Globalen Korruptionsbarometer" immerhin ein Drittel der Befragten Korruption innerhalb der Regierung als ein großes Problem an. Und ein Viertel war der Meinung, dass Korruption im vorherigen Jahr zugenommen hatte (Statista 2022a). Gefragt nach dem Vertrauen in Personen in den verschiedenen Bereichen von Gesellschaft und Staat, gaben 13 Prozent der Befragten an, dass sie alle oder zumindest die meisten deutschen Abgeordneten für korrupt halten. Immer noch 10 bzw. 9 Prozent hatten diese Sicht auf Regierungsbeamt:innen und lokale Regierungsvertreter:innen, etwa Bürgermeister:innen. Auch wenn die politische Elite damit zwar weitaus weniger der Korruption verdächtig ist als die Führungskräfte aus Wirtschaft und Bankenwesen, die 35 Prozent bzw. 29 Prozent für korrupt hielten, ist das Vertrauen in die Politik deutlich geringer als in Polizei und Justiz, die nur jeweils 3 Prozent als korrupt wahrnahmen. Im europäischen Vergleich sind diese Werte jedoch eher gering, wie Abbildung 2 zeigt.

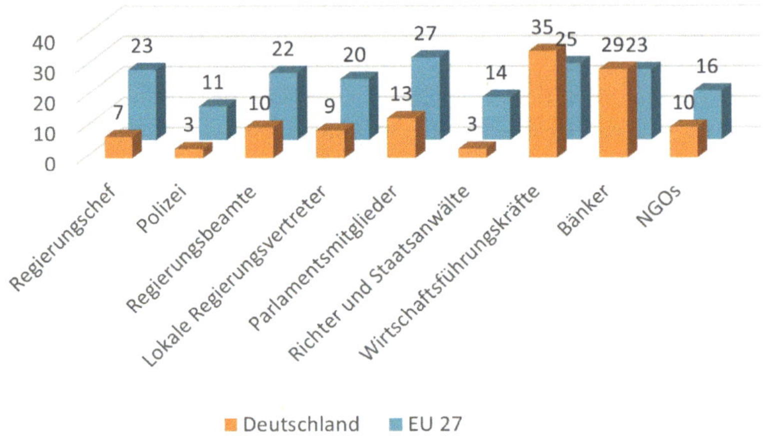

Abb. 2 | Prozentsatz an Menschen, die denken, dass alle oder die meisten Personen dieser Institutionen korrupt sind (eigene Darstellung auf Grundlage von Daten von Transparency International 2022a)

Zu einem ähnlichen Schluss kommt der international vergleichende Korruptionswahrnehmungsindex (CPI). Dieser ordnet 180 Länder nach dem Grad der in Politik und Verwaltung wahrgenommenen Korruption auf einer Skala von 0 (hohes Maß an wahrgenommener Korruption) bis 100 (keine wahrgenommene Korruption) ein. Im Jahr 2021 stand Deutschland auf dem 10. Platz verhältnismäßig gut da, lag aber dennoch mit 80 Punkten deutlich hinter den Erstplatzierten Dänemark, Neuseeland und Finnland (je 88 Punkte). Zudem hat sich die Punktzahl Deutschlands seit sechs Jahren nicht mehr verbessert. Für Transparency International zeigt dies die Stagnation bei der Korruptionsbekämpfung in allen gesellschaftlichen Bereichen. Ganz allgemein seien die Offenlegungspflichten sowie der Schutz von „Whistleblowern“ in Deutschland verbesserungsbedürftig (Transparency International 2022b).

Linktipp | Der von Transparency International erstellte Korruptionswahrnehmungsindex (Corruption Perceptions Index, CPI) vergleicht den Grad der Korruption in 180 Länder. Grundlage der Bewertungen sind Befragungen von Expert:innen, Umfragen und weitere Untersuchungen. Online ist er hier einsehbar: www.transparency.de/cpi/

Was sind die Gemeinsamkeiten und Unterschiede von Korruption und Lobbyismus?

Politische → Korruption ist der Versuch, Entscheidungen zu beeinflussen, die in der Macht der Politik liegen. Und hier liegt die Gemeinsamkeit zum Lobbyismus, dessen Wesenskern es ebenfalls ist, politische Entscheidungen zu beeinflussen. Korruption und Lobbyismus können somit als zwei Unterbegriffe oder Methoden der Interessenvertretung verstanden werden (Wolf 2022: 2). Zudem können beide Arten der Einflussnahme als Tausch konzipiert werden, da im Austausch für Zugang oder Entscheidungen der Politik etwas angeboten wird. Im Lobbyismus bekommen Politiker:innen als Gegenleistung → Informationen oder Unterstützung, bei der Korruption Geld, Sach- oder Dienstleistungen. Hierbei ist bei Korruption gegenseitiges Vertrauen sogar noch wichtiger als im Lobbyismus, da beide Seiten fürchten müssen, erpresst zu werden (Goldberg 2018: 200).

Trotz dieser Gemeinsamkeiten unterscheiden sich Lobbyismus und Korruption in einigen Punkten zentral. Während Lobbyismus ein offener, wenngleich oft unfairer Wettbewerb ist, in dem die gegensätzlichen → Interessen ihre Argumente einsetzen, vermeidet Korruption diesen Wettbewerb, indem die einen Seite Geschenke oder Anreize einsetzt, um zum Ziel zu kommen. Der ausgeschaltete Wettbewerb erklärt auch, warum Korruption trotz ihrer Illegalität ausgeübt wird: Sie ist zielführender als Lobbyismus. Denn beim Lobbyismus ist immer unklar, ob ein Ziel auch erreicht wird, da Politiker:innen die unterschiedlichen Positionen und Interessen gegeneinander abwägen. Korruption hingegen führt in aller Regel zum Erfolg, da beide Seiten zu ihrem „Abkommen" stehen müssen. Daher profitieren bei Korruption in der Regel nur die Korrumpierenden und die Korrumpierten. Korruption verfolgt private Vorteile; die Korrumpierenden bestechen Politiker:innen oder Bürokrat:innen, damit diese in ihrem Sinne etwa bestimmte Gesetze verhindern, beschließen oder umsetzen. Zwar verfolgt auch Lobbyismus Eigeninteressen; jedoch profitieren von diesem auch andere, etwa Firmen aus der gleichen Branche, oder die Allgemeinheit, wie im Falle von Umsatzsteuersenkungen (Goldberg 2018: 199).

Daraus folgt, dass Korruption auch eindeutig dem Gemeinwohl schadet. Denn wenn Politiker:innen ihre Entscheidungen zum eigenen Vorteil treffen, tun sie das eben nicht zum „Wohle des deutschen Volkes", um dessen Nutzen zu mehren und Schaden von ihm zu wenden, wie sich etwa Minister:innen in ihrem Amtseid verpflichten. Korruption kennzeichnet daher auch, dass Politiker:innen anders handeln, als es von ihnen erwarten wird. Wir erwarten etwa, dass ein grüner Minister Umweltinteressen vertritt und eine Abgeordnete der SPD gewerkschaftliche Positionen. Auch ist es legitim und üblich, dass Abgeordnete sich für die Wirtschaft ihres Wahlkreises einsetzen. Korruption hingegen ist ein abweichendes Verhalten, ein Bruch mit dem jeweiligen Gesellschaftsvertrag (Fütterer 2018: 30), bzw. dem Wählerversprechen.

Aus den genannten Punkten ergibt sich, dass ein zentrales Kennzeichen von Korruption Geheimhaltung ist, da beide Seiten ihr Handeln verschleiern möchten. Zwar präferiert insbesondere die Wirtschaft auch beim Lobbyismus *quiet politics* (Culpepper 2010: 177), also das Agieren unter dem Radar der Öffentlichkeit, und auch viele Politiker:innen möchten ihre Lobbykontakte nicht veröffentlichen. Dennoch ist das Verborgene kein zwingender Bestandteil von Lobbyismus, naturgemäß aber immer von Korruption (Goldberg 2018).

Existiert eine Grauzone zwischen Lobbyismus und Korruption?

Ja, denn die Trennung dieser beiden Phänomene ist kompliziert. Schließlich kann → Korruption auch eine (normabweichende) Form des Lobbyismus sein. Und Lobbyismus kann aufgrund der unterschiedlichen Möglichkeiten verschiedener Interessen ähnlich schädliche Folgen für das Gemeinwohl haben wie Korruption. Letztlich hilft auch die Unterscheidung in legalen Lobbyismus und illegale Korruption nicht immer weiter. Denn Lobbyismus kann durchaus illegal sein. Beispielsweise ist den Mitgliedern des Bundestages nach dem Abgeordnetengesetz „die entgeltliche Interessenvertretung für Dritte gegenüber dem Bundestag oder der Bundesregierung untersagt". Auch Regierungsmitglieder dürfen keinen Lobbyismus betreiben. Andersrum sind manche Formen von Korruption nicht illegal, sondern nur illegitim, da sie von der Öffentlichkeit nicht akzeptiert werden (Wolf 2022: 3ff.). Dieses hängt auch damit zusammen, dass es oft schwierig ist, Korruption strafrechtlich zu erfassen.

In Deutschland sind Korruptionsstraftaten wie Bestechung und Bestechlichkeit sowie Vorteilsannahme und Vorteilsgewährung von Amtträger:innen im Strafgesetzbuch (StGB) verankert (Wolf 2021: 22). Für die politische Korruption ist insbesondere die Wähler- und Abgeordnetenbestechung in § 108e StGB relevant. Diese ist erstaunlicherweise erst seit 1994 strafbar. Zunächst galt der Paragraph auch nur für Stimmenkauf und -verkauf bei Wahlen; zu einer Neufassung und damit Erweiterung des Strafgesetzbuches kam es erst im Jahr 2014:

> „Wer als Mitglied einer Volksvertretung des Bundes oder der Länder einen ungerechtfertigten Vorteil für sich oder einen Dritten als Gegenleistung dafür fordert, sich versprechen lässt oder annimmt, dass er bei der Wahrnehmung seines Mandates eine Handlung im Auftrag oder auf Weisung vornehme oder unterlasse, wird mit Freiheitsstrafe von einem Jahr bis zu zehn Jahren, in minder schweren Fällen mit Freiheitsstrafe von sechs Monaten bis zu fünf Jahren bestraft." (§ 108e Abs. 1 StGB)

Seitdem stehen Bestechung und Bestechlichkeit von Abgeordneten im Bund und in den Ländern unter (Haft-)Strafe, was aber zunächst die Aufhebung der Immunität voraussetzt (Loer/Töller 2019). Nicht nur deswegen wurde dieses Gesetz als zu wenig weitreichend bzw. als „Witz" (Fischer 2014) kritisiert. Somit ist die juristische Regelung von Korruption lückenhaft, weswegen nicht alle weithin moralisch als Korruption gewerteten Handlungen auch strafbar sind. Zumal neue technologische Entwicklungen, wirtschaftliche Modernisierungen oder auch Notlagen wie die Coronapandemie immer neue Möglichkeiten eröffnen, missbräuchliche Vorteile aus (politischen) Ämtern zu ziehen (Graeff 2021: 16).

Gibt es ein Beispiel für eine solche unzureichende Regulierung von Korruption?

Dass die Grenze zwischen legalem und illegalem Handeln willkürlich gezogen und schwer nachzuvollziehen sein kann, zeigt der bereits erwähnte Maskenskandal der Unionsparteien. Der Sachverhalt war eindeutig: Abgeordnete haben auf Grundlage ihrer exponierten und vertrauensvollen Stellung Firmen privilegierten Zugang zu öffentlichen Aufträgen ermöglicht. Damit haben sie gegen ihre normative Pflicht, keinen Schaden für die Steuerzahlenden durch persönliche Verfehlung zu verursachen, verstoßen (Schiffers 2021b: 473). Oder wie Clara Helmig von abgeordentenwatch.de es ausdrückte:

> „Wir haben im vergangenen Jahr anhand der Maskenaffäre gesehen, dass Abgeordnete eine Notsituation ausgenutzt haben, um Privatinteressen zu verfolgen, statt das Gemeinwohl zu bedenken." (Schwäbische Zeitung vom 21.02.2022)

Während also allgemein und ausnahmslos missbilligt wurde, dass sich Angeordnete persönlich an der Pandemie bereicherten, und schließlich auch einige von ihnen unter öffentlichem Druck ihre politischen Posten räumen und sogar Parteimitgliedschaften aufgeben mussten, gestaltete sich die rechtliche Aufarbeitung schwieriger. Dieses zeigt der Fall von Georg Nüßlein, ehemals stellvertretender Vorsitzender der CDU/CSU-Bundestagsfraktion, und Alfred Sauter, ehemaliger bayerischer Justizminister. Beide haben in ihrer Zeit als CDU-Bundestags- bzw. CSU-Landtagsabgeordneter von einem Privatunternehmer Geld für die Vermittlung von Coronamaskengeschäften bekommen; Nüßlein 660.000 Euro, Sauter etwa 1,2 Millionen Euro. Als Gegenleistung sind sie mit verschiedenen Bundes- und Landesbehörden in Verbindung getreten, damit diese die Masken kaufen. Hierbei haben sie auch die Autorität ihrer Abgeordnetenmandate eingesetzt, etwa indem sie mit den Kürzeln MdB (Mitglied des Bundestages) und MdL (Mitglied des Landtages) unterschrieben haben.

Die Generalstaatsanwaltschaft leitete deshalb auf Grundlage von § 108e StGB (Bestechlichkeit und Bestechung von Mandatsträgern) ein Ermittlungsverfahren gegen Nüßlein, Sauter und den Unternehmer ein. Der Bundesgerichtshof (BGH) konnte jedoch weder eine Bestechung noch eine Bestechlichkeit der Abgeordneten im Sinne des Strafgesetzbuches feststellen. Denn diese setzt voraus, dass ein Parlamentsmitglied „bei Wahrnehmung seines Mandates" handelt, also im Parlament. Es genügt nicht, wenn Abgeordnete sich bei außerparlamentarischen Betätigungen auf ihren Status als Bundes- oder Landtagsmitglied berufen oder ihre Beziehungen ausnutzen. Nüßlein und Sauter dürfen daher ihre Provisionen behalten.

Der BGH begründet sein Urteil übrigens explizit damit, dass der Gesetzgeber, also die Abgeordneten, außerparlamentarische Betätigungen bewusst nicht unter den Straftatbestand der Bestechlichkeit gefasst hätten. Dies zu ändern sei allein Sache der Abgeordneten (LTO 2022). Hier zeigt sich deutlich die Unzufriedenheit des BGH mit der Bereitschaft der Politik, sich selbst zu regulieren. Die Diskrepanz zwischen der politisch gewollten, rechtlich möglichen und der öffentlich moralischen Bewertung dieses Sachverhaltes ist erheblich. Auch hat der Bundestag, anders als der bayerische Landtag, keinen Untersuchungsausschuss zu dieser Angelegenheit eingesetzt.

Warum dürfen Abgeordnete überhaupt neben ihrem Mandat Geld verdienen?

Während dem Bundespräsidenten (in Art 55 GG) und den Mitgliedern der Bundesregierung (Art. 66 GG) untersagt ist, ein weiteres besoldetes Amt, ein Gewerbe oder einen Beruf auszuüben, schreibt Art. 48 des Grundgesetzes (GG) vor, dass niemand gehindert werden darf, „das Amt eines Abgeordneten zu übernehmen und auszuüben. Eine Kündigung oder Entlassung aus diesem Grunde ist unzulässig." Dieses bedeutet, dass Bundestags-, Europa- und Landtagsabgeordnete noch einen privaten Beruf ausüben und daraus auch ein Einkommen beziehen dürfen.

> „Das ist, bei Lichte betrachtet, ein großes Privileg, was man auch daran sieht, dass grundsätzlich kein anderer staatlich voll bezahlter Amtsträger in Deutschland zusätzlich noch einen Privatberuf voll ausüben darf." (von Arnim 2006: 250)

Es ist auch nicht selbstverständlich; in den USA etwa ist eine entlohnte Nebentätigkeit den Mitgliedern des Repräsentantenhauses und des Senats grundsätzlich verboten. Das Nebeneinander von Mandat und Beruf ist vor dem historischen Hintergrund zu verstehen. Art. 48 GG spiegelt noch einen früheren Zustand wider, der faktisch meist überholt ist. Denn ursprünglich war das Parlamentsmandat ein Ehrenamt, das ganz selbstverständlich neben einem Erwerbsberuf ausgeübt wurde.

Diese Vorstellung zeigt sich im Wortlaut des Artikels, der erkennbar vom Bild eines Abgeordneten mit Erwerbsberuf ausgeht, indem er die Kündigung eines Arbeitsverhältnisses wegen der Übernahme des Mandats für unzulässig erklärt. Dementsprechend galt auch die Entschädigung, die Abgeordnete aus der Staatskasse erhielten, ursprünglich als reine Aufwandsentschädigung, die den Mehraufwand abdecken sollte, der Abgeordneten durch ihr Mandat entstand (von Arnim 2006: 249f.). In einigen „Feierabendparlamenten", etwa in der Schweiz und in den Stadtstaaten Bremen und Hamburg, ist ein Abgeordnetenmandat weiterhin eine Teilzeittätigkeit, die ausdrücklich das Fortführen eines Berufes ermöglichen soll. Dahinter steht die idealistische Vorstellung, dass Abgeordnete keine Berufspolitiker:innen, sondern „normale" Bürger:innen sein sollen, die nach ihrem Mandat wieder in ihren regulären Beruf zurückkehren. Um ihnen diese Flexibilität zu erlauben, dürfen sie diesen, aber auch andere Tätigkeiten, parallel zu ihrem Beruf ausüben (Polk 2020: 47).

Auch wenn die Wirklichkeit des Abgeordnetenmandats in den vergangenen Jahrzehnten einen grundlegenden Wandel erfahren hat, so ist diese Praxis immer noch verfassungsrechtlich geschützt und wird von vielen Expert:innen befürwortet. Der als Parteienkritiker bekannte Verfassungsrechtler Hans Herbert von Arnim (2006: 50) verspricht sich drei positive Effekte von Nebentätigkeiten: Ein zweites Standbein sichert Abgeordneten Unabhängigkeit gegenüber der eigenen Partei, da ihre berufliche Karriere (und ihr finanzielles Wohlergehen) nicht so abhängig davon ist, ob sie von dieser zur Wiederwahl aufgestellt werden. Zudem bringt es Berufserfahrung und generell mehr Realitätsnähe ins Parlament, wenn Abgeordnete neben ihrem Mandat noch Erfahrungen in der „wirklichen Welt" sammeln. Und letztlich erleichtert es auch Hochqualifizierten (und Hochbezahlten) die Übernahme eines Mandats, da diese keine Einkommenseinbußen in Kauf nehmen müssen, wenn sie in ein Parlament einziehen (siehe auch Geys/Mause 2013).

Jedoch gibt es auch berechtigte Einwände gegen diese Argumente. So spricht zunächst das großzügig bemessene Übergangsgeld, welches Abgeordneten nach ihrem Ausscheiden aus dem Bundestag zusteht, gegen die Bedeutung von Nebentätigkeiten als „Überlebensversicherung" für ehemalige Mitglieder des Bundestages (Geys/Mause 2013: 82). Auch kehren ehemalige Abgeordnete oftmals gar nicht in ihre vorherigen

Tätigkeiten zurück, da ihnen vielfältige berufliche Möglichkeiten offenstehen, etwa in → Verbänden, Stiftungen oder eben in dem florierenden Berufsfeld der Politikberatung und des Lobbyismus (siehe etwa Rütters 2013). Letztlich widerlegt auch eine Studie (Peichel et al. 2011) den Mythos, dass Abgeordnete in ihrem Mandat weniger verdienen als Menschen mit vergleichbaren Charakteristiken im privaten Sektor.

Welche Probleme gehen mit Nebentätigkeiten von Abgeordneten einher?

Ein erstes mögliches Problem des Nebeneinanders von Mandat und Beruf ist, dass Letzteres zu viel Arbeitskraft und -zeit in Anspruch nimmt, „so dass der Volksvertreter seine Mandatsaufgaben nicht mehr gehörig wahrnehmen kann" (von Arnim 2006: 250). Zwar sieht das Abgeordnetengesetz vor, dass die Ausübung des Mandats „im Mittelpunkt der Tätigkeit als Bundestagsabgeordneter" stehen soll (§ 44a AbgG). Diese Regelung ist aber letztlich auslegungsbedürftig und deswegen wenig effektiv (Loer/Töller 2019). Rund zwei Drittel der befragten Wirtschaftsprofessor:innen in dem Ökonomenpanel von FAZ und ifo-Institut sehen durch Nebentätigkeiten die Arbeit der Abgeordneten beeinträchtigt. Ihnen würde dadurch die Zeit für ihre parlamentarische Arbeit fehlen (Záboji 2021).

Die politikwissenschaftliche Forschung untermauert diese Annahme. Statistische Analysen zeigen deutlich, dass Nebentätigkeiten die parlamentarische Aktivität von Abgeordneten im Parlament reduzieren (Geys/Mause 2013: 89). In Italien bspw. gibt es einen klaren Zusammenhang: Je mehr Geld ein Parlamentsmitglied nebenbei verdient, desto öfter fehlt es (Gagliarducci et al. 2010, Fedele/Naticchioni 2015). Dieser Zusammenhang konnte in Deutschland so nicht festgestellt werden; vielleicht auch, weil Mitgliedern des Bundestages für ihre Abwesenheit an Sitzungstagen 100 Euro von ihrer Kostenpauschale abgezogen werden (200 Euro, wenn das Mitglied nicht beurlaubt war; §14 AbgG). Eine Studie zu den Nebentätigkeiten im 17. Bundestag von 2009 bis 2013 zeigt jedoch, dass Abgeordnete mit Nebentätigkeiten deutlich weniger Wortbeiträge im Parlamentsplenum haben und sich weniger an Großen und Kleinen Anfragen sowie Gruppenanträgen beteiligen (Arnold et al. 2014).

Dienen Nebentätigkeiten dem Lobbyismus und wäre das dann Korruption?

Rechtlich schließt das Abgeordnetengesetz dieses in § 44 eindeutig aus: „Unzulässig ist insbesondere die Annahme von Geld oder von geldwerten Zuwendungen, die erkennbar deshalb gewährt werden, weil dafür die Vertretung und Durchsetzung der Interessen des Leistenden im Bundestag erwartet wird." Praktisch ist diese Frage ungleich schwerer zu beantworten als die, ob sich Nebentätigkeiten reduzierend auf die parlamentarische Arbeit auswirken.

Die politikwissenschaftliche Forschung kann den Abgeordneten auch nicht in den Kopf gucken und sich der Beantwortung der Frage nur nähern. Eine Studie zu Bundestagsabgeordneten, die neben ihrem politischen Mandat auch Aufgaben in Vorständen und Aufsichtsräten von Unternehmen wahrnehmen, schlussfolgert, dass diesen Nebentätigkeiten vor allem individuelle, persönliche Motive wie das Streben nach Prestige und die eigene Karriere zugrunde liegen (Gaugler 2009: 231). Eine andere kommt zu dem Ergebnis, dass Mitglieder des Bundestages mit „Verbandshintergrund" zwar per se loyal zu ihren Parteien und Fraktionen stehen, jedoch ein geringeres Verpflichtungsgefühl gegenüber ihrer Partei zeigen. Dies könnte daran liegen, dass sie nach ihrem Mandat in ihren Verband zurückkehren können (Gerstenhauer 2014: 88). Es deutet also darauf hin, dass Nebentätigkeiten tatsächlich für eine größere Unabhängigkeit der Abgeordneten von Parteien und Fraktionen sorgen. Es stellt sich daher die Frage, ob diese Unabhängigkeit aus einer demokratietheoretischen Sicht begrüßenswert ist (Geys/Mause 2013: 82).

Denn wenn Abgeordnete in Ausübung ihres Mandates die Interessen ihres zweiten Arbeitgebers vertreten, gefährden Nebentätigkeiten die Legitimationskette, die Abgeordneten an den Wählerwillen bindet; die Nebentätigkeiten rutschen in den Graubereich der → Korruption. Abgeordnete, die sich von ihrem Geldgeber beeinflussen lassen, missbrauchen die ihnen anvertraute Macht zu ihrem privaten Vorteil. Hierbei geht es nicht nur um die direkte Beeinflussung parlamentarischer Entscheidungen durch Geldzuwendungen, sondern auch um das Bereitstellen von Informationen über anstehende Sachverhalte oder darum, Zugänge zur Entscheidungsebene zu vermitteln. All das ist Unternehmen und Interessengruppen oft viel Geld wert (von Arnim 2006: 250). Diese Gefahr, dass Nebentätigkeiten die Unabhängigkeit des Parlaments untergraben, sieht auch das FAZ-Ökonomenpanel (Záboji 2021).

Eine Studie von Giger und Klüver (2016) geht dieser Frage empirisch nach und untersucht, ob Mitgliedschaften und Tätigkeiten in → Interessengruppen die Verbindung zwischen Abgeordneten und Wähler:innen stärken oder schwächen. Die Autorinnen kommen zu dem Ergebnis, dass Verbindungen mit Organisationen, die Überzeugungen und Ideale vertreten (wie etwa Menschenrechtsgruppen), die Kongruenz zwischen dem, was die Wähler:innen wollen, und dem, was die Abgeordneten tun, sogar erhöht. Abgeordnete mit starken Verbindungen zu wirtschaftlichen Interessengruppen weichen hingegen signifikant öfter vom Wählerwillen ab. Es besteht also durchaus die Gefahr, dass politischer Einfluss über Nebentätigkeiten käuflich ist. Dann „hätten wir Plutokratie statt Demokratie, also ‚Herrschaft des Geldes' statt ‚Herrschaft des Volkes'" (von Arnim 2006: 250).

Wie viele Abgeordnete haben Nebentätigkeiten?

Die Politikwissenschaftlerin Pauline Büsken von der Ruhr-Universität Bochum hat auf Grundlage der veröffentlichungspflichten Daten die Nebentätigkeiten der 750 Abgeordneten des 19. Deutschen Bundestages (2017–2021) analysiert. Ihre Auswertung zeigt, dass 648 Mitglieder des Bundestages (86,4 Prozent) eine Nebentätigkeit zusätzlich zu ihrem Mandat ausübten. 60,3 Prozent dieser Nebentätigkeiten waren allerdings unbezahlt, so dass insgesamt 257 und damit ungefähr jede:r dritte Abgeordnete (34,3 Prozent) mindestens einer bezahlten Nebentätigkeit nachging. Dies stellt einen deutlichen Anstieg gegenüber den beiden vorherigen Legislaturperioden dar, in denen jeweils etwa ein Viertel der Abgeordneten dies tat (Arnold et al. 2014; Elmer /Hebel 2015).

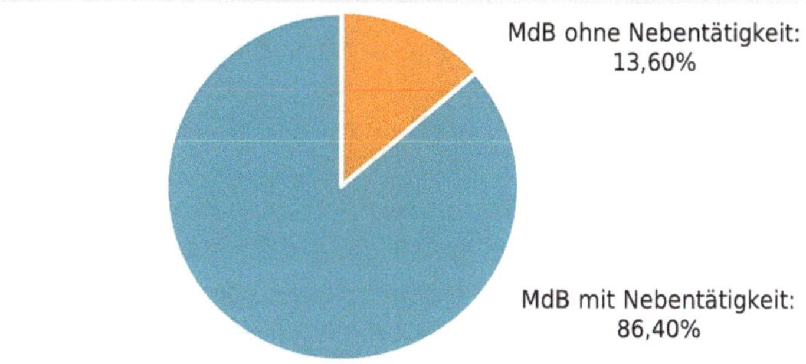

Abb. 3 | Prozentsatz an Abgeordneten mit und ohne Nebentätigkeiten (© P. Büsken)

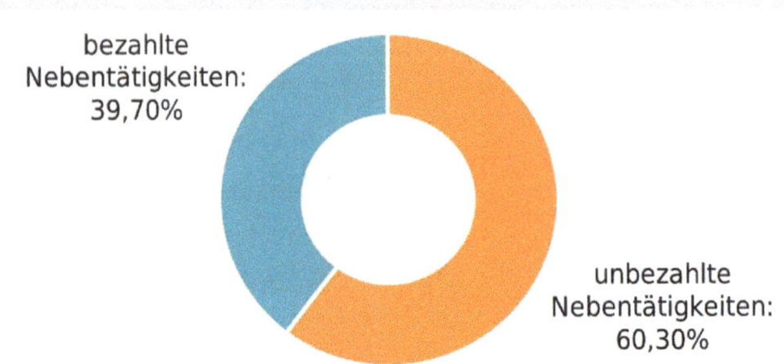

Abb. 4 | Prozentsatz an bezahlter und unbezahlter Nebentätigkeit (© P. Büsken)

Allerdings unterscheiden sich die Nebentätigkeiten nach Charakteristika der Abgeordneten: So hatten Männer durchschnittlich 5,3 und Frauen 4,4 Nebentätigkeiten. Dieses deckt sich mit anderen nationalen und internationalen Studien, die ebenfalls zeigen, dass Frauen weniger Nebentätigkeiten (Mause 2009) und Nebeneinkünfte haben (Becker et al. 2009; Gagliarducci et al. 2010; Geys/Mause 2013). Zudem stieg die Anzahl der Nebentätigkeiten mit der Verweildauer im Bundestag. Während Abgeordnete, die im 19. Bundestag das erste Mal vertreten waren, am Ende der Legislaturperiode durchschnittlich 3,4 Nebentätigkeiten hatten, kamen Abgeordnete, die bereits mehr als 20 Jahre im Bundestag dem Volk dienten, im Schnitt auf 10, also fast dreimal so viele Tätigkeiten. Abgeordnete häufen also im Laufe ihrer Karriere immer mehr Nebentätigkeiten an (siehe auch Mause 2009).

Große Unterschiede existieren auch bei dem durchschnittlichen Nebeneinkommen in Abhängigkeit von der Fraktion. In den vier Jahren der Legislaturperiode haben die Abgeordneten der Grünen am wenigsten durch Nebentätigkeiten verdient. Sie kamen im Schnitt auf 3.257 EUR, Abgeordnete der Linken bezogen durchschnittlich 14.588 EUR zusätzlich zu ihrem Mandat, die der AfD 27.933 EUR und die der SPD 32.642 EURO. Dann folgte mit großem Abstand die Fraktion der Unionsparteien CDU/CSU, bei denen jedes Mitglied im Durchschnitt 92.594 EUR nebenbei verdiente. Am größten war der Betrag aber bei der FDP-Fraktion. Bei den Liberalen hat in den vier Jahren der 19. Legislaturperiode jedes Mitglied durchschnittlich 108.467 EUR nebenbei verdient, was fast schon ein fünftes Jahresgehalt darstellt.

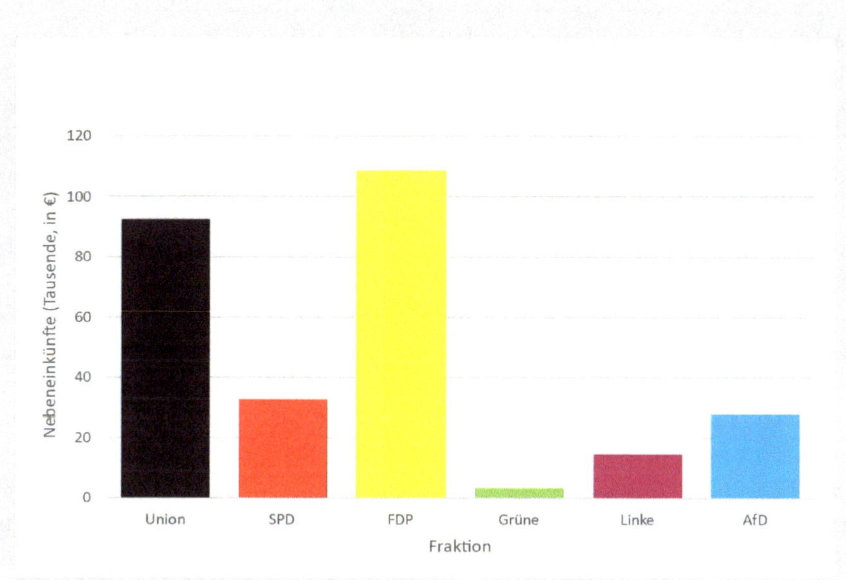

Abb. 5 | Durchschnittliche Nebeneinkünfte der Abgeordneten im 19. Deutschen Bundestag nach Fraktionen (© P. Büsken)

Linktipp | Unter *bundestag.de/abgeordnete* haben die Abgeordneten eigene Profile, in denen neben biografischen Details, Reden, Abstimmungen und Ämtern im Bundestag auch die veröffentlichungspflichtigen Angaben zu Nebentätigkeiten und -einkünften einsehbar sind.

Korrumpieren Parteispenden aus der Wirtschaft die Parteien?

Parteispenden sind ein besonders umstrittenes Instrument des Lobbyismus, da die Möglichkeiten hierzu sehr ungleich zugunsten wirtschaftlicher → Interessen verteilt sind. Und da Parteien Spendengelder in Kampagnen investieren und somit ihre Chancen bei Wahlen erhöhen können, verzerren Parteispenden die für eine Demokratie erforderliche Startvoraussetzungen von Parteien (Crouch 2008: 29). Auch wenn liberale und konservative Parteien den Großteil der Spenden aus der Wirtschaft erhalten, verteilt diese ihre Spenden über das komplette Parteienspektrum, mit der Ausnahme des linken Randes. Unternehmen konzentrieren ihre Spenden hierbei vor allem auf Parteien, die an der Regierung beteiligt sind oder zumindest gute Chancen bei der nächsten Wahl hierzu haben. Sie betrachten Parteispenden als Investitionen, entweder um die Positionen der Parteien in ihrem Interesse zu beeinflussen oder um Parteien, die ihnen inhaltlich nahestehen, im Wettbewerb gegenüber anderen Parteien zu stärken (Polk 2020: 54ff.).

Generell können alle Parteien, die sich stärker für finanzstarke Interessen einsetzen, mit größeren Spenden rechnen. In den USA gelten Parteispenden als Grund dafür, dass es eine deutliche Schieflage in den politischen Entscheidungen zulasten der armen und mittleren Einkommensgruppen gibt. Denn dort werden Parteien und Wahlkämpfe vor allem privat finanziert. Und während Wahlkampagnen immer teurer werden, wird zugleich der Anteil der kleinen und mittelgroßen Spenden an der Wahlkampffinanzierung immer geringer. Dies führte dazu, dass die Politik zunehmend abhängig wird von den Großspenden einiger weniger Superreicher. Entsprechend steigen deren Möglichkeiten, auf die Politik → Einfluss zu nehmen, während Normalverdienende und insbesondere sozial Benachteiligte weniger Beachtung finden (Gilens/Page 2014; Elsässer et al. 2017).

Wenn sich Politik in Demokratien aber nicht mehr an den Bedürfnissen der Bevölkerung bzw. den Positionen der Bevölkerungsmehrheit ausrichtet, sondern an ökonomischen Spenderinteressen, eröffnet sich ein Grenzbereich zur Korruption. Umgekehrt kann aber auch die Gefahr einer Verzerrung der politischen Gleichheit durch die politische Regulierung von Parteispenden gemindert werden. Denn „je stärker die gleichen Startvoraussetzungen für alle durch Gesetze zur Parteienfinanzierung (...) gewährleistet sind, desto stärker ist die Demokratie im eigentlichen Sinne“ (Crouch 2008: 29).

Gefährden in Deutschland Parteispenden die Demokratie?

In Deutschland ist die Gefahr, dass Spenden aus der Wirtschaft die Responsivität der Parteien verzerren geringer als in den USA, da hierzulande Partei- und Wahlkampfspenden eine deutlich geringere Rolle spielen. Denn als einer der ersten europäischen Staaten führte Deutschland bereits 1959 die staatliche Parteienfinanzierung ein. Wie in den meisten anderen europäischen Staaten auch gibt es hier eine öffentliche Wahlkampfkostenerstattung (relativ zum erreichten Stimmenanteil) und die Parteien finanzieren sich maßgeblich über Mitgliedsbeiträge (Elsässer et al. 2017: 167). Daher stellen Spenden nur eine von drei Säulen dar, auf denen die Finanzierung von Parteien beruht (Polk 2020: 53).

Dennoch entstand auch in Deutschland der Eindruck, dass sich bestimmte Interessen politischen → Einfluss gekauft haben könnten (Loer/Töller 2019). Nach mehreren Parteispendenskandalen in der 1990er Jahren wurde daher das Parteiengesetz im Jahr 2002 reformiert. Zwar sind Parteispenden weiterhin unbegrenzt möglich, anders als in einigen anderen Ländern gibt es in Deutschland keine Obergrenze, sie müssen von den Parteien aber versteuert und ab einer Summe von 10.000 Euro offengelegt werden. Trotzdem wird eine unzureichende Regelung der Parteienfinanzierung kritisiert. So forderte die Antikorruptionskommission des Europarates (GRECO) bereits im Jahr 2009 eine noch stärkere Regulierung der Parteienfinanzierung (Lange 2012) und kritisierte anschließend die Bundesregierung für den „mangelnden Fortschritt“ bei der Umsetzung ihrer Empfehlungen. Deutschland zeige fehlenden politischen Willen und bleibe bei den Transparenzregeln deutlich hinter europäischen Standards zurück (GRECO 2019).

Im Detail bemängelt GRECO, dass nur bei Spenden über 50.000 Euro eine unverzügliche Veröffentlichungspflicht besteht. Diese müssen dem Bundestagspräsidium angezeigt und unmittelbar auf den Internetseiten des Bundestages veröffentlicht werden. GRECO sieht diese Grenze als „übertrieben hoch“ an und fordert eine niedrigere Schwelle. Denn insbesondere auf kommunaler Ebene kann die Politik auch mit niedrigeren Summen beeinflusst werden. Auch in den meisten anderen europäischen Länder bestehen deutlich niedrigere Grenzwerte für die Offenlegung von Spenden. Erschwerend kommt hinzu, dass durch Stückelung von Großspenden die Offenlegungspflichten unterlaufen werden können (Lange 2012; GRECO 2019).

Zwar müssen alle Spenden, die sich innerhalb eines Jahres auf über 10.000 Euro summieren, mit Nennung des Namens und der Adresse des Spenders im Rechenschaftsbericht der empfangenden Partei aufgeführt werden. Die Rechenschaftsberichte erscheinen aber erst mit großer Verzögerung. Bei Parteispenden unter 10.000 Euro entfällt die Offenlegungsplicht. Nicht zufällig wurden daher etwa die elf Unternehmer:innen, die sich im Oktober 2020 in Leipzig bei Rindfleischfilets und Rotwein mit dem damaligen Gesundheitsminister Jens Spahn (CDU) austauschen konnten, aufgefordert, jeweils exakt 9.999 Euro für dessen Bundestagswahlkampf zu spenden (Hackenbruch 2021). Zudem kritisiert GRECO, dass es in Deutschland keine gesonderten Regelungen für Spenden, die im Zusammenhang mit Wahlkämpfen stehen, gibt. Diese werden erst mit langen Verzögerungen veröffentlicht (Lange 2012).

Was ist ein Beispiel für eine Parteispende an der Grenze zur Korruption?

Der wohl bekannteste Fall einer politischen Entscheidung, die mutmaßlich im Gegenzug für Parteispenden getroffen wurde, ist die sogenannten Mövenpick-Steuer. Im Vorfeld der Bundestagswahl 2009 erhielt die FDP eine Spende in Höhe von ungefähr 1,1 Millionen Euro von einer Firma, die dem Unternehmer August von Finck jr. gehörte, dem damaligen Hauptaktionär der Restaurant- und Hotelgruppe Mövenpick. In ihrem Wahlprogramm forderte die FDP daraufhin eine Reduktion der Mehrwertsteuer für Übernachtungen von 19 auf 7 Prozent und setzte diese nach der Wahl als Regierungspartei in Koalition mit CDU/CSU auch um, wovon die Mövenpick-Hotels direkt profitierten. Der zeitliche Zusammenhang zwischen Spende und Steuersenkung sorgte für massive Kritik von Opposition und Öffentlichkeit. Die Regierung begründete die Steuersenkung mit der Schaffung neuer Jobs, konnte aber nicht plausibel erklären, warum nur Hotels davon profitierten, während andere Branchen, die ebenfalls neue Jobs hätten schaffen können, leer ausgingen. Daher kann die „Mövenpick-Steuer" im Graubereich zwischen Lobbyismus und politischer → Korruption verortet werden (Goldberg 2018: 207f.).

Was ist das Problem, wenn Politiker:innen nach ihrem Amt in die Wirtschaft wechseln?

Der „fliegende Wechsel von Führungspersonen zwischen Politik und Wirtschaft" wird als „Drehtür-Effekt" (Otto 2010) bezeichnet. Beobachtbar ist dieses Phänomen insbesondere bei Regierungswechseln, wenn ausscheidende Regierungsmitglieder in gut bezahlte Tätigkeiten in → Verbänden und Unternehmen wechseln. Denn diese rekrutieren gerne ehemalige hochrangige Beamte, Abgeordnete und Regierungsmitglieder für ihre Lobbyarbeit, da sie an deren Sachverstand und Kontakten interessiert sind (Blanes i Vidal et al. 2012; Cain/Drutman 2014; Bernhagen 2019: 252). In Deutschland kam die „Drehtür" besonders mit und nach der rot-grünen Regierung (1998–2005) in Schwung, als Kanzler Gerhard Schröder und viele Mitglieder seiner Regierung wie Wolfgang Clement, Otto Schily, Werner Müller und Hans-Martin Bury zu Unternehmen wechselten (Otto 2010).

An sich sind solche Wechsel legitim, denn politische Mandate sind auf Zeit. Auch ist verständlich, dass die anschließende Tätigkeit von Politiker:innen im politiknahen Bereich liegt, da sie hier Talente und Erfahrungen haben. Jedoch können an Seitenwechseln mehrere Aspekte problematisch sein: Zunächst können sich gutsituierte → organisierte Interessen so einen Informationsvorteil vor der Konkurrenz verschaffen. Dies verschärft das Ungleichgewicht der Interessen weiter zugunsten wirtschaftlicher und zulasten allgemeiner Interessen. Denn ehemalige Spitzenpolitiker:innen haben ihren Preis; und Konzerne und ressourcenstarke Industrieverbände werden diesen eher zahlen können als Umwelt- und Verbraucherschutzvereine (LobbyControl 2021a: 30). Wirtschaftliche Interessen können sich so Insiderwissen und Zugang zu Netzwerken kaufen, denn ehemalige Politiker:innen „schaffen für eine sehr begrenzte Interessengruppe einen besonderen, privilegierten Zugang zu politischen Entscheidungsprozessen" (Otto 2010). Damit einher geht die Gefahr ineffizienter Politik. Denn wenn sich Interessen privilegierten Zugang über die Beschäftigung der richtigen Personen kaufen können, geht es bei Lobbyismus nicht mehr um das bessere Argument (Cain/Drutman 2014: 29).

Wann wird die „Drehtür" zur Korruption?

Es handelt sich dann um eine verschleierte Form von Korruption, wenn die Amtsführung von Politiker:innen dadurch beeinflusst wird, dass ihnen lukrative Posten in Aussicht gestellt werden (Loer/Töller 2019). Ein Beispiel ist der Wechsel von Gerhard Schröder (SPD) zum russischen Energiekonzern Gazprom. Direkt nach dem Ende seiner Kanzlerschaft im Jahr 2005 übernahm Schröder den Aufsichtsratsvorsitz bei der Nord Stream AG, die mehrheitlich Gazprom gehört und die gleichnamige Pipeline betreibt. Bereits als Kanzler hatte Schröder gemeinsam mit dem russischen Machthaber Wladimir Putin dieses Projekt vorangetrieben, weswegen die Kritik aufkam, dass sein Engagement weniger dem deutschen Volk als seinen eigenen

Interessen galt. Wenn ein Kanzler nicht die beste Entscheidung für das Volk trifft, sondern für seinen zukünftigen Arbeitgeber, ist die Grenze zur → Korruption überschritten. Dieser Verdacht liegt bei Schröder nahe, da der Bau von Nord Stream eine alternative rumänische Pipeline verhinderte und die deutsche Abhängigkeit von russischem Gas erhöhte, und zwar zulasten der einheimischen Wirtschaft und Bevölkerung (Goldberg 2018: 206ff.). Dieses zeigte sich in drastischer Form im Jahr 2022, als Putin die Gaslieferung durch Nord Stream unterbrach, um so die Unterstützung Europas für die von Russland angegriffene Ukraine zu brechen.

Ein anderer Fall, in dem ein Korruptionsverdacht naheliegt und der viel Aufmerksamkeit erregte, ist der von Christian Schmidt (CSU). Als Bundesminister für Ernährung und Landwirtschaft stimmte Schmidt im November 2017 im EU-Ministerrat für die Verlängerung der Zulassung des umstrittenen Unkrautvernichters Glyphosat. Er tat dies, obwohl sich die Bundesregierung in der Frage nicht einig war, weswegen Schmidt sich hätte enthalten müssen. Letztlich wurde wegen seiner Stimme Glyphosat für weitere fünf Jahre in der EU zugelassen. Im Oktober 2018 wurde dann bekannt, dass die Deutsche Bahn AG Schmidt in den Aufsichtsrat holen möchte. Die Bahn ist einer der größten Abnehmer von Glyphosat; sie benötigt das Herbizid, um das Gleisbett von Unkraut zu befreien. Die Aufsichtsratstätigkeit wurde Schmidt zunächst untersagt, da die Bundesregierung hier das öffentliche Interesse beeinträchtig sah (LobbyControl 2021a: 33). Erst nach einer Karenzzeit von einem Jahr durfte Schmidt in den Aufsichtsrat der Bahn wechseln.

Regulierung von Lobbyismus

Brauchen wir eine stärkere Regulierung und Kontrolle von Lobbyismus? Was spricht dafür, was dagegen, und welche Möglichkeiten gibt es überhaupt, Lobbyismus zu regulieren? Zum Abschluss geht es um neu eingeführte oder verschärfte Maßnahmen wie das Lobbyregister und die Karenzzeit und darum, was noch getan werden sollte, damit Lobbyismus fair ist.

Wieso war Lobbyismus in Deutschland lange Zeit nur gering reguliert?

Dass Deutschland lange Zeit bei der Regulierung von Lobbyismus gegenüber anderen Ländern zurückfiel, kann mit der neokorporatistischen Prägung der Interessenvermittlung hierzulande erklärt werden. Denn im → Neokorporatismus sind enge Kontakte oder sogar Verschränkungen der Politik mit → organisierten Interessen ebenso charakteristisch wie die privilegierte Stellung, die der Staat einigen Dachverbänden zugesteht. Da der Neokorporatismus gleiche Chancen für die unterschiedlichen Interessensorganisationen somit gar nicht anstrebt, wurde eine umfassende Regulierung nicht als notwendig angesehen. In → pluralistischen Systemen hingegen müssen ein fairer Wettbewerb und gleiche Bedingungen für alle Interessen der Gesellschaft durch staatliche Regulierung geschaffen und aufrechterhalten werden (Rasch 2020: 346).

Für Deutschland bedeutet dieses nun, dass im Zuge der oben erwähnten Pluralisierung der Interessenvermittlung, welche auch als Entwicklung vom Neokorporatismus zum Lobbyismus verstanden werden kann, Regulierungslücken sichtbar wurden. Die Regelungen in Deutschland waren darüber hinaus auch auf → Verbände als die traditionellen Akteure im Neokorporatismus ausgerichtet, weswegen neuartige Akteure im Lobbyismus wie Unternehmen und Agenturen nur gering von diesen erfasst wurden. Im letzten Jahrzehnt wurde die Kritik an der geringen Regulierung immer lauter. Seit dem Jahr 2014 rügt die Antikorruptionskommission des Europarats (GRECO) Deutschland regelmäßig dafür, die internationalen Standards in Bezug auf Parteienfinanzierung sowie Interessenkonflikte und Unternehmensbeteiligung von Abgeordneten nicht einzuhalten und zu wenig gegen Abgeordnetenbestechung zu unternehmen (GRECO 2019, 2020).

Was sind die Hemmnisse für strengere Regulierungen und wie können diese überwunden werden?

Für Regulierungen des Lobbyismus, welche letztlich immer bedeuten, dass die Politik sich selber reguliert, bedarf es zunächst politischer Mehrheiten. Hier zeigen vor allem die Unionsparteien und die FDP wenig Bereitschaft, den Status quo zu ändern, während SPD, Bündnis 90/Die Grünen und die Linke eher zu Verschärfungen von Regeln gegen → Korruption und einer stärkeren Regulierung von Lobbyismus bereit sind (Wolf 2021: 27). Als Regierungsparteien konnten CDU und CSU über viele Jahre eine Blockade gegen verschiedene Transparenzmaßnahmen wie das → Lobbyregister und Regeln für Abgeordnetenbestechung und Nebentätigkeiten aufrechterhalten (Schiffers 2021b: 471). Auch auf Länderebene zeigt sich, dass Bundesländer, in denen die Unionsparteien länger an der Regierung beteiligt waren, weniger Regulierungen haben (Rasch 2020: 357). Diese Blockadehaltung bei der Regulierung von Lobbyismus steht übrigens in einer erstaunlichen Dissonanz zum Transparenzverständnis der Union in anderen Politikfeldern, wo sie eine Klarnamenpflicht im digitalen Raum, Telekommunikationsüberwachung, den Staatstrojaner und Offenlegungspflichten bei Hartz IV, dem Elterngeld oder bei Coronahilfen fordert (Schiffers 2021b: 471f.).

Weitere Hemmkräfte gegen strengere Regulierungen sind die Lobbyist:innen selber. Obwohl sich viele von ihnen prinzipiell hierfür aussprechen, weil sie sich davon eine stärkere → Legitimation und einen effektiveren Umgang mit den schwarzen Schafen ihrer Branche erhoffen, positionieren sie sich doch meist gegen konkrete Auflagen oder Offenlegungspflichten (Bernhagen 2019: 259). Jedoch können Korruptions- und Lobbyismusskandale ein *window of opportunity* für die Regulierung öffnen, da sie das Thema in die Öffentlichkeit rücken und so Handlungsdruck erzeugen (Wolf 2021: 27). Viele der oben genannten kleineren und größeren Aufreger um Maskendeals, Parteispenden, Nebenjobs und Seitenwechsel haben dazu beigetragen, dass sich in den letzten Jahren viel in Sachen Regulierung getan hat in Deutschland. So wurden die Bestimmungen zu Karenzeiten und Nebentätigkeiten verschärft und das Lobbyregister eingeführt.

Wie kann Lobbyismus effektiv reguliert werden?

Der Staat kann Lobbyismus auf verschiedenen Wegen regulieren. Zunächst erhöhen generell → Transparenz und Öffentlichkeit die Kontrollmöglichkeiten und beleuchten so die Grauzone zwischen Lobbyismus und → Korruption (Wolf 2021: 7). Medien und Wissenschaft benötigen Informationen über Kontakte und Aktivitäten der Volksvertreter:innen, um deren Handeln besser analysieren und bewerten zu können. Denn ein wesentliches demokratietheoretisches Problem ist die Nichtöffentlichkeit des Entscheidungsprozesses. Schließlich wird beim Lobbyismus die Beziehung zwischen Volkssouverän und Volksvertretung umgangen. Wenn dieser daher intransparent ist und zu nicht nachvollziehbaren Entscheidungen führt, kann dies zu Demokratieverlusten führen (Eckert 2005: 269ff.). Colin Crouch (2008: 10) sieht Intransparenz gar als Symptom einer Postdemokratie, in der im Schatten der politischen Inszenierung die reale Politik hinter verschlossenen Türen von Regierungen und Eliten, die vor allem die Interessen der Wirtschaft vertreten, gemacht wird.

Andersrum kann Transparenz auch die → Legitimation von Lobbyismus erhöhen. Deswegen setzen auch einige professionelle Interessenvertretungen zur Erhöhung ihrer eigenen Reputation auf freiwillige Selbstregulierung durch Verhaltenskodexe. So müssen sich die Mitglieder der beiden Fachverbände der deutschen Lobbybranche, die Deutsche Gesellschaft für Politikberatung und die Deutsche Public Relations Gesellschaft, verpflichten, in der Interessenvertretung bestimmte Regeln zu befolgen, etwa Auftraggeber offenzulegen, ihre Arbeit transparent zu gestalten und auf „unredliche Praktiken" zu verzichten. Erreicht wird Transparenz „durch barrierefrei öffentlich gemachte Informationen der Verwaltung sowie durch die Nachvollziehbarkeit von Geldflüssen, Mittelverwendung, politischer Einflussnahme und von Entscheidungskriterien" (Schiffers 2021b: 470). Beispiele sind die Einführung eines → Lobbyregisters oder eines legislativen und exekutiven → Fußabdrucks, sowie die Offenlegung von Parteienfinanzierung und Nebentätigkeiten.

Eine zweite Möglichkeit, Lobbyismus zu regulieren, besteht darin, bestimmte Aktivitäten zu untersagen. So können Nebentätigkeiten von Abgeordneten teilweise oder ganz verboten oder Karenzzeiten für aus dem Amt geschiedene Politiker:innen eingeführt werden. Auch Parteispenden können beschränkt werden. In diesem Zusammenhang ist die Frage der Sanktionierung relevant. Ob entsprechende Verstöße als Straftatbestände behandelt werden oder lediglich zu einer Rüge führen, macht ebenso einen Unterschied wie die Frage, ob sich die Politik hierbei selber kontrolliert oder ob dies eine unabhängige Institution übernimmt. In ersteren Fall werden aller Erfahrung nach mehr Augen zugedrückt.

Ein drittes Prinzip zur Regulierung von Lobbyismus ist, für Chancengleichheit und somit Pluralität im Sinne der Berücksichtigung unterschiedlicher → Interessen zu sorgen (Wolf 2022: 7). Denn ein wesentliches Problem beim Lobbyismus sind die unterschiedlichen Möglichkeiten der verschiedenen Interessen, welche letztlich die politische Gleichheit gefährden. Es kann auch als Aufgabe der Politik gesehen werden, diese Asymmetrie der Interessen, die in aller Regel eine zugunsten der Wirtschaft ist, aktiv zu mindern. Ein erster Schritt hierbei ist, den unterschiedlichen Interessen den gleichen Zugang zu politischen Institutionen zu gewähren. Die Europäische Kommission versucht dieses zumindest (Goldberg 2018: 211f.) und auch in den Anhörungen der Bundestagsausschüsse werden allgemeine Interessen mittlerweile genauso oft eingeladen wie wirtschaftliche (Spohr 2018). Hierbei ist wichtig, dass die Regierung frühzeitig und öffentlich über ihre Vorhaben informiert, damit auch schlechter vernetzte Interessen die Möglichkeit haben, ihre Position zu artikulieren. Darüber hinaus kann die Politik in die Interessengruppenlandschaft auch aktiv eingreifen, indem sie latente Interessen, die zwar vorhanden sind, es aber aus verschiedenen Gründen nicht schaffen, sich zu organisieren und zu artikulieren, fördert. So finanziert und vernetzt etwa die EU gemeinnützige europäische → Public Interest Groups und → NGOs aus dem sozialen Bereich (Quittkat 2019).

Kann die Regulierung von Lobbyismus auch Nachteile haben?

Die Regulierung von Lobbyismus ist eine kniffelige Angelegenheit. Denn anders als → Korruption, die so effektiv wie möglich bekämpft werden muss, gehört Lobbyismus zu einer funktionierenden Demokratie dazu. Regulierungen beschneiden generell Freiheiten und verursachen Kosten. So können detaillierte Verhaltensrichtlinien den Handlungsspielraum der Interessenvertretungen über Gebühr einschränken und gegen die grundgesetzlich geschützte Freiheit des Mandates von Abgeordneten verstoßen. Ebenso begrenzen strenge Inkompatibilitäts- und Karenzregelungen die Berufs- und Handlungsfreiheit ehemaliger Politiker:innen (Wolf 2021: 26).

Selbst Transparenzregelungen ziehen Probleme nach sich. Sie erzeugen eine kaum zu bewältigende Menge an Informationen sowie Datenschutzprobleme (Wolf 2021: 26). Letztere werden aber auch oft vorgeschoben, um die Regulierung von Lobbyismus und die Offenlegung von Informationen zu verweigern. So hatte der Autor dieser Zeilen einst das Bundestagsarchiv um Einsicht in den Schriftwechsel von Bundestagsausschüssen und Interessenvertretungen gebeten. Obwohl es sich hierbei um Handlungen der Volksvertreter:innen in der Wahrnehmung ihres Mandates handelt, wurde ihm diese mit Verweis auf dem Datenschutz verwehrt. In anderen Ländern, etwa Dänemark, ist die Auswertung des Briefwechsels zwischen Lobbyist:innen und Parlamentsausschüssen hingegen problemlos möglich und stellt eine wichtige Quelle für die Forschung dar (siehe Binderkrantz et al. 2015).

Darüber hinaus stellt sich aber auch die Frage, ob absolute Transparenz in der Politik überhaupt wünschenswert ist. Denn der nichtöffentlichen Kommunikation im parlamentarischen Entscheidungsprozess wird eine große Bedeutung für die Leistungsfähigkeit des politischen Systems insgesamt zugeschrieben. Gerade hinter verschlossenen Türen finden notwendige Diskussionen statt und werden Entscheidungen vorbereitet, ausgehandelt und abgestimmt (Sarcinelli 2011: 272). Eine zu große Transparenz und zu frühe Offenlegung der Kontakte der Politik zu den → organisierten Interessen kann die Chancen für Verhandlungen und Kompromisse verringern. Zudem droht eine starke Regulierung lobbyistische Tätigkeiten in einen nichtregulierten Graubereich zu verschieben oder gar Korruption zu einer attraktiveren Alternative zum Lobbyismus zu machen (Goldberg 2018: 211). Gegen diese Nachteile muss jede Regulierung von Lobbyismus abgewogen werden, damit sie nicht zur Symbolpolitik verkommt.

Ein Beispiel für diese mit Regulierungen einhergehenden Probleme ist die Ausgabe von jährlichen Hausausweisen für den Bundestag. Dadurch, dass diese mittlerweile nur noch an Arbeitgeberverbände, Gewerkschaften und Kirchen vergeben werden, wurden sie zum Privileg einiger weniger Akteure. Diese Ausnahmen führen nun dazu, dass etwa der Zentrale Immobilien Ausschuss, der Wohnungskonzerne wie Vonovia und Deutsche Wohnen vertritt, ebenso über einen Jahresausweis verfügt wie der „Bundesverband der Deutschen Sicherheits- und Verteidigungsindustrie“, in dem sich Rüstungsunternehmen wie Rheinmetall und Krauss-Maffei Wegmann organisiert haben (Reyher 2022b). Keinen Zugang bekommen hingegen Verbraucher- und Mieterschutzverbände sowie → NGOs, die sich für Abrüstung einsetzen. Daher befördert diese Regulierung eine unausgewogene Interessenvermittlung. Und dass andere Interessengruppen, Firmen, Stiftungen und Think-

Tanks nun keine Hausausweise mehr erhalten, bedeutet ja auch nicht, dass sie nicht weiterhin aktiv sind. Sie werden ihr Lobbying lediglich in einen weniger kontrollierten Bereich außerhalb der Parlamentsgebäude verlagern (Spohr 2019b: 9f.).

Ist die „Drehtür" zwischen Politik und Wirtschaft auch reguliert?

Anfang der 2010er Jahre haben einige medial scharf kritisierte Fälle des Seitenwechsels in die Wirtschaft, insbesondere die Wechsel von Ronald Pofalla und Eckart von Klaeden (beide CDU) vom Kanzleramt zur Deutschen Bahn bzw. zur Daimler AG, zu einer Regulierung der „Drehtür" geführt (LobbyControl 2021a: 30). Durch Änderung des Bundesministergesetzes und dem Gesetz über die Rechtsverhältnisse der Parlamentarischen Staatssekretäre wurde eine Karenzzeit eingeführt. In diesem begrenzten Zeitraum darf eine bestimmte Tätigkeit nicht ausgeübt werden. Eine Karenzzeit soll Lobbyismus dadurch einhegen, dass Kontakte und Insiderwissen der ausgeschiedenen Politiker:innen über die Zeit „abkühlen" und diese nicht (wissentlich) während ihres Mandates für ihren zukünftigen Arbeitgeber relevante Themen bearbeiten (Cain/Drutman 2014).

In Deutschland müssen seit Juli 2015 amtierende und ehemalige Mitglieder der Bundesregierung sowie parlamentarische Staatssekretär:innen Beschäftigungen außerhalb des öffentlichen Dienstes, die sie in den 18 Monaten nach ihrem Ausscheiden aus der Regierung aufnehmen wollen, anzeigen, wenn Interessenkonflikte zu befürchten sind. Wenn die neue Tätigkeit in Bereichen ausgeübt werden soll, in denen das ehemalige Mitglied der Bundesregierung während seiner Amtszeit tätig war, kann die angestrebte Beschäftigung untersagt werden. In der Regel soll die Karenzzeit nicht länger als ein Jahr dauern, kann aber auf bis zu 18 Monate ausgedehnt werden. In der Zeit besteht Anspruch auf Übergangsgeld.

Wie funktioniert das Verfahren der Karenzzeitregelung?

Regierungsmitglieder und parlamentarische Staatssekretär:innen müssen alle Tätigkeiten, die sie bis zu 18 Monate nach ihrer Amtszeit ausüben wollen, bei der Bundesregierung anzeigen. Diese Tätigkeiten prüft dann ein beim Bundeskanzleramt angesiedeltes Karenzzeitgremium, bestehend aus drei Mitglieder, die auf Vorschlag der Bundesregierung vom Bundespräsidenten ernannt werden und ehrenamtlich tätig sind. Zunächst bestand das Gremium aus dem ehemaligen Finanzminister Theo Waigel (CSU), der ehemaligen Vorsitzenden der Bundestagsfraktion der Grünen Krista Sager und dem früheren Bundesverfassungsrichter Michael Gerhardt. Im April 2021 wurden Waigel und Gernhardt durch den früheren Bundestagspräsidenten und CDU-Abgeordneten Norbert Lammert und den ehemaligen Präsidenten des Bundesverfassungsgerichts Andreas Vosskuhle ersetzt. Das Gremium formuliert eine begründete Empfehlung, ob und wie lange die Aufnahme der neuen Tätigkeit untersagt werden soll. Es kann auch eine teilweise Untersagung empfehlen. Auf Grundlage dieser Empfehlung trifft dann die Bundesregierung die Entscheidung über eine Karenzzeit; bisher ist sie immer der Empfehlung des Gremiums gefolgt. Dies liegt wohl auch daran, dass die Entscheidung zusammen mit der Empfehlung veröffentlicht wird, was die Regierung unter Rechtfertigungsdruck setzen würde, wenn sie von der Empfehlung abweicht (LobbyControl 2021a: 31).

Wie wird die Karenzzeit bewertet?

Bis Ende des Jahres 2020 hatte die Bundesregierung über mehr als 50 neue Tätigkeiten ehemaliger Minister:innen und parlamentarischer Staatssekretär:innen zu befinden. Hierbei sah sie in 38 Fällen keine Veranlassung einzuschreiten, zwei Mal sprach sie neunmonatige und elf Mal einjährige Karenzzeiten aus. Nur bei zwei anvisierten neuen Jobs sah sie schwerwiegende Probleme und verhängte Karenzzeiten von 15 bzw. 16 Monaten. Die bis dato längste Karenzzeit von 16 Monaten sprach die Bundesregierung im Fall von Oliver Wittke aus, der als parlamentarischer Staatssekretär im Wirtschaftsministerium zum Zentralen Immobilien Ausschuss (ZIA), dem Lobbyverband der Immobilienwirtschaft, wechseln wollte. Als Staatssekretär war Wittke für Energiefragen zuständig, was ein zentrales Betätigungsfeld des ZIA ist (LobbyControl 2021a: 33; für eine detaillierte Auflistung siehe dort S. 30–37). Die Fälle zeigen, dass die Karenzzeitregelung wirkt. Mit ihr ist

> „nicht nur eine Möglichkeit geschaffen worden, solche Tätigkeiten befristet zu untersagen. Es ist auch erstmals belastbar festgehalten, dass ein solcher Wechsel in Bereichen, in denen ein Amtsträger vorher tätig war, öffentliche Interessen beeinträchtigen kann und daher unerwünscht ist." (Loer/Töller 2019)

Auch LobbyControl (2021a: 34) kommt zu dem Schluss, dass durch die Karenzzeitregelung einige problematische Wechsel aufgeschoben wurden und geht zudem von einer indirekten Wirkung aus: „So manche neue Tätigkeit wurde im Wissen um die Regeln möglicherweise gar nicht angestrebt." Gleichzeitig bemängelt die Organisation aber auch, dass die Regeln nicht ausreichen. Zum einen seien 18 Monaten zu kurz, um Kontakte und Insiderwissen ausreichend abkühlen zu lassen und Interessenkonflikte zu verhindern. Zum anderen seien Sanktionen bei Regelverletzungen notwendig. Denn bislang hat es keine rechtlichen Folgen, wenn die Seitenwechsler:innen sich nicht an die verhängte Karenzzeit halten oder einen neuen Job gar nicht anzeigen. So hatte der frühere Außen- und Wirtschaftsminister Sigmar Gabriel (SPD) eine Tätigkeit als Vorstandsvorsitzender des Vereins „Atlantik-Brücke", welcher „Konferenzen und Gesprächskreise für Persönlichkeiten aus Politik, Wirtschaft, Wissenschaft und den Medien sowie für junge Führungskräfte aus Europa und Amerika" (Eigenbeschreibung auf der Homepage) ausrichtet, nicht angezeigt, weswegen die Regierung keine Karenzzeit verhängen konnte (LobbyControl 2021a: 32ff.).

Welche Regeln gelten für andere Angestellte der Ministerien?

Beamtete Staatssekretär:innen und Abteilungsleiter:innen in den Ministerien sind für die Wirtschaft ebenfalls attraktiv und werden vielfach abgeworben. Für sie gilt jedoch nicht die Karenzzeitregelung, sondern § 105 des Bundesbeamtengesetzes, nach dem eine neue Tätigkeit für bis zu fünf Jahren untersagt werden kann, wenn durch diese „dienstliche Interessen beeinträchtigt werden". Dies geschieht jedoch aus zwei Gründen nur selten: Zum einen prüft diese Fälle kein unabhängiges Gremium, sondern das Ministerium. Und dieses sieht meist keine dienstlichen Interessen beeinträchtigt, denn „(w)er will schon gerne langjährigen Kolleg:innen Karrierechancen verbauen?" (LobbyControl 2021a: 34)

Zum anderen liegt es im Ermessen der Seitenwechsler:innen zu entscheiden, ob eine Anzeigepflicht besteht. So sah etwa Klaus-Dieter Fritsche, ein im März 2018 in den Ruhestand versetzter beamteter Staatssekretär im Kanzleramt, keine Notwendigkeit, seinen Lobbyjob bei der Wirecard AG anzuzeigen. Dem Finanzdienstleister besorgte er Termine im Kanzleramt, bei denen er auch selbst anwesend war. Dies kam erst im Zuge des Wirecard-Skandals ans Licht. Entsprechend sah es der Wirecard-Untersuchungsausschuss des Bundestages als problematisch, dass die Beamt:innen selber entscheiden dürfen, ob ihre neue Tätigkeit mit der vorherigen Beschäftigung in Zusammenhang steht und forderte, wie LobbyControl auch, die Bestimmungen dahingehend zu ändern, „dass jede Tätigkeit von Ruhestandsbeamten anzuzeigen ist“ (Deutscher Bundestag 2021: 1595; siehe auch LobbyControl 2021a: 34f.).

Wie kam es zur Einführung des Lobbyregisters in Deutschland?

Die Einführung eines → Lobbyregisters auf Bundesebene erwogen CDU/CSU und SPD bereits bei ihren Koalitionsverhandlungen im Jahr 2018, strichen dieses jedoch am letzten Tag aus dem Koalitionsvertrag. In einer Bundestagsdebatte im gleichen Jahr zeigten sich CDU, CSU und FDP noch ablehnend, während die anderen Parteien sich befürwortend äußerten. Auch große Teile der Zivilgesellschaft forderten ein solches Register, etwa ein ungewöhnliches Bündnis aus Transparency International, dem Bundesverband der Deutschen Industrie (BDI), dem Verband der Chemischen Industrie, den Familienunternehmern, dem Naturschutzbund Deutschland und dem Bundesverband der Verbraucherzentralen. Diese → Verbände wollten durch ein Lobbyregister eine größere Offenheit und Nachvollziehbarkeit ihres Handelns schaffen und somit ihre eigene Glaubwürdigkeit und Legitimität erhöhen (Loer/Töller 2019; Neuhaus 2019; LobbyControl 2021a: 12f.).

Trotz dieser bereiten Allianz bedurfte die Einführung des Lobbyregisters einer Reihe von Skandalen, die Handlungsdruck auf die Politik ausübten: Im März 2020 enthüllte ein Spiegel-Bericht (Becker et al. 2020) die Lobbyarbeit des CDU-Bundestagsabgeordneten Philipp Amthor für Augustus Intelligence. Amthor erhielt von dem IT-Unternehmen einen

Aufsichtsratsposten und Aktienoptionen im Wert von bis zu 250.000 Dollar. Dies führte dazu, dass SPD und CDU/CSU Anfang Juli 2020 einem ersten Entwurf für ein Lobbyregister im Bundestag zustimmten (Polk 2021: 121). Doch viele Punkte waren noch unklar und zwischen den Koalitionspartnern umstritten, insbesondere inwiefern dieses Register neben dem Bundestag auch die Bundesregierung erfasst und ob es einen legislativen → Fußabdruck enthält. Die Sozialdemokraten waren hier die Fürsprecher weitergehender Regelungen, denen aber die Christdemokraten ihre Zustimmung verweigerten (LobbyControl 2021a: 14f.).

Eine Einigung kam erst nach weiteren öffentlichkeitswirksamen Skandalen zu Stande. Hier ist zunächst die Aserbaidschan-Affäre zu nennen, die bereits 2017 öffentlich wurde und ihren Höhepunkt im Jahr 2021 erreichte, als gegen den Europaparlamentarier Eduard Lintner (CSU) und die Bundestagsabgeordnete Karin Strenz (CDU) strafrechtliche Ermittlungen eingeleitet wurden, da sie mutmaßlich im Europarat gegen Geld die Interessen der Regierung von Aserbaidschan, der Menschenrechtsverstöße nachgesagt werden, vertreten haben. Beide hatten Recherchen zufolge Zahlungen im fünf- bis sechsstelligen Bereich erhalten und unter anderem als OSZE-Wahlbeobachter:innen die dortige Präsidentschaftswahl im Jahr 2013 als fair und geordnet eingestuft. Auch gegen eine Reihe weiterer Politiker:innen gibt es Vorwürfe, Lobbyismus für Aserbaidschan zu betreiben (Harding et al. 2017; Deutschlandfunk 2022).

Es war aber insbesondere die öffentliche Entrüstung über die hohen Provisionen im „Maskenskandal“, die etwa die Abgeordneten Georg Nüßlein (CDU), Nikolaus Löbel (CDU) und Alfred Sauter (CSU) für die Vermittlung von Schutzmasken während der Coronapandemie einstrichen, die die Unionsparteien ihre Blockadehaltung ein Stück weit aufgeben ließ. Im März 2021 beschloss der Bundestag ein gesetzlich verpflichtendes Lobbyregister und in dessen Rahmen im Juni 2021 einen „Verhaltenskodex für Interessenvertreterinnen und -vertreter“.

Was sieht das Lobbyregister vor?

Das Lobbyregister ist deutlich besser an den Wandel des Lobbyismus und seine unterschiedlichen Akteure angepasst als seine Vorgängerin, die seit 1972 existierende Lobbyliste („Öffentliche Liste über die Registrierung von Verbänden und deren Vertretern“). In dieser konnten sich nur → Verbände registrieren, nicht aber die anderen Akteure im Lobbyismus. Eine Registrierung in dieser war auch weder verpflichtend noch brachte sie nennenswerte Vorteile mit sich. In der Lobbyliste waren auch nur wenige Informationen erfasst.

Das → Lobbyregister geht hier viel weiter. Zunächst definiert es die Lobbyakteure nun nicht über ihre Organisationsform, sondern über ihre Tätigkeit. Registrierungspflichtig sind alle, die Interessenvertretung entweder regelmäßig, auf Dauer angelegt oder geschäftsmäßig für Dritte betreiben, sowie innerhalb der letzten drei Monate mehr als 50 unterschiedliche Interessenvertretungskontakte hatte. Auch wenn so ein Unternehmer mit weniger als 50 Kontakten zu Abgeordneten nicht unter diese Definition fällt (Polk 2021: 123), dürften die Kriterien den größten Teil der relevanten Akteure im Lobbyismus erfassen (LobbyControl 2021a: 16). Es gibt jedoch auch Ausnahmen von der Registrierungspflicht. Arbeitgeber- und Arbeitnehmerverbände sowie Kirchen, Religions- und Weltanschauungsgemeinschaften müssen sich aufgrund ihrer besonderen verfassungsrechtlichen Stellung bislang nicht registrieren.

Bei der Registrierung im Lobbyregister müssen Einzelpersonen und Organisationen wesentlich mehr Informationen als bei der Lobbyliste angeben. So müssen sie das Themengebiet ihrer Einflussnahme nennen und ihre personellen und finanziellen → Ressourcen beziffern. Die Zahl der unmittelbar mit der Interessenvertretung beauftragen Personen sind in Stufen von jeweils zehn Personen anzugeben, die für den Lobbyismus aufgewendeten Finanzmittel in Stufen von jeweils 10.00 Euro. Agenturen und Kanzleien müssen Auftraggeber und -volumen nennen. In diesem Punkt geht das deutsche Lobbyregister über das hinaus, was in den meisten anderen Ländern verlangt wird. In Frankreich oder Irland zum Beispiel werden gar keine Angaben zur Herkunft der Finanzierung verlangt (LobbyControl 2021a: 17). Jedoch können diese Angaben auch verweigert werden, was dann aber den Erhalt von Hausausweisen und die Teilnahme an Anhörungen im Bundestag oder in den Ministerien erschwert.

Linktipp | Unter *lobbyregister.bundestag.de* ist das „Lobbyregister für die Interessenvertretung gegenüber dem Deutschen Bundestag und der Bundesregierung“ einsehbar. Hier gibt es viele interessante Statistiken zu den registrierten Lobbyorganisationen sowie Details zu den Themengebieten, Lobbybudgets und Beschäftigten der Organisationen. Die Seite ist (für eine Bundesbehörde) recht übersichtlich gestaltet und verfügt über eine Suchfunktion.

Wie wird das Lobbyregister bewertet?

Die Bewertung des → Lobbyregisters durch Expert:innen aus Praxis und Wissenschaft fällt gemischt aus. Der Politikwissenschaftler Maximilian Schiffers bilanziert, dass das Register im internationalen Vergleich lediglich im Mittelfeld liegt und hinter den Forderungen von Verbänden und Zivilgesellschaft zurückbleibt. Es fehlen zentrale Registerkategorien, wie Lobbyingziel, -instrumente und Kontaktoffenlegung (Schiffers 2021b: 471). Außerdem werden die Ausnahmen von der Registrierungspflicht für Kirche und → Sozialpartner kritisiert. Dies sind wichtige Akteure in der Interessenvermittlung, weswegen „nicht ersichtlich ist, warum dieser gesellschaftlich wichtige Interessengruppeneinfluss nicht transparent gestaltet werden sollte“ (Polk 2021: 123).

Zudem wurden zahlreiche fehlende Informationen im Register bemängelt, vor allem, dass Lobbyagenturen und -kanzleien nicht für jeden Auftraggeber Thema und Umfang des Auftrags nennen müssen und generell keine konkreten Angaben dazu verlangt werden, welches Gesetz lobbyiert wird. Hier fällt das Lobbyregister hinter das EU-Transparenzregister zurück. Denn in diesem lässt sich zumindest die Größenordnung eines Lobbyauftrags ablesen. Diese wird besonders kritisch gesehen, da ein legislativer → Fußabdruck auf Betreiben der Unionsparteien nicht im Interessenvertretungsgesetz aufgenommen wurde: „So bleibt insgesamt im Dunkeln, welche Lobbyakteure auf welche Gesetze oder politischen Programme mit welchem eingesetzten Budget einwirken. Hier sollte auf jeden Fall nachgebessert werden“ (LobbyControl 2021a: 17). Ohne legislativen Fußabdrucks wird weiterhin faktisch nicht dokumentiert, wenn Lobbyist:innen Gesetze und Verordnungen in den Ministerien durch schriftliche Gutachten oder informelle Gespräche beeinflussen möchten oder wenn sie sich im Rahmen von (vertraulichen) Einzelgesprächen oder bei parlamentarischen Abenden und Frühstücken mit Abgeordneten austauschen (Loer/Töller 2019).

Welche Folgen hatten die Skandale für die Regulierung von Nebentätigkeiten?

Zusätzlich zur Einführung des → Lobbyregisters wurde infolge von Amthor- und Maskenaffäre mit dem Gesetz „zur Verbesserung der Transparenzregeln für die Mitglieder des Deutschen Bundestages" im Juni 2021 das Abgeordnetengesetz reformiert, welches die Mitglieder des Bundestages dazu verpflichtet, sowohl Berufstätigkeiten vor dem Mandat als auch Tätigkeiten und Einkünfte neben dem Mandat anzugeben (Schiffers 2021b: 471f.). Neu und eine direkte Folge des Skandals um Philipp Amthor ist, dass neben Einkünften aus Dividenden nun auch Aktienoptionen (die der junge CDU-Abgeordnete von Augustus Intelligence erhielt) veröffentlicht werden müssen. Weitere Änderungen sind, dass Unternehmensbeteiligungen bereits ab fünf (statt zuvor 25) Prozent offengelegt werden müssen, und dass freiberuflich tätige Abgeordnete ihre Geschäftspartner:innen bzw. bei Anwält:innen deren Branche angeben müssen. Explizit verboten wurde es Abgeordneten, als Lobbyist:innen tätig zu sein sowie Honorare für Reden anzunehmen, die mit ihrem Mandat im Zusammenhang stehen. Zudem müssen die Abgeordneten nun alle Einkünfte, die 3.000 Euro pro Jahr oder 1.000 Euro im Monat übersteigen, auf den Cent genau veröffentlichen. Zuvor gab es nur ein System in zehn Stufen von über 1.000 Euro bis über 250.000 Euro. Wenn die Abgeordneten diesen Anzeigepflichten nicht nachkommen, kann das Bundestagspräsidium ein Ordnungsgeld bis zur Höhe der Hälfte der jährlichen Abgeordnetenentschädigung festsetzen. Zudem muss das Präsidium nun veröffentlichen, wie viele Prüfverfahren, Ermahnungen und Sanktionen es wegen Regelverstößen gab (Helming 2021).

Im internationalen Vergleich gehörte Deutschland schon vor diesen Änderungen zu den Ländern, die Nebentätigkeiten stark kontrollieren (Malessa 2012: 326). Die Regulierungen wurden durch die Änderungen aus dem Jahr 2021 noch weiter verschärft. Dennoch kritisiert abgeordnetenwatch.de weiterhin zwei Schwachstellen: Zum einen sollten nach britischem Vorbild alle Abgeordneten ihre Interessenskonflikte öffentlich machen. Bisher müssen dies nur die Berichterstatter:innen in den Ausschüssen zu den von ihnen bearbeiteten Gesetzen tun. Zum anderen sollten neben Geldspenden auch Sachspenden an Abgeordnete (bspw. Wahlplakate) untersagt werden (Helming 2021).

Was sind die Pläne der Ampelkoalition und wie sind die zu bewerten?

Die nach der Bundestagswahl im Jahr 2021 an die Regierung gekommene Koalition aus SPD, Grüne und FDP hat in ihrem Koalitionsvertrag explizit die Absicht erklärt, „durch mehr Transparenz unsere Demokratie stärken" zu wollen. → Transparenz wurde gar zu einem der „Prinzipien offenen Regierungshandelns" erklärt (Bundesregierung 2021: 99). Dieses wird von LobbyControl (2021b) begrüßt:

> „Im Vergleich mit den letzten Wahlperioden handelt es sich um den ambitioniertesten Koalitionsvertrag im Hinblick auf Transparenz und strengere Lobbyregeln. Die Ampel-Parteien kommen damit vielen unserer Forderungen nach. Darüber freuen wir uns."

Konkret hat die neue Regierung vier Maßnahmen angekündigt (Bundesregierung 2021: 10f.): Erstens will die Koalition das im Januar 2022 in Kraft getretene Lobbyregistergesetz nachschärfen, indem Kontakte zu Ministerien bereits ab Referentenebene einbezogen werden und die Ausnahmen für Arbeitgeberverbände, Gewerkschaften und Kirchen reduziert oder abgeschafft werden. Im Sinne der Transparenz und Chancengleichheit der unterschiedlichen Interessen ist dies zu begrüßen. Kritisiert wird jedoch, dass weiterhin nicht transparent gemacht werden soll, welche Interessenorganisationen bei welchen Abgeordneten oder Regierungsmitgliedern zu welchen Themen lobbyiert haben (Reyher 2022a).

Zweitens soll ein → Fußabdruck für Gesetze geschaffen werden, der Einflüsse auf die Gesetzgebung deutlich transparenter macht. Für Gesetzentwürfe der Bundesregierung und aus dem Bundestag möchte die Ampelkoalition die „Einflüsse Dritter im Rahmen der Vorbereitung von Gesetzesvorhaben und bei der Erstellung von Gesetzentwürfen umfassend offenlegen" (Bundesregierung 2021: 19). Der von vielen zivilgesellschaftlichen Organisationen schon lange geforderte Fußabdruck kann, sofern er mit ausreichend „Biss" versehen ist, die Transparenz des Lobbyismus deutlich erhöhen, indem er sichtbar macht, welche → organisierten Interessen auf welchem Weg versucht haben, Gesetze zu beeinflussen (LobbyControl 2021b).

Drittens soll, wie schon unter anderem von der Antikorruptionskommission des Europarats (GRECO 2020) lange gefordert, der „Straftatbestand der Abgeordnetenbestechung und -bestechlichkeit wirksamer ausgestaltet werden“ (Bundesregierung 2021: 10). Dass dies notwendig ist, zeigen die oben erwähnten, mangelnden Möglichkeiten der Gerichte, die Maskendeals der Abgeordneten strafrechtlich zu sanktionieren. Und viertens beabsichtigt die Koalition mit einer Reform der Parteienfinanzierung das Parteisponsoring veröffentlichungspflichtig zu machen und verdeckter Wahlkampffinanzierung einen Riegel vorzuschieben. Zudem sollen Parteispenden statt ab 50.000 künftig ab 35.000 Euro unmittelbar veröffentlicht und ab 7.500 (statt bisher 10.000) Euro in den Rechenschaftsberichten der Parteien offengelegt werden. Diese Verschärfungen bewertet LobbyControl als „marginal“ und bedauert, dass kein Deckel für die Höhe von Zuwendungen an Parteien vorgesehen ist (Lobby Control 2021b).

Bisher sind dies nur Ankündigungen, von denen (Stand Oktober 2022) noch nichts Nennenswertes umgesetzt wurde. Wie effektiv diese Maßnahmen sein werden, hängt von deren konkreter Ausgestaltung ab. Es darf jedoch angezweifelt werden, dass die Regierung hierbei zum schärfsten Schwert greifen wird, hat sie doch schon angekündigt, dass diese „grundrechtsschonend und differenziert“ sowie in den Grenzen der Freiheit des Mandats geschehen soll (Bundesregierung 2021: 10). Dass der an sich selbstverständliche Hinweis auf verfassungskonforme Gesetzgebung im Koalitionsvertrag explizit erwähnt wird, deutet schon eine Rechtfertigungsstrategie dafür an, dass die Reformen hinter dem maximal Möglichen zurückbleiben werden.

Was sollte darüber hinaus noch geändert werden, um Lobbyismus besser zu kontrollieren?

Eine Schwachstelle bei der Regulierung von Lobbyismus stellt die Überwachung der Einhaltung der Regelungen und die Sanktionierung von Verstößen dar. Zunächst erzeugt die neue → Transparenz durch die Reformen der letzten Jahre eine Informationsflut, die bewältigt werden muss. Deshalb möchte die Regierung die Bundestagsverwaltung, die das → Lobbyregister führt und die Regeln für Abgeordnete überwacht, personell und finanziell aufstocken (Bundesregierung 2021). Dennoch bleibt das grundlegende Problem bestehen, dass die Politik sich selber kontrolliert. So sind etwa die Nebentätigkeiten von Bundestagsabgeordneten zwar im internationalen Vergleich generell strikt geregelt, bei der konkreten Beurteilung von Einzelfällen ist das dafür zuständige Bundestagspräsidium, welches aus gewählten Abgeordneten besteht, dann aber weniger streng. So konnte Bundespräsident Wolfgang Schäuble (CDU) einen Regelverstoß seines Parteifreundes Philipp Amthor „überhaupt nicht erkennen", als dieser, offenbar im Gegenzug für erhaltenen Aktienoptionen, seine Beziehungen für das Unternehmen Augustus Intelligence hatte spielen lassen (Roßmann 2020).

Auch bei der Prüfung der Parteienfinanzierung ist nach Ansicht der Antikorruptionskommission des Europarates die Unabhängigkeit nicht sichergestellt (GRECO 2019). Diese Problematik wurde insbesondere in den Jahren 2017 bis 2021 offensichtlich, als mit Wolfgang Schäuble einer der Protagonisten der CDU-Spendenaffäre der 1990er Jahre Bundestagspräsident war. Dieser hatte 1994 eine Spende des Waffenhändlers Karlheinz Schreiber in Höhe von 100.000 Mark in bar entgegengenommen, die in keinem Rechenschaftsbericht auftauchte und deren Verbleib bis heute unklar ist. Dass dann ausgerechnet Schäuble über Parteispenden und Rechenschaftsberichte wachte, kann mit dem Sprichwort vom Bock, der zum Gärtner gemacht wurde, charakterisiert werden. So zeigte er auch als Bundestagspräsident wenig Willen zur Transparenz und verweigerte etwa die Freigabe von Unterlagen zur Überprüfung der Parteifinanzen durch die Bundestagsverwaltung (abgeordnetenwatch.de 2020).

Eine unabhängige Überwachung von Nebentätigkeiten, Parteispenden und Ähnlichem könnte durch ein externes Gremium gewährleistet werden, welches die Kontrolle übernimmt und eine Sanktionsberechtigung hat. Watchdog-Organisationen wie Transparency International fordern dies schon lange.

Literaturtipp | Der von LobbyControl herausgegebene „Lobbyreport 2021" zieht Bilanz über die Zeit der Großen Koalition von 2017 bis 2021, bewertet die neu eingeführten Regulierungen und formuliert konkrete Forderungen an die neue Regierungskoalition. Er kann hier kostenfrei bestellt bzw. heruntergeladen werden: www.lobbycontrol.de/ueber-uns/publikationen-material/lobbyreport/

Bedarf es noch mehr für einen demokratischeren Lobbyismus?

Neben der Einführung und Anwendung strengerer Regeln müssen Bundesregierung und Bundestag noch proaktiver für eine stärkere Chancengleichheit und somit Pluralität bei der Beteiligung unterschiedlicher Interessen sorgen. Ein guter Ansatz hierfür ist die im Koalitionsvertrag vorgesehene Strategieplattform „Transformation Automobilwirtschaft", an der auch Umwelt- und Verkehrsverbände beteiligt werden sollen (Bundesregierung 2021: 28). Dieses Vorgehen ist deutlich inklusiver als die auf wirtschaftliche → Interessen beschränkte Autogipfel der Vorgängerregierungen.

Ein anderes Problem ist das Übergewicht wirtschaftlicher Interessen, was vor allem auf deren überlegenen finanziellen Mitteln beruht. Dem muss die Regierung aktiv entgegenwirken, wenn sie die Chancengleichheit vergrößern möchte. Hierzu zählt neben der Förderung organisationsschwacher Interessen durch Finanzhilfen auch die Sicherstellung der Gemeinnützigkeit von → Public Interest Groups. Denn in den vergangenen Jahren wurde mehrfach Vereinen die Gemeinnützigkeit entzogen, weil diese mit ihrem politischen Engagement gegen die Abgabenordnung verstoßen hatten. Der bekannteste Fall ist die globalisierungskritische → NGO Attac. Die Aberkennung der Gemeinnützigkeit hat für diese Organisationen weitreichende Folgen; so sind Spenden nicht mehr von der Steuer absetzbar und Aktionen unterliegen anderen Regelungen des Ordnungsamtes. Auch der Parteitagsbeschluss der CDU, der Deutschen Umwelthilfe die Gemeinnützigkeit entziehen zu wollen, zeigt ein mangelndes Verständnis der Politik für die Bedeutung auch unbequemer zivilgesellschaftlicher Gruppen für eine freiheitliche Demokratie (Geers 2019).

Hier scheint jedoch ein Umdenken einzusetzen; die Ampelkoalition möchte das Gemeinnützigkeitsrecht reformieren, „um der entstandenen Unsicherheit nach der Gemeinnützigkeitsrechtsprechung des Bundesfinanzhofes entgegenzuwirken" (Bundesregierung 2021: 117). In diese Richtung geht ein Erlass des Bundesfinanzministeriums vom Februar 2022, der klarstellt, dass Organisationen sich politisch betätigen und auf die politische Meinungsbildung → Einfluss nehmen dürfen, jedoch nur solange die Tagespolitik nicht zur Hauptbeschäftigung des Vereins wird (Rüssmann 2022).

Die Politik muss auch darüber hinaus den Wert einer pluralistischen Interessenvermittlung anerkennen, welcher nicht nur in der Vertretung wirtschaftlicher Interessen und deren Zuarbeit zur Politik besteht, sondern auch in der Repräsentation einer vielschichtigen Gesellschaft und der zivilgesellschaftlichen Kontrolle von Politik und Wirtschaft. Hierfür bedarf es eines starken Schutzes der Autonomie und Handlungsfreiheit von → Interessengruppen vor politischen Eingriffen. Denn die Antwort auf die in diesem Buch geschilderten Defizite und Skandale lautet nicht weniger, sondern transparenteren und ausgeglicheneren Lobbyismus.

Wie sähe eine ausgewogene Verteilung von Interessen denn aus?

Einige Politikwissenschaftler:innen sehen eine faire Repräsentation der unterschiedlichen Interessen dann gewährleistet, wenn sie gemäß ihrem Anteil an der Gesamtpopulation der → Interessengruppen einbezogen werden (etwa Rasmussen/Carroll 2014; Rasmussen/Gross 2015; Røed/Wøien Hansen 2018). Dieses Verständnis einer ausgewogenen Verteilung hat aber das Problem, dass die Organisationsfähigkeit von Interessen unterschiedlich groß ist. Daher unterliegt schon die Formierung von Interessen bereits einem Bias (Verzerrung); denn einige Interessen sind erfolgreicher darin, sich zu organisieren und zu mobilisieren als andere. Sogenannte latente Interessen schaffen es erst gar nicht, sich zu organisieren und bleiben somit unsichtbar; dieses gilt vor allem für sozial Schwache wie zum Beispiel Arbeitslose (Rasmussen et al. 2014: 252; Rasmussen/Gross 2015: 345).

Daher sieht Heike Klüver ein Interessengruppensystem dann als ausgewogenen *(„unbiased")* an, wenn alle vorhandenen gesellschaftlichen Interessen von zumindest einer Interessengruppe vertreten werden und die Möglichkeit haben, die Politik mitzugestalten. Und Jeremy Richardson sieht als Voraussetzung für Gleichheit, dass keine Gruppe aufgrund ihrer → Ressourcen oder den Präferenzen der Politiker:innen einen privilegierten Zugang zu den politischen Entscheidungszentren haben darf (Lowery et al. 2015).

Glossar – Wichtige Begriffe kurz erklärt

Im Text waren zentrale Fachbegriffe mit einem → gekennzeichnet. Hier werden sie genau erklärt.

Einfluss

Einfluss haben oder ausüben bedeutet im Zusammenhang mit Lobbyismus, dass Akteure es schaffen, politische Entscheidungen im Sinne ihrer Präferenzen oder → Interessen zu formen. Aus mindestens drei Gründen ist es jedoch schwierig, den Einfluss von organisierten Interessen auf die Politik konkret zu bestimmen (Dür 2008: 561f.): Erstens können → Interessengruppen über verschiedene Wege Einfluss ausüben, etwa über direkte Kontakte in die Politik (→ Inside-Lobbying) oder indirekt über die Mobilisierung der Öffentlichkeit (→ Outside-Lobbying). Zweitens bedeutet Einfluss nicht unbedingt Erfolg. Beispielsweise kann eine Interessengruppe auf ein Gesetz, mit dem sie unzufrieden ist, dennoch Einfluss genommen haben, indem sie (aus ihrer Sicht) Schlimmeres verhindert hat. Andersrum kann ein Gesetz genau in ihrem Interesse sein, obwohl ihr Lobbying dazu faktisch wenig oder nichts beigetragen hat. Drittens setzt Lobbyismus in unterschiedlichen Phasen der Gesetzgebung an. Manche Gruppen sind erfolgreich im Agenda-Setting, indem sie es schaffen, ihre Themen in die Medien und auf die politische Tagesordnung zu bringen, während andere Interessen stärker auf die darauffolgende Gesetzgebung Einfluss nehmen können. Aufgrund dieses Problems, Einfluss kausal zu bestimmen, ist es für die demokratische Kontrolle von Lobbyismus wichtig, dass → Transparenz über die Lobbykontakte der Politik besteht.

(legislativer oder exekutiver) Fußabdruck

Ein Fußabdruck oder eine Fußspur dokumentiert die Einflussnahme(versuche) von Lobbyist:innen auf Gesetze. Hierzu werden die Kontakte, die → organisierte Interessen zu den an der Gesetzgebung beteiligten Abgeordneten und sonstigen Personen in Parlament und Regierung haben, dokumentiert und veröffentlicht. Diese → Transparenz hilft Forschung und Zivilgesellschaft, zu untersuchen, welche → Interessen (erfolgreich) auf den Gesetzesinhalt → Einfluss genommen haben. In Deutschland gibt es aktuell keinen gesetzlichen Fußabdruck, aber das Europäische Parlament hat 2017 einen solchen eingeführt. Dort müssen die mit der Gesetzgebung maßgeblich beauftragen Europaabgeordneten, die Berichterstatter:innen und Schattenberichterstatter:innen, die Namen aller Lobbyist:innen veröffentlichen, mit denen sie sich in Zusammenhang mit dem Thema getroffen haben.

Informationen

Informationen sind eine wichtige → Ressource von organisierten Interessen, die ihnen Zugang zu politischen Entscheidungen ermöglicht. Denn → Interessengruppen können der Politik zum einen für die Politikformulierung benötigten Sachverstand bereitstellen, da sie über viel Expertise und praktische Erfahrung in ihren Bereichen verfügen. Zum anderen können sie der Politik auch Informationen über die Positionen ihrer Mitglieder zu geplanten Gesetzesänderung liefern.

Informationsfreiheitsgesetz

Das zum Jahresbeginn 2006 in Kraft getretene Informationsfreiheitsgesetz garantiert den Anspruch aller Bürger:innen auf Zugang zu amtlichen Informationen (wie Aufzeichnungen und Schriftstücken) von Bundesbehörden. Trotz einiger Ausnahmen und Kritikpunkte an dem Verfahren (etwa an den hohen Kosten für bereitgestellte Informationen) gilt das Gesetz als ein wichtiger Baustein für transparenten Lobbyismus und wird von politischer Opposition, Watchdog-Organisationen und Medien zu vielfältigen Recherchezwecken in Anspruch genommen.

Inside-Lobbying

Inside-Lobbying ist Lobbyismus im engeren Sinne und umfasst alle Strategien, mit denen Lobbyorganisationen über direkte Kontakte mit der Politik politische Entscheidungen beeinflussen möchten. Hierzu zählen Briefe und E-Mails, die an Abgeordnete und Ministerien gesendet werden, Bitten um persönliche Treffen oder Telefongespräche, Einladungen zu Veranstaltungen um in Kontakt zu kommen sowie die Teilnahme an Kommissionen, Beiräten, runden Tischen und Ähnlichem. Das Gegenteil ist das → Outside-Lobbying.

Interessen

Politische Interessen sind die wirtschaftlichen, sozialen und sonstigen gesellschaftlichen Forderungen, die an die Politik gestellt werden. Diese können unterteilt werden in spezifische Interessen, die lediglich einer bestimmten Gruppe nutzen und meist ökonomischer Art sind, und allgemeine oder öffentliche Interessen, die einer Vielzahl an oder allen Menschen zugutekommen. Damit gesellschaftliche Interessen von der Politik wahrgenommen werden, müssen sie sich organisieren (etwa in → Interessengruppen) und mobilisieren (über → Inside- und → Outside-Lobbying). Nicht alle gesellschaftlich vorhandenen Interessen schaffen das, insbesondere die von sozial Schwachen haben diesbezüglich große Probleme und bleiben latent (unsichtbar). Wirtschaftliche Interessen sind hingegen anderen Interessen in Bezug auf ihre → Ressourcen und Organisationsfähigkeit deutlich überlegen, was ein Bias (Verzerrung) der Interessenvermittlung zu Folge hat und das wesentliche Problem beim Lobbyismus darstellt.

Interessengruppen

Interessengruppen sind Verbände, Vereine und andere Organisationen, deren Mitglieder ein gemeinsames Interesse eint. Im Unterschied zu Parteien befassen sie sich dabei mit einem beschränkten Themenspektrum, nehmen nicht an Wahlen teil und streben keine politischen Ämter an.

Korruption

Korruption verfolgt ebenso wie Lobbyismus bestimmte Interessen. Während Lobbyismus legal, legitim und in vielen Fällen auch für eine bessere Politik nützlich ist, schadet Korruption in Demokratien immer dem Allgemeinwohl und ist in den meisten Fällen auch verboten. Bei Korruption umgeht die korrumpierende (bestechende) Seite durch Bestechungen auf geheimem Weg den Wettbewerb mit anderen Interessen, während die korrumpierte Seite (Bürokratie und Politik) ihre anvertraute Macht zum privatem, in der Regel finanziellem, Vorteil missbraucht.

Legitimation

Legitimation meint die Rechtmäßigkeit des Handelns einer Regierung oder einer Organisation und kann (nach Scharpf 1999) in zwei Arten unterschieden werden: Die Input-Legitimation betont die „Herrschaft durch das Volk". Nach dieser ist eine Politik dann legitim, wenn sie dessen Willen widerspiegelt. Vereine, → Verbände und andere Lobbyorganisationen können die Input-Legitimation erhöhen, indem sie als „Transmissionsriemen" die Forderungen ihrer Mitglieder aggregieren und an die Politik übermitteln. Die Output-Legitimation beruht auf dem Prinzip der „Herrschaft für das Volk" und entsteht durch eine gute, für Wohlstand sorgende Politik. Hierbei kann Lobbyismus → Informationen für eine effiziente Gesetzgebung bereitstellen. Eine unausgewogene Interessenvermittlung kann hingegen beide Arten der Legitimation verringen.

Lobbyregister

Ein Lobbyregister stellt bestimmte Anforderungen an die im Lobbyismus aktiven Akteure. Wenn diese Zugang zu politischen Institutionen und Amtsträger:innen suchen, müssen sie sich registrieren und dabei bestimmte Angaben machen, etwa zu ihren personellen und finanziellen Mitteln und den von ihnen vertretenen Interessen, sowie bestimmte Verhaltensregeln akzeptieren. Durch ein Lobbyregister soll sowohl für die Öffentlichkeit als auch für die Politik nachvollziehbarer werden, wer in wessen Auftrag versucht, politische Entscheidungen zu beeinflussen. In Deutschland gibt es seit dem Jahr 2022 das „Lobbyregister für die Interessenvertretung gegenüber dem Deutschen Bundestag und der Bundesregierung", welches die (weniger weitreichende) „Öffentliche Liste über die Registrierung von Verbänden und deren Vertretern" abgelöst hat. In der EU existiert ein Transparenzregister von Europäischer Kommission und Europäischem Parlament.

Neokorporatismus

Neokorporatismus ist die Bezeichnung für eine Struktur der Interessenvermittlung, in der → Interessengruppen, insbesondere Spitzenverbände, von staatlicher Seite in die Gestaltung und Umsetzung von Politik eingebunden werden. Diese Struktur findet sich etwa in der Arbeitsmarkt-, Wirtschafts- und Gesundheitspolitik, wo → Verbände vielfältige Steuerungsleistungen übernehmen und in die Verwaltung von Institutionen (etwa der Bundesagentur für Arbeit) involviert sind. Das Gegenstück ist der → Pluralismus.

NGOs

NGOs (*non-governmental organizations*, deutsch: Nichtregierungsorganisationen) sind vom Staat unabhängige Organisationen, die anders als → Public Interest Groups oftmals über keine klassische Mitgliederstruktur verfügen und sich primär über Spenden finanzieren. Die meisten NGOs vertreten allgemeine und öffentliche Interessen, hinter einigen stehen aber auch (verschleierte) wirtschaftliche Interessen.

Organisierte Interessen

Lobbyismus oder Interessenvertretung ist der alleinige oder teilweise Zweck unterschiedlicher Organisationen. Während → Verbände, Vereine und andere → Interessengruppen sowie Handels- und Handwerksammern die Interessen ihrer Mitglieder vertreten, übernehmen einige Unternehmen, vor allem große Konzerne, dies mittlerweile oft selber. Zudem bieten auch Agenturen und Kanzleien als Geschäftsmodell an, Lobbyismus für andere auszuüben. Weitere Organisationen, hinter denen Interessen stehen können, sind Stiftungen und Forschungsinstitute.

Outside-Lobbying

Outside-Lobbying ist die Strategie, politische Entscheidungen über (soziale und klassische) Medien und die Mobilisierung der Öffentlichkeit indirekt zu beeinflussen. Das Kalkül ist, dass sich auf (Wieder-)Wahl abzielende Regierungen dem reellen oder vermeintlichem öffentlichen Druck beugen. Instrumente des Outside-Lobbying sind etwa Kampagnen, Pressemitteilungen und -konferenzen, sowie Demonstrationen und andere Protestaktionen. Auch Rechtsmobilisierung bzw. strategische Prozessführung durch Verfassungsbeschwerden sowie Verbands- und Musterfeststellungsklagen können zum Outside-Lobbying gezählt werden. Vor allem populäre Organisationen, die allgemeine und öffentliche → Interessen vertreten, sind erfolgreich im Outside-Lobbying. Wirtschaftliche Interessen bevorzugen demgegenüber → Inside-Lobbying.

Pluralismus und Neopluralismus

(Neo-)Pluralismus ist das demokratietheoretische Ideal, dass legitime Politik durch den offenen Wettstreit der vielfältigen Interessen einer Gesellschaft entsteht. Lobbyismus ist demnach ein Beitrag zur politischen Willensbildung. Im pluralistischen Ideal privilegiert der Staat keine bestimmten Interessen und übt auch keinen Einfluss auf das System der Interessenvertretung aus, wodurch sich Pluralismus vom → Neokorporatismus unterscheidet.

Public Interest Groups

Public Interest Groups sind nicht gewinnorientierte, vom Staat unabhängige Organisationen, die allgemeine oder öffentliche → Interessen vertreten, wie etwa Umwelt-, Tier- und Verbraucherschutz. Public Interest Groups sind mitgliederbasiert, wobei die Mitgliedschaft in der Regel allen offen steht, und oft basisdemokratisch organisiert.

Ressourcen

Ressourcen sind die finanziellen, personellen, kommunikativen und rechtlichen Möglichkeiten von Lobbyorganisationen. Zunächst werden Geld und (aktive) Mitglieder benötigt, damit sich → Interessen überhaupt organisieren können. Danach hängt auch der Erfolg organisierter Interessen im Lobbyismus wesentlich von deren finanziellen Mitteln, Angestellten und Mitgliedern ab. Die Politikwissenschaft konzipiert Lobbyismus als Tausch von Ressourcen gegen Zugang zur Politik. So kann etwa über Parteispenden die Aufmerksamkeit von Politiker:innen „erkauft" werden; primär geht es beim Lobbying jedoch um den Tausch von → Informationen und Unterstützung. Insgesamt sind die Ressourcen ungleich zugunsten wirtschaftlicher und zulasten allgemeiner Interessen verteilt, was ein wesentliches Problem für die → Legitimation von Lobbyismus darstellt.

Sozialpartner und Sozialpartnerschaft

In Deutschland sind die Sozialpartner die → Verbände der Arbeitgeber:innen auf der einen und die Gewerkschaften als Vertreterinnen der wirtschaftlichen und sozialen → Interessen der abhängig Beschäftigten auf der anderen Seite. Deren Zusammenarbeit bei der Regulierung von Lohn- und Arbeitsbedingungen durch verhandelte Tarifverträge wird als Sozialpartnerschaft bezeichnet.

Transparenz

Transparenz im Lobbyismus bedeutet, dass öffentlich einsehbar und nachvollziehbar ist, wer, wann und wie versucht, auf wen → Einfluss zu nehmen. Es ist das wichtigste Prinzip zur Regulierung des Lobbyismus und zur Vermeidung von Korruption. Erreicht wird Transparenz durch Veröffentlichung von Informationen zu Parteispenden, Kontakten, Nebentätigkeiten von Abgeordneten und Ähnlichem, etwa im Rahmen eines → Lobbyregisters oder eines (legislatives oder exekutiven) → Fußabdrucks.

Verbände

Politische → Interessengruppen werden in Deutschland oft als Verbände bezeichnet. Verbände sind dadurch charakterisiert, dass sie mitgliederbasiert sind, wobei Mitglieder keine Einzelpersonen sein müssen, sondern auch Unternehmen oder andere Vereinigungen sein können. Verbände sind funktional in Dach- und Mitgliedsverbände und territorial in Bundes-, Länder- und Kommunalverbände untergliedert.

Verwendete Literatur

Abels G. 2020: Europäische Frauenlobby (EFL). In: M. Große Hüttmann; H.-G. Wehling (Hg.): *Das Europalexikon*, 3. Auflage. Bonn: Dietz. Online unter: https://www.bpb.de/kurz-knapp/lexika/das-europalexikon/176874/europaeische-frauenlobby-efl/ [Letzter Zugriff: 11.06.2022].

Abgeordnetenwatch.de 2021: Wir dürfen nicht erfahren, wie der Bundestag Parteispenden prüft. *Newsletter*, 16.06.2020. Online unter: https://www.abgeordnetenwatch.de/newsletter/wir-duerfen-nicht-erfahren-wie-der-bundestag-parteispenden-prueft [Letzter Zugriff: 01.10.2022].

Abgeordnetenwatch.de 2022: *Jahres- und Wirkungsbericht 2021*. Online unter: https://www.abgeordnetenwatch.de/sites/default/files/media/documents/2022-08/awjahresbericht2021final220822web.pdf [Letzter Zugriff: 27.09.2022].

Adler, S. E.; Lapinski, J. S. 1997: Demand-Side Theory and Congressional Committee Composition: A Constituency Characteristics Approach. *American Journal of Political Science* 41 (3), 895–918.

Alemann, U. von 2005: Politische Korruption: Ein Wegweiser zum Stand der Forschung. In: U. von Alemann (Hg.): *Dimensionen politischer Korruption: Beiträge zum Stand der internationalen Forschung* (PVS-Sonderheft 35/2005). Wiesbaden: VS, 13–49.

Allern, E. H.; Bale, T. 2012: Political parties and interest groups: Disentangling complex relationships. *Party Politics* 18 (1), 7–25.

ALTER-EU 2008: *Secrecy and corporate dominance – a study of the composition and transparency of European Commission expert groups.* Online unter: https://corporateeurope.org/sites/default/files/sites/default/files/resource/published.pdf [Letzter Zugriff: 02.06.2022].

ALTER-EU 2012: *Who's driving the agenda at DG Enterprise and Industry? The dominance of corporate lobbyists in DG Enterprise's expert groups.* Online unter: https://www.alter-eu.org/sites/default/files/documents/DGENTR-driving_0.pdf [Letzter Zugriff: 02.06.2022].

ALTER-EU 2013: *A Year of Broken Promises – Big business still put in charge of EU Expert Groups, despite commitment to reform.* Online unter: https://www.alter-eu.org/sites/default/files/documents/Broken_Promises_web.pdf [Letzter Zugriff: 02.06.2022].

Amann, S.; Becker, S.; Gnirke, K.; Müller, P.; Schießl, M.; Traufetter, G. 2017: Die dunkle Seite der Macht. *Der Spiegel* 32, 10–17.

Arnim, H. H. von 2006: Der gekaufte Abgeordnete – Nebeneinkünfte und Korruptionsproblematik. *Neue Zeitschrift für Verwaltungsrecht* 25 (3), 249–254.

Arnold, F.; Kauder, B.; Potrafke, N. 2014: Outside earnings, absence, and activity: Evidence from German parliamentarians. *European Journal of Political Economy* 36, 147–157.

Austen-Smith, D.; Wright, J. R. 1994: Counteractive lobbying. *American Journal of Political Science* 38, 25–44.

Baruth, S.; Schnapp, K.-U. 2015: Ministerialbürokratien als Lobbyadressen. In: R. Speth; A. Zimmer (Hg.): *Lobby Work*. Wiesbaden: Springer VS, 245–260.

Baumgartner, F. R.; Jones, B. D. 1993: *Agendas and Instability in American Politics*. Chicago, IL: University of Chicago Press.

Becker, S.; Buschmann, R.; Höfner, R.; Naber, N.; Traufetter, G.; Winterbach, C. 2020: Ist Philipp Amthor käuflich? *Der Spiegel* 25, 34–38,

Beckmann, F.; Spohr, F. 2022: *Arbeitsmarkt und Arbeitsmarktpolitik. Grundlagen, Wandel, Zukunftsperspektiven*. Stuttgart: UTB.

Bergmann, K.; Graf Strachwitz, R. 2015: Lobbyisten, Marketing-Instrumente, Themenanwälte, Think Tanks, unparteiische Berater oder Wächter? Stiftungen im Kontext aktiver Politikgestaltung. In: R. Speth; A. Zimmer (Hg.): *Lobby Work*. Wiesbaden: Springer VS, 173–186.

Berkhout, J. 2013: Why interest organizations do what they do: assessing the explanatory potential of ‚exchange' approaches. *Interest Groups & Advocacy* 2 (2), 227–250.

Berkhout, J.; Carroll, B. J.; Braun, C.; Chalmers, A.; Destrooper, T.; Lowery, D.; Otjes, S.; Rasmussen, A. 2015: Interest organizations across economic sectors: explaining interest group density in the European Union. *Journal of European Public Policy* 22 (4), 462–480.

Bernhagen, P. 2019: Lobbyismus in der Politikberatung. In: S. Falk; M. Glaab; A. Römmele; H. Schober, M. Thunert (Hg.): *Handbuch Politikberatung*. Wiesbaden: Springer VS, 249–261.

Bernhagen, P.; Geyer, S.; Goldberg, F. 2017: Organisierte Interessen und die rot-grüne Landesregierung. In: F. Hörisch; S. Wurster (Hg.): *Das grün-rote Experiment in Baden-Württemberg*. Wiesbaden: Springer VS, 333–359.

Best, H.; Edinger, M.; Gerstenhauer, D.; Vogel, L. 2011: *Jenaer Parlamentarierbefragung 2010. Ausgewählte Ergebnisse*. Sonderforschungsbereich 2010. Jena: Friedrich-Schiller-Universität.

Bevan, S.; Rasmussen, A. 2020: When does Government listen to the public? Voluntary associations & dynamic agenda representation in the United States. *Policy Studies Journal* 48 (1), 111–132.

Beyers, J.; Eising, R.; Maloney, W. 2008: Researching Interest Group Politics in Europe and Elsewhere: Much We Study, Little We Know? *West European Politics* 31 (6), 1103–1128.

Beyers, H.; Kerremans, B. 2012: Domestic Embeddedness and the Dynamics of Multilevel Venue Shopping in Four EU Member States. *Governance* 25 (2), 263–290.

Biermann, K. 2017: Das Kanzleramt tut, was Autobauer fordern. *Zeit online*, 05.08.2017. Online unter: https://www.zeit.de/politik/deutschland/2017-08/diesel-betrug-politik-lobby-kanzerlamt [Letzter Zugriff: 11.06.2022].

Binderkrantz, A. S.; Christiansen, P. M.; Pedersen, H. H. 2015: Interest Group Access to the Bureaucracy, Parliament, and the Media. *Governance* 28 (1), 95–112.

Blanes i Vidal, J.; Draca, M.; Fons-Rosen, C. 2012: Revolving Door Lobbyists. *The American Economic Review* 102 (7), 3731–3748.

Blum, P.; Braun, A.; Felke, C.; Strunz, B. 2022: Gekaufte Wissenschaft im Sinne des UN-Konzerns? *Tagesschau*, 11.07.2022. Online unter: https://www.tagesschau.de/investigativ/ndr-wdr/uber-files-wissenschaft-101.html [Letzter Zugriff: 20.09.2022].

Bouwen, P. 2004a: The logic of access to the European parliament: business lobbying in the committee on economic and monetary affairs. *Journal of Common Market Studies* 42 (3), 473–495.

Bouwen, P. 2004b: Exchanging access goods for access: a comparative study of business lobbying in the European Union institutions. *European Journal of Political Research* 43, 337–369.

Bundesministerium des Inneren 2021: Integrität in der Bundesverwaltung. *Jahresbericht 2020.* DGI3-15019/4#7. Online unter: https://www.bmi.bund.de/SharedDocs/downloads/DE/veroeffentlichungen/themen/moderne-verwaltung/integritaet-der-verwaltung/integritaetsbericht2020.pdf?__blob=publicationFile&v=7 [Letzter Zugriff: 06.10.2022].

Bundesregierung 2021: *Mehr Fortschritt wagen. Bündnis für Freiheit, Gerechtigkeit und Nachhaltigkeit.* Koalitionsvertrag zwischen SPD, Bündnis 90/Die Grünen und FDP. Online unter: https://www.bundesregierung.de/resource/blob/974430/1990812/04221173eef9a6720059cc353d759a2b/2021-12-10-koav2021-data.pdf?download=1 [Letzter Zugriff: 30.09.2022].

Bundestag 2021: *Öffentliche Liste über die Registrierung von Verbänden und deren Vertretern.* Stand: 13.12.2021. Online unter: https://www.bundestag.de/resource/blob/189476/92941c548e5bd981bc6e0477276c110a/lobbylisteaktuell-data.pdf [Letzter Zugriff: 19.09.2022].

Burstein, P.; Hirsh, C. E. 2007: Interest Organizations, Information, and Policy Innovation in the U.S. Congress. *Sociological Forum* 22 (2), 174–199.

Brinkmann, H. U. 1984: *Public Interest Groups im politischen System der USA*, Opladen: Leske + Budrich.

Bülow, M. 2010: *Wir Abnicker. Über Macht und Ohnmacht der Volksvertreter.* Berlin: Econ.

Bülow, M. 2021: *Lobbyland. Wie die Wirtschaft unsere Demokratie kauft.* Berlin: Das Neue Berlin.

Bulut, A. 2021: Wer und was steckt hinter der Initiative „Familien in der Krise"? *Übermedien,* 15.02.2021. Online unter: https://uebermedien.de/57363/wer-und-was-steckt-hinter-der-initiative-familien-in-der-krise/ [Letzter Zugriff: 19.09.2022].

Büsken, P. 2019: Wie reagieren die Fraktionen im Bundestag auf die Fridays for Future Bewegung? *regierungsforschung.de.* Online unter: https://regierungsforschung.de/wie-reagieren-die-fraktionen-im-bundestag-auf-die-fridays-for-future-bewegung/ [Letzter Zugriff: 27.09.2022].

Büsken, P.; Spohr, F. 2022: *The Impact of German MPs' Outside Activities on their Parliamentary Careers.* Paper presented at the ECPR General Conference in Innsbruck, August 2022.

Cain, B. E.; Drutman, L. 2014: Congressional Staff and the Revolving Door: The Impact of Regulatory Change. *Election Law Journal* 13 (1), 27–44.

CEO 2014: Will public trust in the EU be sacrificed to keep agribusiness happy? Corporate Europe Observatory, 27.01.2014. Online unter: https://corporateeurope.org/en/expert-groups/2014/01/will-public-trust-eu-be-sacrificed-keep-agribusiness-happy [Letzter Zugriff: 30.09.2022].

Coen, D.; Katsaitis, A. 2019: Legislative Efficiency and Political Inclusiveness: The Effect of Procedures on Interest Group Mobilization in the European Parliament. *The Journal of Legislative Studies* 25 (2), 278–294.

Cross, J. C.; Eising, R.; Hermansson, H.; Spohr, F. (2021): Business interests, public interests, and experts in parliamentary committees: their impact on legislative amendments in the German Bundestag. *West European Politics* 44 (2), 354–377.

Crouch, C. 2008: *Postdemokratie*, Frankfurt am Main: Suhrkamp.

Culpepper, D. 2010: *Quiet politics and business power: corporate control in Europe and Japan*, Cambridge: Cambridge University Press.

De Bruycker, I. 2017: Politicization and the public interest: When do the elites in Brussels address public interests in EU policy debates? *European Union Politics* 18 (4), 603–619.

De Bruycker, I.; Beyers, J. 2019: Lobbying strategies and success: Inside and outside lobbying in European Union legislative politics. *European Political Science Review* 11 (1), 57–74.

Deutsche Gesellschaft für Politikberatung 2022: *Ethik & Transparenz. Professionalität. Service.* Online unter: https://www.degepol.de/ [Letzter Zugriff: 24.11.2022]

Deutsche Public Relations Gesellschaft 2022: *Verband. Das Netzwerk für Kommunikatoren.* Online unter: https://dprg.de/verband/ [Letzter Zugriff: 24.11.2022]

Deutscher Bundestag 2021: *Beschlussempfehlung und Bericht des 1. Untersuchungsausschusses der 19. Wahlperiode gemäß Artikel 44 des Grundgesetzes. Vorabfassung vom 22.6.21.* Online unter: https://dserver.bundestag.de/btd/19/309/1930900.pdf [Letzter Zugriff: 29.09.2022].

Deutschlandfunk 2022: *Was Abgeordnete nebenbei verdienen dürfen.* 22.04.2021. https://www.deutschlandfunk.de/gesetzentwurf-zu-nebentaetigkeiten-was-abgeordnete-nebenbei-100.html. [Letzter Zugriff: 29.09.2022].

Dhungel, A.-K.; Linhart, E. 2014. Interessenvermittlung in den Ausschüssen des Deutschen Bundestages. *Zeitschrift für Parlamentsfragen* 45 (4), 743–762.

Döhler, M. 2012: Gesetzgebung auf Honorarbasis – Politik, Ministerialverwaltung und das Problem externer Beteiligung an Rechtsetzungsprozessen. *Politische Vierteljahresschrift* 53 (2), 181–210.

Dür, A. 2008: Measuring Interest Group Influence in the EU. A Note on Methodology. *European Union Politics* 9 (4), 559–576.

Dür, A.; Bernhagen, P.; Marshall, D. 2015: Interest Group Success in the European Union: When (and Why) does Business Lose? *Comparative Political Studies* 48 (8), 951–983.

Dür, A.; De Bièvre, D. 2007: Inclusion without influence? NGOs in European trade policy. *Journal of Public Policy* 27 (1), 79–101.

Dür, A.; Mateo, G. 2016: *Insiders versus Outsiders. Interest Group Politics in Multilevel Europe.* Oxford: Oxford University Press.

Eckert, F. 2005: Lobbyismus – zwischen legitimem politischen Einfluss und Korruption. In: U. von Alemann (Hg.): *Dimensionen politischer Korruption. Beiträge zum Stand der internationalen Forschung.* Wiesbaden: Springer VS, 267–286.

Eising, R. 2007a: Institutional Context, Organizational Resources and Strategic Choices. Explaining Interest Group Access in the European Union. *European Union Politics* 8 (3), 329–362.

Eising, R. 2007b: The Access of Business Interests to EU Political Institutions: Towards Elite Pluralism? *Journal of European Public Policy* 14 (3), 384–403.

Eising, R. 2016: Interest Groups and the European Union. In: M. Cini; N. Pérez-Solórzano Borragán (Hg.): *European Union Politics.* 5. Auflage Oxford: Oxford University Press, 179–194.

Eising, R.; Rasch, D.; Rozbicka, P.; Fink-Hafner, D.; Hafner-Fink, M.; Novak, M. 2017: Who says what to whom? Alignments and arguments in EU policy-making. *West European Politics* 40 (5), 957–980.

Eising, R.; Spohr, F. 2017: The more, the merrier? Interest groups and legislative change in the public hearings of the German parliamentary committees. *German Politics* 26 (2), 314–333.

Elmer, C.; Hebel, C. 2015: Nebenjobs im Bundestag: Jeder zweite CSU-Abgeordnete verdient was dazu. *Spiegel Online*, 03.08.2015. Online unter: http://www.spiegel.de/politik/deutschland/nebeneinkuenfte-im-bundestag-jeder-zweite-csu-abgeordnete-verdient-nebenbei-a-1046465.html [Letzter Zugriff: 29.09.2022].

Elsässer, L.; Hense, S.; Schäfer, A. 2017: „Dem Deutschen Volke"? Die ungleiche Responsivität des Bundestags. *Zeitschrift für Politikwissenschaft* 27, 161–180.

Enste, D. H. 2021: Folgen von Korruption für Wirtschaft, Staat und Gesellschaft. *Aus Politik und Zeitgeschichte* 19–20, 28–33.

Europäische Union 1995–2022: *Statistiken.* Online unter: https://ec.europa.eu/transparencyregister/public/consultation/statistics.do?action=prepareView&locale=de#de [Letzter Zugriff: 30.06.2022]

Fischer, T. 2014: Dieses Gesetz ist ein Witz, *Zeit online,* 26.06.2014. Online unter: https://www.zeit.de/2014/27/abgeordnetenbestechung-gesetz?utm_referrer=https%3A%2F%2Fwww.google.com%2F [Letzter Zugriff: 27.09.2022].

Flöthe, L.; Rasmussen, A. 2019: Public voices in the heavenly chorus? Group type bias and opinion representation. *Journal of European Public Policy* 26 (6), 824–842.

Fraenkel, E. 2007 [1964]: Der Pluralismus als Strukturelement der freiheitlich-rechtsstaatlichen Demokratie. In: A. von Brünneck (Hg.): *Werke, Band 5: Demokratie und Pluralismus.* München/Berlin, 256–280.

Friese, D. 2022: Bauer in Peru wartet auf Gutachten: Bringt RWE Gletscher zum Schmelzen? *WDR,* 31.05.2022. Online unter: https://www1.wdr.de/nachrichten/ruhrgebiet/ortstermin-peruanischer-bauer-verklagt-essener-rwe-konzern-wegen-klimaschaeden-100.html [Letzter Zugriff: 03.10.2022].

Fuchs, S.; Sack, D. 2022: Corporatism as usual? – Staat und organisierte Wirtschaftsinteressen in der Coronakrise. *Zeitschrift für Politikwissenschaft* 32, 601–626.

Fütterer, S. 2018: Korruption und Antikorruption in der Wissensvermittlung - Unschärfen und Abhängigkeiten. In: S. Wolf; P. Graeff (Hg.): *Korruptionsbekämpfung vermitteln.* Wiesbaden: Springer VS, 25–47.

Gaugler, M. 2009: Sinnvoll oder skandalös? Personelle Verflechtungen von Parlament und Wirtschaft durch die Nebentätigkeiten der Abgeordneten. Eine Netzwerkanalyse. In: V. Schneider; F. Janning; P. Leifeld; T. Malang (Hg.): *Politiknetzwerke.* Wiesbaden: VS, 307–323.

Geiger, F. 2022: Kritik an Konzept zur Bewertung von Umweltfolgen. *Tagesspiegel*, 19.05.2022. Online unter: https://background.tagesspiegel.de/sustainable-finance/kritik-an-konzept-zur-bewertung-von-umweltfolgen [Letzter Zugriff: 04.10.2022].

Geers, T. 2019: Attac-Urteil sorgt für Unruhe bei Organisationen und Vereinen. *Deutschlandfunk*, 06.03.2019. Online unter: https://www.deutschlandfunk.de/nach-aberkennung-der-gemeinnuetzigkeit-attac-urteil-sorgt-100.html [Letzter Zugriff: 04.10.2022].

GFF 2022: Transparenzklagen nach dem Informationsfreiheitsgesetz. *Gesellschaft für Freiheitsrechte.* Online unter: https://freiheitsrechte.org/themen/demokratie/transparenzklagen [Letzter Zugriff: 04.10.2022].

Giger, N.; Klüver, H. 2016: Voting against your constituents? How lobbying affects representation. *American Journal of Political Science* 60 (1), 190–205.

Gilens, M.; Page, B. I. 2014: Testing theories of American politics: elites, interest groups, and average citizens. *Perspectives on Politics* 12 (3), 564–581.

GRECO 2019: *Third Evaluation Round. Second Addendum to the Second Compliance Report on Germany. „Transparency of Party Funding“*, GrecoRC3(2019)1.

GRECO 2020: *Evaluierungsbericht Deutschland.* GrecoEval5Rep (2019) 6.

Goldberg, F. 2018: Corruption and lobbying: Conceptual differentiation and gray areas. *Crime, Law and Social Change* 70 (2), 197–215.

Goldberg, F.; Bernhagen, P.; Goldberg, S. 2021: Immer noch „business as usual“? Organisierte Interessen und die grün-schwarze Landesregierung in Baden-Württemberg. In: F. Hörisch; S. Wurster (Hg.): *Kiwi im Südwesten. Eine Bilanz der zweiten Regierung Kretschmann 2016–2021.* Wiesbaden: Springer VS, 447–474.

Graeff, P. 2021: Grauzonen moderner Korruption. In: *Aus Politik und Zeitgeschichte* 19–20/2021, 16–20.

Greenwood, J. 2017: *Interest representation in the European Union.* 4. Auflage London: Palgrave.

Grossmann, M. 2012: *The not-so-special interests: Interest groups, public representation, and American governance.* Stanford: Stanford University Press.

Hackenbruch, F. 2021: 9999 Euro für Dinner mit Gesundheitsminister. Jens Spahn will Namen der Spender nicht nennen. *Der Tagesspiegel*, 25.03.2020. Online unter: https://www.tagesspiegel.de/politik/jens-spahn-will-namen-der-spender-nicht-nennen-4239268.html [Letzter Zugriff: 05.10.2022].

Hahn, L. 2019: Strategische Prozessführung. Ein Betrag zur Begriffsklärung. *Zeitschrift für Rechtssoziologie* 39 (1), 5–32.

Hahn, L.; von Fromberg, M. 2021: Klagekollektive als „Watchdogs". Zu Chancen strategischer Prozessführung für den demokratischen Rechtsstaat. *Zeitschrift für Politikwissenschaft* 31, 217–239.

Hall, R. L.; Deardorff, A. V. 2006: Lobbying as Legislative Subsidy. *American Political Science Review* 100 (1), 69–84.

Harding, L.; Barr, C.; Nagapetyants, D. 2017: Everything you need to know about the Azerbaijani Laundromat. *The Guardian*, 04.09.2017. Online unter: https://www.theguardian.com/world/2017/sep/04/everything-you-need-to-know-about-the-azerbaijani-laundromat [Letzter Zugriff: 30.09.2022].

Heinze, R. G. 2021: Interessengruppen. In: U. Andersen; J. Bogumil; S Marschall, W. Woyke (Hg.): *Handwörterbuch des politischen Systems der Bundesrepublik Deutschland.* 8., aktualisierte und erweiterte Auflage. Wiesbaden: Springer VS, 404–412.

Heinze, R. G.; Schmid, J.; Strünck, C. 1999: *Vom Wohlfahrtsstaat zum Wettbewerbsstaat. Arbeitsmarkt- und Sozialpolitik in den 90er Jahren.* Opladen: Leske+Budrich.

Helming, C. 2021: Kehrtwende bei Verhaltensregeln. Das neue Abgeordnetengesetz: Stärkere Regeln, schwache Kontrolle. *Abgeordnetenwatch.de,* 11.06.2021. Online unter: https://www.abgeordnetenwatch.de/kampagnen/das-neue-abgeordnetengesetz-staerkere-regeln-schwache-kontrolle [Letzter Zugriff: 01.08.2022].

Hollstein, M.; Kummert, T, 2022: Die Ersten lästern schon über den Bruchteil-König. *t-online*, 25.07.2022. Online unter: https://www.t-online.de/nachrichten/deutschland/innenpolitik/id_92369442/aerger-um-christian-lindner-in-der-ampel-der-bruchteil-koenig.html [Letzter Zugriff: 04.10.2022].

Holyoke, T. T. 2004: Choosing Battlegrounds: Interest Group Lobbying Across Multiple Venues. *Political Research Quarterly* 56 (3), 325–336.

Ibenskas, R.; Bunea, A. 2021: European Legislators, organizations and ties: Understanding interest group recognition in the European Parliament. *European Journal of Political Research* 60, 560–582.

Joachim, J.; Schneiker, A. 2021: NGOs – die besseren Unternehmen oder business as usual? *Zeitschrift für Politikwissenschaft* 31, 171–191.

Kagan, R. A. 2001: *Adversarial Legalism. The American Way of Law.* Cambridge: Harvard University Press.

Kagan, R. A. 2006: American and European Ways of Law: Six Entrenched Differences. eScholarship.org. Online unter: *Institute of European Studies,* Berkley http://escholarship.org/uc/item/3kt912b3 [Letzter Zugriff: 28.09.2022].

Kalagi, S. 2014: Die Rolle von Ministerialverwaltungen bei der Gesetzesvorbereitung in der Ministerialverwaltung. Ursachen und Probleme am Beispiel der Finanzmarktstabilisierungsgesetze. *Zeitschrift für Parlamentsfragen* 3, 647–668.

Klüver, H. 2013: *Lobbying in the European Union: Interest groups, lobbying coalitions and policy change.* Oxford: Oxford University Press.

Klüver, H. 2015: Interest Groups in the German Bundestag: exploring the issue linkage between citizens and interest groups. *German Politics* 24 (2), 137–153.

Klüver, H. 2020: Setting the Party Agenda: Interest Groups, Voters and Issue Attention. *British Journal of Political Science* 50 (3), 979–1000.

Klüver, H.; Mahoney, C. 2015: Measuring interest group framing strategies in public policy debates. *Journal of Public Policy* 35 (2), 223–244.

Koch, H. 2011: Lobbying auf Landesebene. *Verbändereport* 9/2011, 40–43.

Kohler-Koch, B. 1997: Organized interests in the EC and the European Parliament. *European Integration Online Papers* 1 (9). Online unter: http://eiop.or.at/eiop/pdf/1997-009.pdf [Letzter Zugriff: 07.06.2022].

Kohler-Koch, B.; Friedrich, D. 2020: Business Interest in the EU: Integration without Supranationalism? *Journal of Common Market Studies* 58 (2), 455–471.

Kollman, K. 1998: *Outside Lobbying. Public Opinion and Interest Group Strategy.* Princeton: Princeton University Press.

Labitzke, J. 2016: *Mehr partizipative Demokratie wagen. Zum Umgang der Europäischen Kommission mit Online-Konsultationen.* Springer VS: Wiesbaden.

Lange, T. 2012: Parteienfinanzierung: Europarat ermahnt Deutschland bis Ende Juni zu handeln. *LobbyControl,* 17.12.2012. Online unter: https://www.lobbycontrol.de/2012/04/parteienfinanzierung-europarat-ermahnt-deutschland-bis-ende-juni-zu-handeln/ [Letzter Zugriff: 28.09.2022].

Lehmbruch, G. 2000: *Parteienwettbewerb im Bundesstaat, Regelsysteme und Spannungslagen im politischen System der Bundesrepublik Deutschland,* Wiesbaden: Westdeutscher Verlag.

Leiber, S.; Schäfer, A. 2008: Der doppelte Voluntarismus in der EU-Sozial- und Beschäftigungspolitik. In: I. Tömmel (Hg.): *Die Europäische Union: Governance und Policy-Making.* Wiesbaden: Springer VS, 116–135.

Leif, T. 2018: Das Schattenmanagement des Journalismus. Wie „Strategische Kommunikationssteuerung" von Lobbyisten und Agenturen die journalistische Unabhängigkeit angreift. In: K. Liesem; L. Rademacher (Hg.): *Die Macht der Strategischen Kommunikation.* Baden-Baden: Nomos, 33–54.

Lindblom, C. E. 1977: *Politics and Markets: The World's Political-Economic Systems.* New York: Basic.

LobbyControl 2021a: *Lobbyreport 2021.* Online unter: https://www.lobbycontrol.de/wp-content/uploads/Lobbyreport-2021_Beispiellose-Skandale-strengere-Lobbyregeln.pdf [Letzter Zugriff: 28.09.2022].

LobbyControl 2021b: *Koalitionsvertrag: Ampel beschließt mehr Lobbykontrolle und Transparenz.* 24.11.2021. Online unter: https://www.lobbycontrol.de/2021/11/koalitionsvertrag-ampel-beschliesst-mehr-lobbykontrolle-und-transparenz/ [Letzter Zugriff: 01.10.2002].

LobbyControl 2022: *Jahresbericht 2021/2022.* Online unter: https://www.lobbycontrol.de/wp-content/uploads/LobbyControl-Jahresbericht_21-22-220701-web.pdf [Letzter Zugriff: 28.09.2022].

Lowery, D.; Baumgartner, F. R.; Berkhout, J.; Berry, J. M.; Halpin, D.; Hojnacki, M.; Klüver, H.; Kohler-Koch, B.; Richardson, J.; Schlozman, K. L. 2015: Images of an unbiased Interest Group System. *Journal of European Public Policy* 22 (8), 1212–1231.

LTO 2022: Nüßlein und Sauter können Geld aus Maskenaffäre behalten. *Legal Tribute Online*, 12.07.2022. Online unter: https://www.lto.de/recht/nachrichten/n/bgh-stb7922-keine-strafbarkeit-bestechlichkeit-georg-nuesslein-alfred-sauter-maskenaffaere-corona-pandemie/ [Letzter Zugriff: 06.10.2022].

Mai, M. 2013: Regieren mit organisierten Interessen. Lobbyismus im Wandel. In: K.-R. Korte; T. Grunden (Hg.): *Handbuch Regierungsforschung.* Wiesbaden: Springer. 307–315.

Malessa, S. 2012: *Beruf – Politik – Transparenz. Nebentätigkeits-Regeln für Bundestagsabgeordnete im internationalen Vergleich.* Wiesbaden: Springer VS.

Marshall, D.; Bernhagen, P. 2017: Government-business relations in multilevel systems: the effect of conflict perception on venue choice. *West European Politics* 40 (5), 981–1003.

MDR 2021: „Maskenaffäre“ von CDU/CSU beschädigt ohnehin geringes Vertrauen in Parteien und Politik. *MDR Sachsen-Anhalt,* 19.03.2021. Online unter: https://www.mdr.de/nachrichten/sachsen-anhalt/landtagswahl/frage-der-woche-maskenaffaere-union-auswirkungen-auf-vertrauen-in-politik100.html [Letzter Zugriff: 30.09.2022].

Mickler, T. A. 2018: Who gets what and why? Committee assignments in the German Bundestag. *West European Politics* 41 (2), 517–539.

Neuhaus, C. 2019: Lobbyisten fordern Lobbyregister: Sie wollen ihr schlechtes Image loswerden. *Tagesspiegel,* 27.06.2019. Online unter: https://www.tagesspiegel.de/wirtschaft/lobbyisten-fordern-lobbyregister-sie-wollen-ihr-schlechtes-image-loswerden/24502766.html [Letzter Zugriff: 28.09.2022].

NRW School of Governance 2022: *Master of Public Policy (MPP).* Online unter: https://nrwschool.de/lehre-und-qualifizierung/weiterbildung-2/master-of-public-policy-mpp/ [Letzter Zugriff: 24.11.2022].

Offe, C.; Wiesenthal, H. 1980: Two Logics of Collective Action. Theoretical Notes on Social Class and Organizational Form. *Political Power and Social Theory* 1 (1), 67–115.

Olson, M. 1965: *The logic of collective action. Public goods and the theory of groups.* Cambridge: Harvard University Press.

Olson, M. 1991: *Aufstieg und Niedergang von Nationen. Ökonomisches Wachstum, Stagflation und soziale Starrheit,* 2. Auflage. Tübingen: Mohr Siebeck.

Ostheim, T.; Schmidt, M. G. 2007: Die Machtressourcentheorie. In: M. G. Schmidt; T. Ostheim; N. A. Siegel; R. Zohlnhöfer (Hg.): *Der Wohlfahrtsstaat. Eine Einführung in den historischen und internationalen Vergleich.* Wiesbaden: Springer VS, 40–50.

Otjes, S.; Rasmussen, A. 2017: The collaboration between interest groups and political parties in multi-party democracies: Party system dynamics and the effect of power and ideology. *Party Politics* 23 (2), 96–109.

Otto, K. 2010: Drehtür-Lobbykratie. *Blätter für deutsche und internationale Politik* 3/2010, 13–17.

Pakull, D.; Goldberg, F.; Bernhagen, P. 2020a: Die Repräsentation der Bürgerinnen und Bürger durch organisierte Interessen in Deutschland. *Politische Vierteljahresschrift* 61, 525–551.

Pakull, D.; Marshall, D.; Bernhagen, P. 2020b: Shop till you drop? Venue choices of business and non-business interests in the European Union. *Interest Groups and Advocacy* 9, 520–540.

Platzer, H.-W. 2018: Die Sozial- und Beschäftigungspolitik der Europäischen Union. In: P. Becker; B. Lippert (Hg.): *Handbuch Europäische Union.* Wiesbaden: Springer VS, 1–18.

Plehwe, D. 2019: Wandel der Lobbyarbeit in der Europäischen Union. *Bundeszentrale für politische Bildung.* Online unter: http://www.bpb.de/politik/wirtschaft/lobbyismus/276176/wandel-der-lobbyarbeit-in-der-europaeische-union [Letzter Zugriff: 28.09.2022].

Polk, A. 2020: What do we Know About Lobbying in Germany? *Review of Economics* 71 (1), 43–79.

Polk, A. 2021: Mehr Transparenz durch das Lobbyregister? *Wirtschaftsdienst* 2021 DOI: 10.1007/s10273-021-2853-1.

Quittkat, C. 2019: Das vielfältige Reservoir der Zivilgesellschaft und neue Lobbykräfte für die Demokratie. *Bundeszentrale für politische Bildung.* Online unter: https://www.bpb.de/themen/wirtschaft/lobbyismus/275980/das-vielfaeltige-reservoir-der-zivilgesellschaft-und-neue-lobbykraefte-fuer-die-demokratie/ [Letzter Zugriff: 28.09.2022].

Rasch, D. 2020: Lobbying-Regulierung in den deutschen Bundesländern – ein Vergleich. *Der moderne Staat* 13 (2), 344–362.

Rasch, D.; Spohr, F.; Eising, R.; Ress, S. 2020: Uncovering interest group participation in Germany: web collection of written statements in ministries and the parliament. *Interest Groups & Advocacy* 9, 330–341.

Rasmussen, A.; Carroll, B. J. 2014: Determinants of Upper-Class Dominance in the Heavenly Chorus: Lessons from European Union Online Consultations. *British Journal of Political Science* 44 (2), 445–459.

Rasmussen, A.; Carroll, B. J.; Lowery, D. 2014: Representatives of the public? Public opinion and interest group activity. *European Journal of Political Research* 53 (2), 250–268.

Rasmussen, A.; Gross, V. 2015: Biased access? Exploring selection to advisory committees. *European Political Science Review* 7 (3), 343–372.

Rasmussen, A.; Mäder, L. K.; Reher, S. 2018: With a Little Help From The People? The Role of Public Opinion in Advocacy Success. *Comparative Political Studies* 51 (2), 139–164.

Rehder, B. 2009a: Fazit. In: B. Rehder; T. von Winter; U. Willems (Hg.): *Interessenvermittlung in Politikfeldern.* Wiesbaden: Springer VS, 267–273.

Rehder, B. 2009b: „Adversarial Legalism" in the German system of industrial relations? *Regulation & Governance* 3 (3), 217–234.

Rehder, B.; van Elten, K. 2019: Legal Tech & Dieselgate. Digitale Rechtsdienstleister als Akteure strategischer Prozessführung. *Zeitschrift für Rechtssoziologie* 39 (1), 64–86.

Rehder, B. 2021: Organisierte Interessen und Staat. Wer gewinnt und wer verliert in der „Coronakratie"? In: M. Florack; K-R. Korte; J. Schwanholz (Hg.): *Coronakratie. Demokratisches Regieren in Ausnahmezeiten.* Frankfurt am Main: Campus, 215–222.

Ress, S.; Spohr, F. 2022: Was it worth it? The impact of the minimum wages' introduction on union membership of employees in the low wage sector. *Economic and Industrial Democracy* 43 (4), 1699–1723.

Reyher, M. 2022a: Diese Lobbyorganisationen haben ungehinderten Zugang zum Bundestag. *abgeordnetenwatch.de*, 22.07.2022. Online unter: https://www.abgeordnetenwatch.de/recherchen/lobbyismus/diese-lobbyorganisationen-haben-ungehinderten-zugang-zum-bundestag [Letzter Zugriff: 22.09.2022].

Reyher, M. 2022b: Lobbyisten erhielten zu Unrecht Bundestagsausweise. *abgeordnetenwatch.de*, 16.09.2022. Online unter: https://www.abgeordnetenwatch.de/recherchen/lobbyismus/lobbyisten-erhielten-zu-unrecht-bundestagsausweise [Letzter Zugriff: 22.09.2022].

Røed, M.; Wøien Hansen, V. 2018: Explaining Participation Bias in the European Commission's Online Consultations: The Struggle for Policy Gain without too Much Pain. *Journal of Common Market Studies* 56 (6), 1446–1461.

Roßmann, R. 2020: Schäuble weist Vorwürfe gegen sich im Fall Amthor zurück. *Süddeutsche Zeitung,* 23.06.2020. Online unter: https://www.sueddeutsche.de/politik/schaeuble-amthor-augustus-lobbyismus-1.4945977 [Letzter Zugriff: 02.10.2022].

Rüb, F. W. 2008: Policy-Analyse unter den Bedingungen von Kontingenz. Konzeptionelle Überlegungen zu einer möglichen Neuorientierung. In: F. Janning; K. Toens (Hg.): *Die Zukunft der Policy-Forschung. Theorien, Methoden, Anwendungen.* Wiesbaden: VS, 88–111.

Rucht, D. 2021: Neue Soziale Bewegungen. In: U. Andersen; J. Bogumil; S. Marschall; W. Woyke (Hg.): *Handwörterbuch des politischen Systems der Bundesrepublik Deutschland,* 8., aktualisierte und erweiterte Auflage. Wiesbaden: Springer VS, 651–655.

Rüssmann, U. 2022: Koalitionsvertrag: Packt die Ampel die große Reform des Gemeinnützigkeitsrechts an? *Frankfurter Rundschau,* 06.02.2022. Online unter: https://www.fr.de/politik/ampel-olaf-scholz-zivilgesellschaft-koalitionsvertrag-lindner-wie-politisch-darf-gemeinnuetzigkeit-sein-91284690.html [Letzter Zugriff: 02.10.2022].

Saalfeld, T. 1999: Germany: Bundestag and interest groups in a ‚party democracy'. In: P. Norton (Ed.): *Parliaments and Pressure Groups in Western Europe.* London: Frank Cass Publishers, 43–66.

Sabatier, P.; Whiteman, D. 1985: Legislative Decision Making and Substantive Policy Information: Models of Information Flow. *Legislative Studies Quarterly* 10 (3), 395–421.

Sack, D.; Fuchs, S. 2014: Wirtschaftskammern und Parlamente. In: T. von Winter; J. von Blumenthal (Hg.): *Interessengruppen und Parlamente.* Wiesbaden: VS, 151–178.

Sarcinelli, U. 2011: *Politische Kommunikation in Deutschland. Medien und Politikvermittlung im demokratischen System,* 3., erweiterte und überarbeitete Auflage, Wiesbaden: VS.

Scharpf, F. W. 1999: *Regieren in Europa. Effektiv und demokratisch?* Frankfurt am Main: Campus, 151–160.

Scharpf, F. W. 2009: Weshalb die EU nicht zur sozialen Marktwirtschaft werden kann. *Zeitschrift für Staats- und Europawissenschaften* 7 (3–4), 419–434.

Schattschneider, E. E. 1960: *The semisovereign people. A realist's view of democracy in America.* Hinsdale/IL: The Dryden Press.

Schiffers, M. 2018: Zivilgesellschaftliche Aufpasser brauchen langen Atem: Die *watchdog*-Funktion von NGOs am Beispiel von LobbyControl. *Forschungsjournal Soziale Bewegungen* 51 (3), 53–63.

Schiffers, M. 2019: NGOs als besondere Akteure der Interessenvermittlung. Zusammenfassende Ergebnisse des Forschungsprojekts „NGOs und Politikmanagement". *regierungsforschung.de.* Online unter: https://regierungsforschung.de/ngos-als-besondere-akteure-der-interessenvermittlung/ [Letzter Zugriff: 28.09.2022].

Schiffers, M. 2021a: *NGOs als besondere Akteure der Interessenvermittlung. Eine Analyse der politischen Rationalität von Nichtregierungsorganisationen*, Wiesbaden: Springer VS.

Schiffers, M. 2021b: Illegitime Geschäfte in der „Coronakratie" – ethische Perspektiven auf die Einflussnahme durch politische Entscheidungsträgerinnen und -träger. *Zeitschrift für Politikwissenschaft* 31: 469–477.

Schiffers, M.; Körner, A. 2019: NGOs in Prozessen der politischen Interessenvermittlung. *Zeitschrift für Politikwissenschaft* 29: 525–541.

Schlozman, K. L.; Verba, S.; Brady, H. E. 2012: *The Unheavenly Chorus*, Princeton, NJ: Princeton University Press.

Schneider, G.; Baltz, K. 2003: The power of specialization: How interest groups influence EU legislation. *Rivista di Politica Economica* 93, 253–283.

Schroeder, W. 2017: *Konfessionelle Wohlfahrtsverbände im Umbruch. Fortführung des deutschen Sonderwegs durch vorsorgende Sozialpolitik?* Wiesbaden: Springer VS.

Schroeder, W.; Greef, S. 2019: Stabilisierung der Sozialpartnerschaft in der dritten Großen Koalition (2013 bis 2017)? In: R. Zohlnhöfer; T. Saalfeld (Hg.)*: Zwischen Stillstand, Politikwandel und Krisenmanagement. Eine Bilanz der Regierung Merkel 2013–2017.* Springer VS: Wiesbaden, 291–316.

Sebaldt, M.; Straßer, A. 2004: *Verbände in der Bundesrepublik Deutschland. Eine Einführung*, Wiesbaden: VS.

Seeliger, M.; Wagner, I. 2018: Europäische Gewerkschaften zwischen Integrationismus und Re-Nationalisierung. Zur Schwierigkeit der Etablierung politischer Positionen zwischen Europäischen Branchenverbänden im Fall der Dienstleistungsfreiheit. In: M. Seeliger: *Gewerkschaftspolitik im 21. Jahrhundert. Internationale Perspektiven auf ein umkämpftes Terrain.* Wiesbaden: Springer VS, 95–114.

Sieken, S. T.; Schüttemeyer, S. 2013: The German Bundestag and External Expertise: Policy Orientation as Counterweight to Deparliamentarisation. In: S. Blum; K. Schubert (Hg.): *Policy Analysis in Germany.* Bristol/Chicago: Policy Press, 161–180.

Simon, M. 2015: Lobbyismus in der Gesundheitspolitik. *Bundeszentrale für politische Bildung*. Online unter: https://www.bpb.de/themen/gesundheit/gesundheitspolitik/200658/lobbyismus-in-der-gesundheitspolitik/ [Letzter Zugriff: 28.09.2022].

Speth, R. 2010: Das Bezugssystem Politik - Lobby - Öffentlichkeit. *Aus Politik und Zeitgeschichte* 19/2010, 9–14.

Speth, R. 2015: Public Affairs Agenturen. In: R. Speth; A. Zimmer (Hg.): *Lobby Work*. Wiesbaden: Springer VS, 155–172.

Spohr, F. 2015: *Pfadwechsel in der Arbeitsmarktpolitik. Eine Analyse aktivierender Reformen in Großbritannien, Deutschland und Schweden anhand des Multiple Streams Ansatzes*, Baden-Baden: Nomos.

Spohr, F. 2018: Interessen und Informationen in den öffentlichen Anhörungen des Deutschen Bundestages. In: J. Brichzin; D. Krichewsky; L. Ringel; J. Schank (Hg.): *Soziologie der Parlamente. Neue Wege der politischen Institutionenforschung*. Wiesbaden: Springer VS, 309–335.

Spohr, F. 2019a: Germany's Labour Market Policies: How the Sick Man of Europe Performed a Second Economic Miracle. In: M. Compton; P. 't Hart (Hg.): *Great Policy Successes*. Oxford: Oxford University Press, 283–303.

Spohr, F. 2019b: Hinter verschlossenen Türen, Lobbyisten mit Hausausweis im Bundestag. *regierungsforschung.de*. Online unter: https://regierungsforschung.de/hinter-verschlossenen-tueren/ [Letzter Zugriff 20.12.2021].

Spohr, F. 2021a: Der Zugang öffentlicher und wirtschaftlicher Interessen zum Deutschen Bundestag. *Zeitschrift für Politikwissenschaft* 31, 267–289.

Spohr, F. 2021b: Bundesagentur für Arbeit. In: U. Andersen; J. Bogumil; S. Marschall; W. Woyke (Hg.): *Handwörterbuch des politischen Systems der Bundesrepublik Deutschland*. 8., aktualisierte und erweiterte Auflage. Wiesbaden: Springer VS, 53–55.

Statista 2022a: *Stimmen Sie diesen Aussagen zur Korruption in Deutschland zu?*. Online unter: https://de.statista.com/statistik/daten/studie/1244320/umfrage/wahrnehmung-von-korruption-in-deutschland/) [Letzter Zugriff: 24.11.2022].

Statista 2022b: *Verteilung der polizeilich bekannt gewordenen Fälle von Korruption[1] in Deutschland nach Zielbereichen von 2009 bis 2021*. Online unter: https://de.statista.com/statistik/daten/studie/2356/umfrage/schwerpunkt-der-polizeilich-bekannt-gewordenen-korruptionsfaelle/ [Letzter Zugriff: 24.11.2022].

Strässer, C.; Meerkamp, F. 2015: Lobbying im parlamentarischen Bereich – Politiker im Lobbyfokus. In: R. Speth; A. Zimmer (Hg.): *Lobby Work*. Wiesbaden: Springer VS, S. 219–244.

Streeck, W. 2013: *Gekaufte Zeit. Die vertagte Krise des demokratischen Kapitalismus*. Berlin: Suhrkamp.

Strünck, C. 2008: Claiming Consumer's Rights: Patterns and Limits of adversarial Legalism in European Consumer Protection. *German Policy Studies* 4 (1), 167–192.

Thierse, S. 2020: Mobilisierung des Rechts: Organisierte Interessen und Verfassungsbeschwerden vor dem Bundesverfassungsgericht. *Politische Vierteljahresschrift* 61 (3), 553–597.

Thierse, S.; Schiffers, M. 2021: „NGOisierung" der Interessenvermittlung und Pluralisierung der Politikgestaltung. Spannungsfelder, Perspektiven und Forschungsdesiderata. *Zeitschrift für Politikwissenschaft* 31, 151–169.

Thunert, M. 2003: Think Tanks in Deutschland –Berater der Politik? *Aus Politik und Zeitgeschichte*, B51/2003, 30–38.

Töller, A. E. 2019: Kein Grund zum Feiern! Die Umwelt- und Energiepolitik der dritten Regierung Merkel (2013–2017). In: R. Zohlnhöfer; T. Saalfeld (Hg.): *Zwischen Stillstand, Politikwandel und Krisenmanagement. Eine Bilanz der Regierung Merkel 2013-2017.* Springer VS: Wiesbaden, 569–590.

Trampusch, C. 2005: From Interest Groups to Parties. The Change in the Career Patterns of the Legislative Elite in German Social Policy. *German Politics* 14, 14–32.

Transparency International 2022a: *Global Corruption Barometer. European Union.* Online unter: https://www.transparency.org/en/gcb/eu/european-union-2021/results/lux [Letzter Zugriff: 24.11.2022].

Transparency International 2022b: *Korruptionswahrnehmungsindex 2021.* Online unter: https://www.transparency.de/cpi/ [Letzter Zugriff: 24.11.2022].

Transparency International 2022c: *Was ist Korruption?*. Online unter: https://www.transparency.de/ueber-uns/was-ist-korruption/ [Letzter Zugriff: 24.11.2022].

Tutt, C. 2018: Mehr Lobbyisten als Abgeordnete im Bundestag, *Wirtschaftswoche*, 16.12.2018, https://www.wiwo.de/politik/deutschland/interessenvertreter-mit-hausausweis-mehr-lobbyisten-als-abgeordnete-im-bundestag/23763664.html [Letzter Zugriff: 28.09.2022].

Van Elten, K. 2019: Interessenvermittlung und Recht in Deutschland. *regierungsforschung.de.* Online unter: https://regierungsforschung.de/wp-content/uploads/2019/11/06112019_regierungforschung.de_van-Elten_Interessenvermittlung-durch-Recht.pdf [Letzter Zugriff: 29.09.2022].

Voelzkow, H. 2021: Neokorporatismus. In: U. Andersen; J. Bogumil; S. Marschall; W. Woyke (Hg.): *Handwörterbuch des politischen Systems der Bundesrepublik Deutschland.* 8., aktualisierte und erweiterte Auflage. Wiesbaden: Springer VS, 649–651.

VZBV 2020: Musterfeststellungsklage gegen Volkswagen AG – Eine Bilanz. *Verbraucherzentrale Bundesverband*, 23.12.2020. Online unter: https://www.musterfestst

ellungsklagen.de/aktuelles/musterfeststellungsklage-gegen-volkswagen-ag-eine-bilanz [Letzter Zugriff 04.10.2022].

Weßels, B. 1987: Kommunikationspotentiale zwischen Bundestag und Gesellschaft. Öffentliche Anhörungen, informelle Kontakte und innere Lobby in wirtschafts- und sozialpolitischen Ausschüssen. *Zeitschrift für Parlamentsfragen* 2, 284–311.

Weßels, B. 2014: Entkoppelung von Parlament und organisierten Interessen? Kontakte von Abgeordneten zu Verbänden im Zeitverlauf. In: T. von Winter; J. von Blumenthal (Hg.): *Interessengruppen und Parlamente*. Wiesbaden: Springer VS, 122–148.

Winter, T. von 2014: Dimensionen des Korporatismus. Strukturmuster der Verbändebeteiligung in der Gesundheitspolitik. In: T. von Winter; J. Blumenthal (Hg.): *Interessengruppen und Parlamente*. Wiesbaden: Springer VS, 179–209.

Wolf, S. 2021: Korruption und Antikorruption in Politik und Verwaltung. *Aus Politik und Zeitgeschichte* 19-20, 21–27.

Wolf, S. 2022: Zum Verhältnis von Lobbyismus und Korruption. In: A. Polk; K. Mause (Hg.): *Handbuch Lobbyismus*. Wiesbaden: Springer VS. DOI: 10.1007/978-3-658-32324-0_39-1.

Wonka, A. 2017: German MPs and interest groups in EU multilevel policy making: the politics of information exchange. *West European Politics* 40 (5), 1004–1024.

Wonka, A.; Baumgartner, F. R.; Mahoney, C.; Berkhout, J. 2010: Measuring the Size and Scope of the EU Interest Group Population. *European Union Politics* 11 (3), 463–476.

Würth Group 2017: *Geschäftsbericht der Würth-Gruppe 2017*. Online unter: https://gb2017.wuerth.com/de/engagement/engagement-teilen/repraesentanzen [Letzter Zugriff: 31.10.2022].

Yordanova, N. 2009: The Rationale behind Committee Assignment in the European Parliament, Distributive, Informational and Partisan Perspectives. *European Union Politics* 10 (2), 253–280.

Záboji, N. 2021: Viele Ökonomen: Nebeneinkünfte von Abgeordneten öffnen Korruption Tür und Tor. *Frankfurter Allgemeine Zeitung*, 22.06.2021. Online unter: https://www.faz.net/aktuell/wirtschaft/nebeneinkuenfte-von-abgeordneten-oekonomenpanel-von-ifo-institut-und-faz-17400478.html [Letzter Zugriff: 29.09.2022].

Zimmer, A.; Speth, R. 2015: Einleitung. Von Interessenvertretung zu „Lobby Work“. In: R. Speth; A. Zimmer (Hg.): *Lobby Work*. Wiesbaden: Springer VS, 9–27.

Wo sich welches Stichwort befindet

Stefan Marschall

Das politische System Deutschlands

5., aktualisierte Auflage 2023, 295 Seiten
€[D] 27,90
ISBN 978-3-8252-5884-9
eISBN 978-3-8385-5884-4

Das Buch führt in ein Kerngebiet der Politikwissenschaft und der politischen Bildung ein. Es vermittelt im Textbook-Format auf didaktisch-eingängigem Weg grundlegende Kenntnisse über das politische System der Bundesrepublik Deutschland. Es verbindet diese Kenntnisvermittlung mit der Einführung in relevante wissenschaftliche Theorien und Debatten.
In den zwölf Kapiteln werden die zentralen Akteure des politischen Systems (u.a. Medien, Parteien, Bundestag, Bundeskanzler) ebenso behandelt wie wichtige strukturelle Facetten (u.a. Föderalismus, Europäisierung). In den jeweiligen Kapiteln dient das Demokratiekonzept als gemeinsamer Ausgangspunkt (z.B. »Verbändedemokratie«, »Kanzlerdemokratie«). Damit wird immer wieder auch die Frage nach der Legitimation und etwaigen Legitimationsproblemen der Bundesrepublik Deutschland aufgeworfen. Am Ende des Buches steht die Zukunftsfähigkeit der deutschen Demokratie im Fokus.

UVK Verlag – Ein Unternehmen der Narr Francke Attempto Verlag GmbH + Co. KG
Dischingerweg 5 \ 72070 Tübingen \ Germany
Tel. +49 (0)7071 97 97 0 \ Fax +49 (0)7071 97 97 11 \ info@narr.de \ www.narr.de